古典文獻研究輯刊

二　編

潘美月・杜潔祥 主編

第 17 冊

六朝漢譯佛典偈頌與詩歌之研究（下）

王晴慧　著

國家圖書館出版品預行編目資料

六朝漢譯佛典偈頌與詩歌之研究（下）／王晴慧著 -- 初版 --
台北縣永和市：花木蘭文化出版社，2006〔民 95〕

目 4+ 190 面；19×26 公分（古典文獻研究輯刊 二編；第 17 冊）

ISBN：986-7128-37-0（下冊：精裝）
1. 佛教文學 - 作品研究 2. 中國詩 - 歷史 - 六朝（222-588）

224.513　　95003693

ISBN 986712837-0

9 789867 128379

古典文獻研究輯刊
二 編 第十七冊　　ISBN：986-7128-37-0

六朝漢譯佛典偈頌與詩歌之研究（下）

作　者 王晴慧
主　編 潘美月　杜潔祥
企劃出版 北京大學文化資源研究中心
出　版 花木蘭文化出版社
發 行 所 花木蘭文化出版社
發 行 人 高小娟
聯絡地址 台北縣永和市中正路五九五號七樓之三
電話：02-2923-1455 ／傳眞：02-2923-1452
電子信箱 sut81518@ms59.hinet.net
初　版 2006 年 3 月
定　價 二編 20 冊（精裝）新台幣 31,000 元　

六朝漢譯佛典偈頌與詩歌之研究（下）

王晴慧　著

目錄

上冊

下 冊

表

圖

附　錄

【表 1】《祐錄》所收安世高譯經

1. 經名前有※者，乃是學者（林屋友次郎、鎌田茂雄）證明確屬安世高所譯者（見鎌田茂雄《中國佛教通史》頁 147）。
2. 《祐錄》卷二僧祐云：「其四諦、口解、十四意、九十八結，安公云，似世高撰也」。

經　　名	卷　數	附　　　　註
※安般守意經	一卷	❖《祐錄》卷二云：「《安錄》云《小安般經》」。 ❖《出三藏記集》卷六有三篇〈安般守意經序〉，分別爲康僧會、道安、謝敷所作，足證此經確爲安世高所譯。 ❖現存《大正》第十五冊 602 號《大安般守意經》，爲二卷本。
※陰持入經	一卷	❖《出三藏記集》卷六有道安所作〈陰持入經序〉，足證此經確爲安世高所譯。 ❖現存《大正》第十五冊 602 號《大安般守意經》，爲二卷本。
百六十品經	一卷	❖《祐錄》卷二云：「《舊錄》云《增一阿含百六十章》」。 ❖今逸失未傳。
大十二門經	一卷	❖《出三藏記集》卷六有道安所作〈大十二門經序〉，但其書今闕，只殘留序文。 ❖〈大十二門經序〉：「此經世高所出也」。 ❖今逸失未傳。
小十二門經	一卷	❖《出三藏記集》卷六有道安所作〈十二門經序〉，但其書今闕，只殘留序文。 ❖〈十二門經序〉：「安世高善開禪數，斯經似其所出」。 ❖今逸失未傳。
※大道地經	二卷	❖《祐錄》卷二云：「安公云《大道地經》者，《修行經》抄也。外國所抄」。 ❖《出三藏記集》卷十有道安所作〈道地經序〉，足證此經確爲安世高所譯。 ❖現存《大正》第十五冊 607 號《道地經》，爲一卷本。

經　　名	卷　數	附　　註
※人本欲生經	一卷	❖《出三藏記集》卷六有道安所作〈人本欲生經序〉。 ❖〈人本欲生經序〉:「斯經似安世高譯爲晉言也」。 ❖見《大正》第一冊 14 號。
道意發行經	二卷	❖《祐錄》卷二云:「今闕此經」。 ❖今逸失未傳。
阿毗曇五法經	一卷	❖《祐錄》卷二云:「《舊錄》云《阿毗曇五法行經》」。 ❖見《大正》第廿八冊 1557 號。
七法經	一卷	❖《祐錄》卷二云:「《舊錄》云《阿毗曇七法想經》。或云《七法行》，今闕此經」。 ❖今逸失未傳。
五法經	一卷	❖今逸失未傳。
※十報經	二卷	❖《祐錄》卷二云:「《舊錄》云《長阿含十報法》」。 ❖見《大正》第一冊 13 號。
※普法義經	一卷	❖《祐錄》卷二云:「一名《具法行》。《具法行》作『舍利弗』;《普法義》作『舍利曰』。餘並同」。 ❖見《大正》第一冊 98 號。
義決律	一卷	❖《祐錄》卷二云:「或云《義決律法行經》。安公云此上二經出《長阿含》。今闕」。 ❖今逸失未傳。
※漏分佈經	一卷	❖見《大正》第一冊 57 號。
※四諦經	一卷	❖《祐錄》卷二云:「安公云上二經出《長阿含》」。又，安公云似世高撰也。 ❖見《大正》第一冊 32 號。
※七處三觀經	二卷	❖現存《大正》第二冊 150A 號《七處三觀經》，爲一卷本。
※九横經	一卷	❖見《大正》第二冊 150B 號。
※八正道經	一卷	❖《祐錄》卷二云:「安公云上三經出《雜阿含》」。 ❖見《大正》第二冊 112 號。
雜經四十四篇	二卷	❖《祐錄》卷二云:「安公云出《增一阿含》。既不標名，未詳何經。今闕」。 ❖今逸失未傳。
※五十校計經	二卷	❖《祐錄》卷二云:「或云《明度五十校計經》」。
大安般經	一卷	❖今逸失未傳。
思惟經	一卷	❖《祐錄》卷二云:「或云《思惟略要法》」。 ❖今逸失未傳。

經　　名	卷 數	附　　　註
十二因緣經	一卷	❖今逸失未傳。
五陰喻經	一卷	❖《祐錄》卷二云：「《舊錄》云《五陰譬喻經》」。 ❖見《大正》第二冊 105 號。
轉法輪經	一卷	❖《祐錄》卷二云：「或云《法輪轉經》」。 ❖見《大正》第二冊 109 號。
※流攝經	一卷	❖《祐錄》卷二云：「《舊錄》云《一切流攝經》，或云《一切流攝守經》」。 ❖見《大正》第一冊 31 號。
※是法非法經	一卷	❖見《大正》第一冊 48 號。
法受塵經	一卷	❖見《大正》第十七冊 792 號。
十四意經	一卷	❖今逸失未傳。
※本相猗致經	一卷	❖《祐錄》卷二云：「安公云出《中阿含》」。 ❖見《大正》第一冊 36 號。
※阿含口解	一卷	❖《祐錄》卷二云：「或云《阿含口解十二因緣經》，或云《斷十二因緣經》。《舊錄》云《安侯口解》。凡有四名，同一本」。 ❖《祐錄》卷二云：安公云似世高撰也。 ❖今逸失未傳。
阿毗曇九十八結經	一卷	❖《祐錄》卷二云：「今闕。安公云似世高撰也」。 ❖今逸失未傳。
▲禪行法想經	一卷	❖見《大正》第一冊 605 號。
難提迦羅越經	一卷	❖《祐錄》卷二云：「今闕」。 ❖今逸失未傳。

【表 2】《大正藏》所收安世高譯經

經　　名	卷　數	附　　註
長阿含十報法經	二卷	※《大正藏》一・13 號 ※林屋友次郎、宇井伯壽謂此經確爲安世高所譯（轉引自鎌田茂雄《中國佛教通史》頁 147）。
佛說人本欲生經	一卷	《※大正藏》一・14 號 ※鎌田茂雄、林屋友次郎、宇井伯壽謂此經確爲安世高所譯（鎌田茂雄《中國佛教通史》頁 147）。 ※小野玄妙謂此經不能確定爲安世高所譯（小野玄妙《佛教經典總論》頁 24）。
佛說尸迦羅越六方禮經	一卷	※《大正藏》一・16 號
佛說一切流攝守因經	一卷	※《大正藏》一・31 號 ※林屋友次郎、謂此經確爲安世高所譯（轉引自鎌田茂雄《中國佛教通史》頁 147～148）。
佛說四諦經	一卷	※《大正藏》一・32 號 ※林屋友次郎、宇井伯壽謂此經確爲安世高所譯（轉引自鎌田茂雄《中國佛教通史》頁 147～148）。
佛說本相猗致經	一卷	※《大正藏》一・36 號 ※林屋友次郎、宇井伯壽謂此經確爲安世高所譯（轉引自鎌田茂雄《中國佛教通史》頁 147～148）。
佛說是法非法經	一卷	※《大正藏》一・48 號 ※林屋友次郎、宇井伯壽謂此經確爲安世高所譯（轉引自鎌田茂雄《中國佛教通史》頁 147～148）。
佛說漏分布經	一卷	※《大正藏》一・57 號 ※林屋友次郎、宇井伯壽謂此經確爲安世高所譯（轉引自鎌田茂雄《中國佛教通史》頁 147～148）。
佛說婆羅門子命終愛念不離經	一卷	《大正藏》一・91 號
佛說十支居士八城人經	一卷	《大正藏》一・92 號

經　　名	卷數	附　　註
佛說普法義經	一卷	※《大正藏》一．98 號 ※林屋友次郎、宇井伯壽謂此經確爲安世高所譯（轉引自鎌田茂雄《中國佛教通史》頁 147～148）。
五陰譬喻經	一卷	※《大正藏》二．105 號 ※宇井伯壽謂此經確爲安世高所譯（轉引自鎌田茂雄《中國佛教通史》頁 148）。
佛說轉法輪經	一卷	※《大正藏》二．109 號 ※宇井伯壽謂此經確爲安世高所譯（轉引自鎌田茂雄《中國佛教通史》頁 148）。
佛說八正道經	一卷	※《大正藏》二．112 號 ※林屋友次郎、宇井伯壽謂此經確爲安世高所譯（轉引自鎌田茂雄《中國佛教通史》頁 147～148）。
佛說婆羅門避死經	一卷	《大正藏》二．131 號
阿那邠邸化七子經	一卷	《大正藏》二．140 號
佛說阿難同學經	一卷	《大正藏》二．149 號
佛說七處三觀經	一卷	※《大正藏》二．150A 號 ※林屋友次郎、宇井伯壽謂此經確爲安世高所譯（轉引自鎌田茂雄《中國佛教通史》頁 147～148）。
佛說九橫經	一卷	※《大正藏》二．150B 號 ※林屋友次郎、宇井伯壽謂此經確爲安世高所譯（轉引自鎌田茂雄《中國佛教通史》頁 147～148）。
佛說阿含正行經	一卷	《大正藏》二．151 號
佛說太子慕魄經	一卷	《大正藏》三．167 號
佛說大乘方等要慧經	一卷	《大正藏》十二．348 號
佛說寶積三昧文殊師利菩薩問法身經	一卷	《大正藏》十二．356 號
佛說阿難問事佛吉凶經	一卷	《大正藏》十四．492 號
阿難問事佛吉凶經（別本）	一卷	《大正藏》十四．492 號
犍陀國王經	一卷	《大正藏》十四．506 號
佛說長者子懊惱三處經	一卷	《大正藏》十四．525 號
佛說長者子制經	一卷	《大正藏》十四．526 號
佛說摩鄧女經	一卷	《大正藏》十四．551 號

經　　名	卷數	附　　註
佛說奈女祇域因緣經	一卷	《大正藏》十四・553 號
佛說柰女耆婆經	一卷	《大正藏》十四・554 號
佛說大安般守意經	二卷	《大正藏》十五・602 號 此經已經學界證明確爲安世高所譯
陰持入經	二卷	※《大正藏》十五・603 號 ※此經已經學界證明確爲安世高所譯
佛說禪行三十七品經	一卷	《大正藏》十五・604 號
禪行法想經	一卷	※《大正藏》十五・605 號 ※宇井伯壽謂此經確爲安世高所譯（轉引自鎌田茂雄《中國佛教通史》頁 148）。
道地經	一卷	※《大正藏》十五・607 號 ※此經已經學界證明確爲安世高所譯
佛說佛印三昧經	一卷	《大正藏》十五・621 號
佛說自誓三昧經	一卷	《大正藏》十五・622 號
佛說父母恩難報經	一卷	《大正藏》十六・684 號
佛說溫室洗浴眾僧經	一卷	《大正藏》十六・701 號
佛說罪業應報教化地獄經	一卷	《大正藏》十七・724 號
佛說分別善惡所起經	一卷	《大正藏》十七・729 號
佛說處處經	一卷	《大正藏》十七・730 號
佛說十八泥犁經	一卷	《大正藏》十七・731 號
佛說罵意經	一卷	《大正藏》十七・732 號
佛說堅意經	一卷	《大正藏》十七・733 號
佛說鬼問目連經	一卷	《大正藏》十七・734 號
佛說八大人覺經	一卷	《大正藏》十七・779 號
佛說出家緣經	一卷	《大正藏》十七・791 號
佛說法受塵經	一卷	※《大正藏》十七・791 號 ※宇井伯壽謂此經確爲安世高所譯（轉引自鎌田茂雄《中國佛教通史》頁 148）。
佛說犯戒罪報輕重經	一卷	《大正藏》廿四・1467 號
大比丘三千威儀經	二卷	《大正藏》廿四・1470 號
佛說舍利弗悔過經	一卷	《大正藏》廿四・1492 號
阿毘曇五法行經	一卷	《大正藏》廿八・1557 號
迦葉結經	一卷	《大正藏》四十九・2027 號

【表3】《祐錄》所收支讖譯經

1. 經名前有◆者，係西晉支敏度〈合首楞嚴經記〉所認定的支讖譯經。(見《祐錄》卷七，頁270)
2. 《出三藏記集》卷二僧祐云：「其《古品》以下至《內藏百品》，凡九經，安公云：『似支讖出也』」(頁27)。

經　　名	卷數	附　　註
◆般若道行品經	十卷	❖《祐錄》卷二云：「或云《摩訶般若波羅蜜經》。或八卷，光和二年十月八日出」。 ❖《祐錄》卷七〈道行經後記〉：「光和二年十月八日，河南洛陽孟元士。口授天竺菩薩竺朔佛，時傳言譯者月氏菩薩支讖」。 ❖此經乃《大般若經》之一小部份，又稱《小品般若》。 ❖小野玄妙、鎌田茂雄皆認為此經確為支讖所譯。(見《佛教經典總論》頁25；《中國佛教通史》頁153) ❖見《大正》第八冊224號。
◆首楞嚴經	二卷	❖《祐錄》卷二云：「中平二年十二月八日。今闕」。 ❖《出三藏記集》卷七支敏度〈合首楞嚴經記〉：「此經本有記云，支讖所譯出……今之《小品》、《阿闍貰》、《屯眞》、《般舟》，悉讖所出也」。 ❖今逸失未傳。
◆般舟三昧經	一卷	❖《祐錄》卷二云：「《舊錄》云《大般舟三昧經》。光和二年十月初八日出」。 ❖《祐錄》卷七〈般舟三昧經記〉：「《般舟三昧經》，光和二年十月八日，天竺菩薩竺朔佛於洛陽出。菩薩法護。時傳言者月氏菩薩支讖，授與河南洛陽孟福字元士，隨侍菩薩張蓮字少安筆受」。 ❖小野玄妙、鎌田茂雄皆認為此經確為支讖所譯。(見《佛教經典總論》頁25；《中國佛教通史》頁154) ❖現存《大正》第十三冊418號《般舟三昧經》，為三卷本。
◆伅眞陀羅經	二卷	❖《祐錄》卷二云：「《舊錄》云《屯眞陀羅王經》。《別錄》所載，《安錄》無。今闕」。 ❖由上可知此經在僧祐時代即已闕失；但今《大正》十五冊624號《伅眞陀羅所問如來三昧經》，鎌田茂雄、林屋友次郎皆認為即支讖所譯本(見《中國佛教通史》〔一〕頁156)。
古品曰遺日說般若經	一卷	❖《祐錄》卷二云：「今闕」。 ❖由上可知此經在僧祐時代即已闕失；則《大正》十二冊350號支讖所譯《遺日摩尼寶經》，未能確定是否即此經。

經　　名	卷數	附　　註
光明三昧經	一卷	❖《祐錄》卷二云：「出《別錄》，《安錄》無」。 ❖今逸失未傳。
◆阿闍世王經	二卷	❖《祐錄》卷二云：「安公云出《長阿含》。《舊錄》，《阿闍貰經》」。 ❖見《大正》十五冊 626 號。
寶積經	一卷	❖《祐錄》卷二云：「安公云一名《摩尼寶》，光和二年出。《舊錄》云《摩尼寶經》二卷」。 ❖今逸失未傳。
問署經	一卷	❖《祐錄》卷二云：「安公云出方等部。或云《文殊問菩薩署經》」。 ❖見《大正》十四冊 458 號。
胡般泥洹經	一卷	❖《祐錄》卷二云：「今闕」。 ❖今逸失未傳。
兜沙經	一卷	❖見《大正》十冊 280 號。
阿●佛國經	一卷	❖《祐錄》卷二云：「或云《阿　佛刹諸菩薩學成品經》，或云《阿　佛經》」。 ❖現存《大正》十一冊 313 號《阿　佛國經》，爲二卷本。
孛本經	二卷	❖《祐錄》卷二云：「今闕」。 ❖今逸失未傳。
內藏百品經	一卷	❖《祐錄》卷二云：安公云出方等部。《舊錄》云《內藏百寶經》。遍校群錄，並云「內藏百寶」，無「內藏百品」，故知即此經也。 ❖見《大正》十七冊 807 號。

【表 4】《祐錄》所收支謙譯經

1. 前三十部經爲《安錄》所載錄。
2. 自《唯明二十偈》以下的六部經，皆不見於《安錄》中，乃僧祐依《別錄》所錄。

經　　名	卷數	附　　註
維摩詰經	二卷	❖《祐錄》卷二：「闕」。 ❖據《祐錄・合維摩詰經序》支敏度所言，此經先後有三譯，分別是支謙、竺法護、竺叔蘭。但今《大正藏》所存之《維摩詰經》非支謙譯本，因《祐錄》所載經名下已有「闕」。 ❖現存於《大正》第 14 冊中，題名支謙的《佛說維摩詰經》，小野玄妙認爲係西晉竺法護所譯，支謙本已佚（《佛教經典總論》頁 35）。
大般泥洹經	二卷	《祐錄》卷二：「安公云出《長阿含》。祐案：今《長阿含》與此異」。 ❖今逸失未傳。
瑞應本起經	二卷	❖見《大正》第 3 冊 185 號。
小阿差末經	二卷	❖《祐錄》卷二：「闕」。 ❖今逸失未傳。
慧印經	一卷	❖《祐錄》卷二：「或云《慧印三昧經》，或云《寶網慧印三昧經》」。 ❖《祐錄》卷七，王僧孺〈慧印三昧及濟方等學二經序讚〉文後所附僧祐記云：「案晉末以來，關中諸賢經錄云，《慧印三昧經》，支謙所出。」 ❖見《大正》第 15 冊 632 號。
本業經	一卷	❖《祐錄》卷二：「或云《菩薩本業經》」。 ❖見《大正》第 10 冊 281 號。
法句經	二卷	❖湯用彤說：「《法句經》黃武三年維祇難所出，竺將炎譯爲漢文。……《祐錄》卷二，維祇難與支謙錄中，各載《法句經》二卷。疑支謙並未別譯，僅與竺將炎再校初譯之文，並補其缺失。」（《漢魏兩晉南北朝佛教史》頁 91～92）。又鎌田茂雄亦認爲此經是竺將炎翻譯後再由支謙漢文書寫的，故「現存的《法句經》，視爲支謙改定本，當無不妥」（《中國佛教通史》頁 204，佛光，民 74）。故此經應與《大正藏》所錄之維祇難等譯之《法句經》爲同本。 ❖見《大正》第 4 冊 210 號。

經　名	卷數	附　註
須賴經	一卷	《祐錄》卷二：「或云《須賴菩薩經》」。 ❖今逸失未傳。
梵摩渝經	一卷	❖見《大正》第 1 冊 76 號。
私阿末經	一卷	❖《祐錄》卷二：「或作『私呵昧』。案：此經即是《菩薩道樹經》也」。 ❖見《大正》第 14 冊 532 號。
微密持經	一卷	❖《祐錄》卷二：「或云《無量門微密持經》」。 ❖見《大正》第 19 冊 1011 號。
阿彌陀經	二卷	❖《祐錄》卷二：「內題云，《阿彌陀三耶三佛薩樓檀過度人道經》」。 ❖見《大正》第 12 冊 362 號。
月明童子經	一卷	❖《祐錄》卷二：「一名《月明童男》，一名《月明菩薩三昧經》」。 ❖見《大正》第 3 冊 169 號。
義足經	二卷	❖見《大正》第 4 冊 198 號。
阿難四事經	一卷	❖見《大正》第 14 冊 493 號。
差摩竭經	一卷	❖見《大正》第 14 冊 533 號《菩薩生地經》。
優多羅母經	一卷	❖《祐錄》卷二：「闕」。 ❖逸失未傳。
七女經	一卷	❖《祐錄》卷二：「安公云出《阿毗曇》」。 ❖見《大正》第 14 冊 556 號。
八師經	一卷	❖見《大正》第 14 冊 581 號。
釋摩男經	一卷	❖《祐錄》卷二：「《安錄》云出《中阿含經》」。 ❖見《大正》第 1 冊 54 號。
孛抄經	一卷	❖《祐錄》卷二：「今《孛經》一卷即是」。 ❖見《大正》第 17 冊 790 號。
明度經	四卷	❖《祐錄》卷二：「或云《大明度無極經》」。 ❖此經爲支讖《道行般若經》之異譯。 ❖現存《大正》第 8 冊《大明度經》，爲六卷本。
老女人經	一卷	❖《祐錄》卷二：「安公云出《阿毗曇》」。 ❖見《大正》第 14 冊 559 號。
齋經	一卷	❖《祐錄》卷二：「闕」。 ❖由上可知此經於僧祐時已缺，則《大正》第一冊 87 號支謙所譯《佛說齋經》一卷，未能確定是否爲其譯。
四願經	一卷	❖見《大正》第 17 冊 735 號。

經　　名	卷數	附　　註
悔過經	一卷	❖《祐錄》卷二：「或云《序十方禮悔過文》」。 ❖今逸失未傳。
賢者德經	一卷	❖今逸失未傳。
佛從上所行三十偈	一卷	❖《祐錄》卷二：「闕」。 ❖小野玄妙認爲此經應爲支謙著作，而非譯本（見《佛教經典總論》頁35—36）。 ❖今逸失未傳。
了本生死經	一卷	❖《祐錄》卷二：「安公云出《生經》。祐案：五卷《生經》無此名也」。 ❖《高僧傳·支謙傳》謂：「支謙……並注《了本生死經》等」。（頁15） ❖《祐錄》卷六道安的《了本生死經序》謂：「漢之末世，此經始降茲土……有高士河南支恭明爲作注解」。（頁251） ❖小野玄妙認爲此經應是漢末某人譯出，支謙再爲此經作註解，而非譯經（《佛教經典總論》頁36）。 ❖見《大正》第16冊708號。
唯明二十偈	一卷	❖小野玄妙認爲此經應爲支謙著作。 ❖今逸失未傳。
首楞嚴經	二卷	❖《祐錄》卷二：「《別錄》所載，《安錄》無。今闕之」。 ❖《祐錄·合首楞嚴經序》：「此《首楞嚴》自有小不同，……恐是越嫌讖所譯者辭質多胡音，所異者，刪而定之；其所同者，述而不改。……遍行於世，即越所定者也」（頁270）。故此經應爲支謙（即支越）修改支讖所譯本，而非另譯本。
龍施女經	一卷	❖《祐錄》卷二：「《別錄》所載，《安錄》無」。 ❖見《大正》第14冊557號。
法鏡經	二卷	❖《祐錄》卷二：「出《別錄》，《安錄》無」。 ❖今逸失未傳。
鹿子經	一卷	❖《祐錄》卷二：「《別錄》所載，《安錄》無」。 ❖今逸失未傳。
十二門大方等經	一卷	❖《祐錄》卷二：「《別錄》所載，《安錄》無。今闕」。 ❖今逸失未傳。
賴吒和羅經	一卷	《祐錄》卷二：「《別錄》所載，《安錄》無。或云《羅漢賴吒和羅經》」。 ❖見《大正》第1冊68號。

【表 5】《祐錄》所收竺法護譯經

1. 竺法護亦稱曇摩羅刹，世居敦煌，故又稱敦煌菩薩，師事竺高座，故從竺姓。
2. 經名前有※者，乃僧祐據《別錄》所登錄之經名，《安錄》中無登錄之。

經　　名	卷數	附　　註
光讚經	十卷	❖《祐錄》卷二：「十七品，太康七年十一月二十五日出」。 ❖《祐錄》卷七道安〈合放光光讚略解序〉：「《光讚》，于闐沙門祇多羅以太康七年齎來，護公以其年十一月二十五日出之」。 ❖見《大正》第八冊 222 號。
賢劫經	七卷	❖《祐錄》卷二：「《舊錄》云《賢劫三昧經》，或云《賢劫定意經》。元康元年七月二十一日出」。 ❖《祐錄》卷七〈賢劫經記〉：「《賢劫經》，永康元年七月二十一日，月氏菩薩竺法護從罽賓沙門得是《賢劫三昧》，手執口宣」。 ❖見《大正》第十四冊 425 號。
正法華經	十卷	❖《祐錄》卷二：「二十七品。《舊錄》云《正法華經》，或云《方等正法華經》。太康七年八月十日出」。 ❖《祐錄》卷八〈正法華經記〉：「太康七年八月十日，敦煌月氏菩薩沙門法護手執胡經，口宣出《正法華經》二十七品」。 ❖《祐錄》卷八〈正法華經後記〉：「時與清戒界節優婆塞……等手執經本，詣白馬寺對，與法護口校古訓，講出深義」。 ❖見《大正》第九冊 263 號。
普曜經	八卷	❖《祐錄》卷二：「三十品。安公云：出方等部。永嘉二年五月出」。 ❖《祐錄》卷七〈普曜經記〉：「《普曜經》，永嘉二年，太歲在戊辰，五月，本齊菩薩沙門法護在天水寺手執胡本，口宣晉言」。 ❖見《大正》第三冊 186 號。
大哀經	七卷	❖《祐錄》卷二：「二十八品。《舊錄》云《如來大哀經》。元康元年七月七日出」。 ❖《祐錄》卷九〈如來大哀經記〉：「元康元年七月七日，敦煌菩薩支法護手執胡經，經名《如來大哀》，口授聶承遠、道眞，正書晉言。」 ❖現存於《大正》第十三冊 398 號的《大哀經》爲八卷本。

經　　名	卷數	附　　註
度世品經	六卷	❖《祐錄》卷二：「或云《度世》。或為五卷。元康元年四月十三日出」。 ❖見《大正》第十冊 292 號。
密毗經	五卷	❖《祐錄》卷二：「或云《密毗金剛力士經》。或七卷。太康九年十月八日出」。 ❖現存於《大正》第十一冊 310 號《大寶積經》中的《密跡金剛力士會》，為七卷本。
持心經	六卷	❖《祐錄》卷二：「十七品。一名《等御諸法》，一名《莊嚴佛法》。《舊錄》云《持心梵天經》，或云《持心梵天所問經》。太康七年三月十日出」。 ❖《祐錄》卷八〈持心經後記〉：「《持心經》，太康七年三月十日，敦煌開士竺法護在長安說出梵文，授承遠」。 ❖現存於《大正》第十五冊 585 號的《持心梵天所問經》為四卷本。
修行經	七卷	❖《祐錄》卷二：「二十七品。《舊錄》云《修行道地經》。太康五年二月二十三日出」。 ❖見《大正》第十五冊 606 號。
漸備一切智德經	十卷	❖《祐錄》卷二：「或五卷。元康七年十一月二十一日出」。 ❖《祐錄》卷九〈漸備經十住梵名並書敘〉：「《漸備經》，護公以元康七年出之」。 ❖現存於《大正》第十冊 285 號的《漸備一切智德經》為五卷本。
生經	五卷	❖《祐錄》卷二：「或四卷」。 ❖見《大正》第三冊 154 號。
海龍王經	四卷	❖《祐錄》卷二：「或三卷。太康六年七月十日出」。 ❖見《大正》第十五冊 598 號。
普超經	四卷	❖《祐錄》卷二：「一名《阿闍世王經》。《安錄》亦云更出《阿闍世王經》。或為三卷。《舊錄》云《文殊普超三昧經》。太康七年十二月二十七日出」。 ❖現存於《大正》第十五冊 627 號的《文殊支利普超三昧經》為三卷本。
維摩詰經	一卷	❖《祐錄》卷二：「一本云《維摩詰名解》」。 ❖《祐錄》卷八支敏度〈合維摩詰經序〉：「斯經梵本，出自維耶離。在昔漢興，始留茲土，于時有優婆塞支恭明。逮及於晉，有法護、淑蘭。……此三賢者，……先後譯傳，別為三經；同本、人殊、出異。……」。

經　　名	卷 數	附　　註
維摩詰經		★竺法護所譯之《維摩詰經》今闕之，但小野玄妙認爲現於《大正藏》第十四冊 474 號，署名支謙所譯的《維摩詰經》，並非支謙所譯，其云：「以現行經本而言，無論譯文譯語，若擬爲支謙譯出乃過於整齊，故寧依僧祐說判斷爲竺法護之譯」（《佛教經典總論》頁 35，新文豐，民 72）。
阿惟越致遮經	四卷	❖《祐錄》卷二：「太康五年十月十四日出」。 ❖《祐錄》卷七〈阿維越致遮經記〉：「太康五年十月十四日，菩薩沙門法護於敦煌從龜茲副使羌子侯得此梵書《不退轉法輪經》，口敷晉言，授沙門法乘使流布，一切咸悉聞知」。 ❖現存於《大正》第九冊 266 號的《佛說阿惟越致遮經》，爲三卷本。
嚴淨佛土經	二卷	❖《祐錄》卷二：「《舊錄》云是《文殊師利嚴淨經》，或云《文殊佛土嚴淨經》」。 ❖見《大正》第十一冊 318 號《文殊師利佛土嚴淨經》。
阿耨達經	二卷	❖《祐錄》卷二：「一名《弘道廣顯三昧經》。《舊錄》云《阿耨達龍王經》，或云《阿耨達請佛經》」。 ❖現存於《大正》第十五冊 635 號《佛說弘道廣顯三昧經》，爲四卷本。
首楞嚴經	二卷	❖《祐錄》卷二：「異出，首稱阿難言」。 ❖《祐錄》卷七〈合首楞嚴經記〉：「至大晉之初，有沙門支法護，白衣竺叔蘭，並更譯此經，求之於義，互相發明」。 ❖今逸失未傳。
無量壽經	二卷	❖《祐錄》卷二：「一名《無量清淨平等覺經》」。 ❖今逸失未傳。
寶藏經	二卷	❖《祐錄》卷二：「《舊錄》云《文殊師利寶藏經》，或云《文殊師利現寶藏》。太史六年十月出」。 ❖見《大正》第十四冊 461 號。
寶髻經	二卷	❖《祐錄》卷二：「一名《菩薩淨行經》。《舊錄》云《寶結菩薩經》，或云《寶髻菩薩所問經》。永熙元年七月十四日出」。 ❖見《大正》第十一冊 310 號《大寶積經》中的《寶髻菩薩會》。
要集經	二卷	❖《祐錄》卷二：「或云《諸佛要集經》，天竺曰《佛陀僧祇提》」。 ❖見《大正》第十七冊 810 號。

經　　名	卷數	附　　註
佛生忉利天品經	二卷	❖現存於《大正》第十七冊的《佛昇忉利天為母說法經》為三卷本。
等集眾德三昧經	三卷	❖《祐錄》卷二：「《舊錄》云《等集眾德經》，或云《等集三昧經》」。 ❖見《大正》第十二冊 381 號。
無盡意經	四卷	❖今逸失未傳。
離垢施女經	一卷	❖《祐錄》卷二：「太康十年十二月二日出」。 ❖見《大正》第十二冊 338 號。
郁迦長者經	一卷	❖《祐錄》卷二：「或云《郁迦羅越問菩薩行經》，即《大郁迦經》。或為二卷」。 ❖見《大正》第十二冊 323 號《郁迦羅越問菩薩行經》。
大淨法門經	一卷	❖《祐錄》卷二：「建始元年三月二十六日出」。 ❖見《大正》第十七冊 817 號。
須眞天子經	二卷	❖《祐錄》卷二：「泰始二年十一月出」。 ❖《祐錄》卷七〈須眞天子經記〉：「《須眞天子經》，……天竺菩薩曇摩羅察口授出之」。 ❖現存於《大正》第十五冊 588 號的《佛說須眞天子經》，為四卷本。
幻士仁賢經	一卷	❖《祐錄》卷二：「或云《仁賢幻士經》」。 ❖見《大正》第十二冊 324 號。
魔逆經	一卷	❖《祐錄》卷二：「太康十年十二月二日出」。 ❖《祐錄》卷七〈魔逆經記〉：「太康十年十二月二日，月氏菩薩法護手執梵書，口宣晉言，聶道眞筆受……」。 ❖見《大正》第十五冊 589 號。
濟諸方等經	一卷	❖《祐錄》卷二：「或云《濟諸方等學經》」。 ❖《祐錄》卷七，王僧孺〈慧印三昧及濟方等學二經序讚〉：「後又有《濟諸方等學經》，……其軸題云：『敦煌菩薩沙門支法護所出，竺法首筆受，共為一卷，寫以流通。』軸用淳漆，書甚緊潔，點製可觀。」文後所附僧祐記又云：「案晉末以來，關中諸賢經錄云，……《濟方等大乘學經》，法護所出。」 ❖見《大正》第九冊 274 號。
德光太子經	一卷	❖《祐錄》卷二：「或云《賴吒和羅所問光德太子經》。泰始六年九月三十日出」。 ❖見《大正》第三冊 170 號。

經　　名	卷數	附　　註
文殊師利淨律經	一卷	❖《祐錄》卷二：「一本云《淨律經》。太康十年四月八日出」。 ❖《祐錄》卷七〈文殊師利淨律經記〉：「經後記云：沙門竺法護於京師，遇西國寂志誦出此經。經後尚有數品，其人忘失，輒宣現者，轉之爲晉。。更得其本，補令具足。太康十年四月八日，白馬寺中，聶道眞對筆受，勸助劉元謀、傳公信、侯彥長等」。 ❖見《大正》第十四冊 460 號。
決定持經	一卷	❖見《大正》第十七冊 811 號《佛說決定總持經》。
寶女經	四卷	❖《祐錄》卷二：「《舊錄》云《寶女三昧經》。或云《寶女問慧經》。太康八年四月二十七日出」。
如來興顯經	四卷	❖《祐錄》卷二：「一本云《興顯如幻經》。元康元年十二月二十五日出」。 ❖見《大正》第十冊 291 號。
般舟三昧經	二卷	❖《祐錄》卷二：「《安公錄》云：更出《般舟三昧經》」。 ❖今逸失未傳。
首意女經	一卷	❖《祐錄》卷二：「或云《梵女首意經》」。 ❖見《大正》第十四冊 567 號《梵志女首意經》。
十二因緣經	一卷	❖今逸失未傳。
月明童子經	一卷	❖《祐錄》卷二：「一名《月光童子經》」。 ❖見《大正》第十四冊 534 號《月光童子經》。
五十緣身行經	一卷	❖《祐錄》卷二：「《舊錄》云《菩薩緣身五十事經》，或云《菩薩行五十緣身經》」。
六十二見經	一卷	❖《祐錄》卷二：「或云《梵網六十二見經》」。 ❖今逸失未傳。
四自侵經	一卷	❖《祐錄》卷二：「安公云出《阿毗曇》」。 ❖見《大正》第十七冊 736 號。
須摩經	一卷	❖《祐錄》卷二：「《舊錄》云《須摩提經》，或云《須摩提菩薩經》」。 ❖見《大正》第十二冊 334 號。
※隨權女經	二卷	❖《祐錄》卷二：「出《別錄》，《安錄》無」。 ❖今逸失未傳。
方等泥洹經	二卷	❖《祐錄》卷二：「或云《大般泥洹經》。泰始五年七月二十三日出」。 ❖見《大正》第十二冊 378 號。

經　　名	卷數	附　　註
大善權經	二卷	❖《祐錄》卷二：「或云《慧上菩薩問大善權經》，或云《慧上菩薩經》，或云《善權方便經》，或云《善權方便所度無極經》。太康六年六月十七日出」。 ❖見《大正》第十二冊 345 號。
無言童子經	一卷	❖《祐錄》卷二：「或云《無言菩薩經》」。 ❖現存於《大正》第十三冊 401 號《無言童子經》，爲二卷本。
溫室經	一卷	❖《祐錄》卷二：「《舊錄》云《溫室洗浴眾僧經》」。 ❖法護所譯今闕。 ❖《大正》十六冊 701 號《溫室洗浴眾僧經》署名安世高所譯，而《祐錄》所錄安世高譯經，並無錄此經；乃自隋代《歷代三寶記》始有錄之；其後之《大唐內典錄》亦無錄之。然法護所譯之《溫室經》，自《祐錄》中已錄，且《歷代三寶記》、《大唐內典錄》、《開元釋教錄》皆有登錄，則或《大正》701 號爲法護之譯經？
頂王經	一卷	❖《祐錄》卷二：「一名《維摩詰子問經》。安公云，出方等部，或云《大方等頂王經》」。 ❖見《大正》第十四冊 477 號。
聖法印經	一卷	❖《祐錄》卷二：「天竺名《阿遮曇摩叉圖》。安公云，出《雜阿含》」。 ❖《祐錄》卷七〈聖法印經記〉：「元康四年十二月二十五日，月氏菩薩沙門法護於酒泉演出此經，弟子竺法首筆受。令此深法普流十方，大乘常住」。 ❖見《大正》第二冊 103 號。
移山經	一卷	❖《祐錄》卷二：「《舊錄》云《力士移山經》」。 ❖見《大正》第二冊 135 號。
文殊師利五體悔過經	一卷	❖《祐錄》卷二：「《舊錄》云《文殊師利悔過經》。泰始七年正月二十七日出」。 ❖見《大正》第十四冊 459 號。
持人菩薩經	三卷	❖《祐錄》卷二：「泰始七年九月十五日出」。 ❖現存於《大正》第十四冊 481 號《持人菩薩經》，爲四卷本。
滅十方冥經	一卷	❖《祐錄》卷二：「元熙元年八月十四日出」。 ❖見《大正》第十四冊 435 號。
無思議孩童經	一卷	❖《祐錄》卷二：「《舊錄》云《孩童經》，或云《無思議光孩童菩薩經》，或云《無思議光經》」。 ❖今逸失未傳。

經　　名	卷數	附　　註
迦葉集結經	一卷	❖《祐錄》卷二：「《舊錄》云《迦葉結經》」。 ❖今逸失未傳。
彌勒成佛經	一卷	❖《祐錄》卷二：「與羅什所出異本」（按：東晉時期，北方後秦鳩摩羅什亦譯有《彌勒下生經》一卷）。 ❖現存於《大正》第十四冊 453 號《彌勒下生經》，無法確定確屬竺法護所譯，詳細情形請見表 2—14 中，《彌勒下生經》一欄中之附註說明。
舍利弗目連遊諸國經	一卷	❖《祐錄》卷二：「或云《舍利弗摩目揵連遊諸四衢經》」。 ❖今逸失未傳。
琉璃王經	一卷	❖見《大正》第十四冊 513 號。
柰女耆域經	一卷	❖《祐錄》卷二：「或云《柰女經》」。 ❖今逸失未傳。
寶施女經	一卷	❖今逸失未傳。
寶網童子經	一卷	❖《祐錄》卷二：「《舊錄》云《寶網經》」。 ❖見《大正》第十四冊 433 號。
順權方便經	二卷	❖《祐錄》卷二：「一本云《惟權方便經》。《舊錄》云《順權女經》，一云《轉女身菩薩經》。太安二年四月九日出」。 ❖見《大正》第十四冊 565 號。
五百弟子本起經	一卷	❖《祐錄》卷二：「《舊錄》云《五百弟子自說本末經》。太安二年五月一日出。或云《佛五百弟子自說本起經》」。 ❖見《大正》第四冊 199 號。
佛爲菩薩五夢經	一卷	❖《祐錄》卷二：「《舊錄》云《佛五夢》。太安二年五月六日出。或云《太子五夢》」。 ❖今逸失未傳。
普門經	一卷	❖《祐錄》卷二：「一本云《普門品》。太康八年正月十一日出」。 ❖見《大正》第十一冊 315 號。
如幻三昧經	二卷	❖《祐錄》卷二：「《舊錄》云三卷。太安二年五月十一日出」。 ❖見《大正》第十二冊 342 號。
彌勒本願經	一卷	❖《祐錄》卷二：「或云《彌勒菩薩菩薩所問本願經》。太安二年五月十七日出」。 ❖見《大正》第十二冊 349 號。

經　　名	卷數	附　　註
舍利弗悔過經	一卷	❖《祐錄》卷二：「太安二年五月二十日出」。 ❖今逸失未傳。
胞胎經	一卷	❖《祐錄》卷二：「《舊錄》云《胞胎受身經》。太安二年八月一日出」。 ❖見《大正》第十一冊 317 號。
十地經	一卷	❖《祐錄》卷二：「或云《菩薩十地經》。太安二年十二月四日出」。 ❖今逸失未傳。
摩目犍連本經	一卷	❖今逸失未傳。
太子慕魄經	一卷	❖見《大正》第三冊 168 號。
四不可得經	一卷	❖見《大正》第十七冊 770 號。
菩薩悔過經	一卷	❖《祐錄》卷二：「或云《菩薩悔過法》，下注云，出龍樹《十住論》」。 ❖今逸失未傳。
當來變經	一卷	❖見《大正》第十二冊 395 號。
乳光經	一卷	❖見《大正》第十七冊 809 號。
心明女梵志婦飯汁施經	一卷	❖《祐錄》卷二：「或云《心明經》」。
大六向拜經	一卷	❖《祐錄》卷二：「《舊錄》云《六向拜經》，或云《威花長者六向拜經》」。 ❖今逸失未傳。
鴦掘摩經	一卷	❖見《大正》第二冊 118 號。
菩薩十住經	一卷	❖《祐錄》卷二：「太安元年十月三日出」。 ❖見《大正》第十冊 283 號。
摩調王經	一卷	❖《祐錄》卷二：「出《六度集》。太安三年正月十八日出」。 ❖今逸失未傳。
象步經	一卷	❖《祐錄》卷二：「一云《無所希望經》」。 ❖見《大正》第十七冊 813 號《佛說無希望經》。
照明三昧經	一卷	❖《祐錄》卷二：「太安三年二月一日出」。 ❖今逸失未傳。
所欲致患經	一卷	❖《祐錄》卷二：「太安三年二月七日出」。 ❖見《大正》第十七冊 737 號。
法沒盡經	一卷	❖《祐錄》卷二：「或云《空寂菩薩所問經》。太熙元年二月七日出」。 ❖今逸失未傳。

經　　名	卷數	附　　註
菩薩齋法	一卷	❖《祐錄》卷二：「一名《菩薩正齋經》，一名《持齋經》」。 ❖今逸失未傳。
獨證自誓三昧經	一卷	❖《祐錄》卷二：「或云《如來獨證自誓三昧經》」。 ❖見《大正》第十五冊 623 號。
過去佛分衛經	一卷	❖《祐錄》卷二：「《舊錄》云《過世佛分衛經》」。 ❖見《大正》第三冊 180 號。
※五蓋疑結失行經	一卷	❖《祐錄》卷二：「安公云：不似護公出。《後記》云：永寧二年四月十二日出」。 ❖今逸失未傳。
※阿差末經	四卷	❖《祐錄》卷二：「或云《阿差末菩薩經》，《別錄》所載，《安錄》先闕。永嘉元年十二月一日出」。 ❖現存於《大正》第十三冊 403 號《阿差末菩薩經》，爲七卷本。
※無極寶經	一卷	❖《祐錄》卷二：「《別錄》所載，《安錄》先闕。或云《無極寶三昧經》。永嘉元年三月五日出」。 ❖現存於《大正》第十五冊 636 號《無極寶三昧經》，爲二卷本。
※阿述達經	一卷	❖《祐錄》卷二：「《別錄》所載，《安錄》先闕。《舊錄》云《阿述達女經》，或云《阿闍貰王女阿述達菩薩經》」。 ❖見《大正》第十二冊 337 號《阿闍貰王女阿術達菩薩經》。
以上九十五部經於僧祐時，皆存。故其於《出三藏記集》中曰：「右九十五部，凡二百六卷，今並有其經」。		
※等目菩薩經	二卷	❖《祐錄》卷二：「《別錄》所載，《安錄》先闕」。 ❖現存於《大正》第十冊 288 號《等目菩薩所問三昧經》，爲三卷本。
閑居經	十卷	❖今逸失未傳。
小品經	七卷	❖今逸失未傳。
總持經	一卷	❖《祐錄》卷二：「祐案：出《生經》，或云《佛心總持》」。 ❖今逸失未傳。
超日明經	二卷	❖今逸失未傳。
刪維摩詰經	一卷	❖《祐錄》卷二：「祐意謂：先出《維摩》煩重，護刪出逸偈」。 ❖今逸失未傳。

經　　名	卷數	附　　註
虎耳意經	一卷	❖《祐錄》卷二：「一名《二十八宿經》」。 ❖今逸失未傳。
無憂施經	一卷	❖《祐錄》卷二：「一本云，阿闍貰女名無憂施」。 ❖今逸失未傳。
五福施經	一卷	❖今逸失未傳。
樓炭經	五卷	❖《祐錄》卷二：「安公云出方等部。太安元年正月二十三日出」。 ❖今逸失未傳。
勇伏定經	二卷	❖《祐錄》卷二：「安公云，更出《首楞嚴》。元康元年四月九日出」。⇨今逸失未傳。
嚴淨定經	一卷	❖《祐錄》卷二：「一名《序世經》。元熙元年二月十八日出」。 ❖今逸失未傳。
慧明經	一卷	❖今逸失未傳。
迦葉本經	一卷	❖《祐錄》卷二：「或云《大迦葉本》」。 ❖見《大正》第十四冊 496 號。
光世音大勢至受決經	一卷	❖今逸失未傳。
諸方佛名經	一卷	❖今逸失未傳。
目連上淨居天經	一卷	❖今逸失未傳。
普首童經	一卷	❖今逸失未傳。
十方佛名	一卷	❖今逸失未傳。
三品修行經	一卷	❖《祐錄》卷二：「安公云，近人合《大修行經》」。 ❖今逸失未傳。
金益長者子經	一卷	❖今逸失未傳。
眾祐經	一卷	❖今逸失未傳。
觀行不移四事經	一卷	❖《祐錄》卷二：「元康中出」。 ❖今逸失未傳。
小法沒盡經	一卷	❖今逸失未傳。
四婦喻經	一卷	❖《祐錄》卷二：「元康中出」。 ❖今逸失未傳。
廬夷　經	一卷	❖今逸失未傳。
諸神咒經	三卷	❖今逸失未傳。
廅羅王經	一卷	❖今逸失未傳。。
龍施經	一卷	❖今逸失未傳。

經　　　名	卷數	附　　　註
檀若經	一卷	❖今逸失未傳。
馬王經	一卷	❖《祐錄》卷二：「永平元年中出」。 ❖今逸失未傳。
普義經	一卷	❖《祐錄》卷二：「永平中出」。 ❖今逸失未傳。
鹿母經	一卷	❖《祐錄》卷二：「元康初出」。
給孤獨明德經	一卷	❖《祐錄》卷二：「《舊錄》云《給孤獨氏經》。太熙元年末出」。 ❖今逸失未傳。
龍王兄弟陀　誡王經	一卷	❖今逸失未傳。
勸化王經	一卷	❖今逸失未傳。
百佛名	一卷	❖今逸失未傳。
更出阿闍世王經	二卷	❖《祐錄》卷二：「建武元年四月十六日出」。 ❖今逸失未傳。
植眾德本經	一卷	❖今逸失未傳。
沙門果證經	一卷	❖今逸失未傳。
龍施本起經	一卷	❖《祐錄》卷二：「《舊錄》云《龍施本經》，或云《龍施女經》」。 ❖今逸失未傳。
佛悔過經	一卷	❖今逸失未傳。
三轉月明經	一卷	❖今逸失未傳。
解無常經	一卷	❖今逸失未傳。
胎藏經	一卷	
離垢蓋經	一卷	❖今逸失未傳。
小欲迦經	一卷	❖今逸失未傳。
阿闍貰女經	一卷	❖見《大正》第十四冊 496 號。 ❖現存於《大正》第十二冊 337 號《阿闍貰王女阿述達菩薩經》，未知是否即爲此經？抑或《大正》337 號爲《阿述達經》？
賈客經	二卷	❖《祐錄》卷二：「建武元年三月二日出」。 ❖今逸失未傳。
人所從來經	一卷	❖《祐錄》卷二：「永興二年正月二十五日出」。 ❖今逸失未傳。
誡羅云經	一卷	❖今逸失未傳。

經　　名	卷數	附　　註
鴈王經	一卷	❖《祐錄》卷二：「太始九年二月一日出」。 ❖今逸失未傳。
十等藏經	一卷	❖《祐錄》卷二：「永興二年正月二十八日出」。 ❖今逸失未傳。
鴈王五百鴈俱經	一卷	❖《祐錄》卷二：「永興二年二月二日出」。 ❖今逸失未傳。
誡具經	一卷	❖《祐錄》卷二：「永興二年二月七日出」。 ❖今逸失未傳。
決道俗經	一卷	❖《祐錄》卷二：「永興二年二月十一日出」。 ❖今逸失未傳。
猛施經	一卷	❖《祐錄》卷二：「《舊錄》云《猛施道地經》。永興二年二月二十日出」。 ❖今逸失未傳。
城喻經	一卷	❖《祐錄》卷二：「永興二年三月一日出」。 ❖今逸失未傳。
耆闍崛山解經	一卷	❖今逸失未傳。
譬喻三百首經	廿五卷	❖《祐錄》卷二：「永興三年三月七日出」。 ❖今逸失未傳。
比丘尼戒經	一卷	❖《祐錄》卷二：「太始三年九月十日出」。 ❖今逸失未傳。
誡王經	一卷	❖今逸失未傳。
三品悔過經	一卷	❖《祐錄》卷二：「太始三年九月二十一日出」。 ❖今逸失未傳。
菩薩齋法經	一卷	❖《祐錄》卷二：「《舊錄》云《菩薩齋經》，或云《賢首菩薩齋經》」。 ❖今逸失未傳。
以上六十四部經，於僧祐時未存，故其於《出三藏記集》中曰：「又六十四部，凡一百一十六卷。經今闕。」		

【表 6】《祐錄》所收鳩摩羅什譯經

註：鳩摩羅什亦云童壽、鳩摩羅耆婆、究摩羅耆婆、拘摩羅耆婆，父爲天竺人（印度），母爲龜茲王妹，羅什出生於龜茲。

經　　名	卷　數	附　　註
新大品經	廿四卷	❖《祐錄》卷二：「僞秦姚興弘始五年四月二十三日於逍遙園譯出，至六年四月二十三日訖」。 ❖《祐錄》卷八〈大品經序〉云：「以弘始五年，歲在癸卯，四月二十三日，於京城之北逍遙園中出此經。法師手執胡本，口宣晉言，兩釋異音，交辯文旨」。 ❖現存於《大正》第八冊 223 號《摩訶般若波羅蜜經》，爲廿七卷本。
新小品經	七卷	❖《祐錄》卷二：「弘始十年二月六日譯出，至四月二十日訖」。 ❖《祐錄》卷八〈小品經序〉：「鳩摩羅法師神授其文，眞本猶存，以弘始十年二月六日請令出之，至四月三十日校正都訖」。 ❖現存於《大正》第八冊 227 號《小品般若波羅蜜經》，爲十卷本。
新法華經	七卷	❖《祐錄》卷二：「弘始八年夏於長安大寺譯出」。 ❖《祐錄》卷八〈法華宗要序〉：「有外國沙門鳩摩羅什，…泰弘始八年夏，於長安大寺集四方義學沙門二千餘人，更出斯經，與眾詳究。什手執胡經，口譯秦語，曲從方言」。 ❖《祐錄》卷八〈法華經後序〉：「鳩摩羅什法師，爲之傳寫」。 ❖現存於《大正》第九冊 262 號《妙法蓮華經》，爲七卷本。
新賢劫經	七卷	❖《祐錄》卷二：「今闕」。 ❖今逸失未傳。
華首經	十卷	❖見《大正》第十六冊 657 號。
新維摩詰經	三卷	❖《祐錄》卷二：「弘始八年於長安大寺出」。 ❖《祐錄》卷八〈維摩詰經序〉：「以弘始八年…於長安大寺請羅什法師重譯正本。…時手執胡文，口自宣譯」。 ❖見《大正》第十四冊 475 號。
新首楞嚴經	二卷	❖《祐錄》卷八〈新出首楞嚴經序〉：「羅什法師弱齡言道，思通法門。昔紆步關右，譯出此經」。 ❖見《大正》第十五冊 642 號。
十住經	五卷	❖《祐錄》卷二：「或四卷，定五卷。什與佛陀耶舍共譯出」。 ❖現存於《大正》第十冊 286 號《十住經》，爲四卷本。

經　　名	卷 數	附　　註
思益義經	四卷	❖《祐錄》卷二：「或云《思益梵天問經》」。 ❖《祐錄》卷八〈思益經序〉：「鳩摩羅什法師於關右，既得更譯梵音」。 ❖見《大正》第 15 冊 586 號。
持世經	四卷	❖《祐錄》卷二：「或三卷」。 ❖見《大正》第十四冊 482 號。
自在王經	二卷	❖《祐錄》卷二：「弘始九年出」。 ❖《祐錄》卷八〈自在王經後序〉：「鳩摩羅法師譯而出之，得此二卷。…是歲弘始九年」。 ❖見《大正》第十三冊 420 號。
佛藏經	三卷	❖《祐錄》卷二：「一名《選擇諸法》。或爲二卷」。 ❖見《大正》第十五冊 653 號。
菩薩藏經	三卷	❖《祐錄》卷二：「一名《富樓那問》，亦名《大悲心》。或爲二卷」。 ❖見《大正》第十一冊 586 號《大寶積經》中的第十七會《富樓那會》。
稱揚諸佛功德經	三卷	❖《祐錄》卷二：「一名《集華》」。 ❖今逸失未傳。
無量壽經	一卷	❖《祐錄》卷二：「或云《阿彌陀經》」。 ❖見《大正》第十二冊 366 號。
彌勒下生經	一卷	❖見《大正》第十四冊 454 號。
彌勒成佛經	一卷	❖見《大正》第十四冊 456 號。
金剛般若經	一卷	❖《祐錄》卷二：「或云《金剛般若波羅蜜經》」。 ❖見《大正》第八冊 235 號。
諸法無行經	一卷	❖現存於《大正》第十五冊 650 號《諸法無行經》，爲二卷本。
菩提經	一卷	❖《祐錄》卷二：「或云《文殊師利問菩提經》」。 ❖《祐錄》卷九〈菩提經注序〉：「菩提經者，…耆婆法師入室之密說也」。 ❖見《大正》第十四冊 464 號。
遺教經	一卷	❖《祐錄》卷二：「或云《佛垂般泥洹略說教戒經》」。 ❖見《大正》第十二冊 389 號。
十二因緣經	一卷	❖《祐錄》卷二：「闕本」。 ❖今逸失未傳。
菩薩呵色欲經	一卷	❖見《大正》第十五冊 615 號。
禪法要解	二卷	❖《祐錄》卷二：「或云《禪要經》」。 ❖見《大正》第十五冊 616 號。

經　　名	卷 數	附　　註
禪經	三卷	❖《祐錄》卷二：「一名《菩薩禪法經》，與《坐禪三昧經》同」。 ❖現存於《大正》第十五冊 614 號《坐禪三昧經》，爲二卷本。
雜譬喻經	一卷	❖《祐錄》卷二：「比丘道略所集」。 ❖現存於《大正》第四冊 208 號《眾經撰雜譬喻經》，爲二卷本。
大智論	百卷	❖《祐錄》卷二：「於逍遙園譯出。或分爲七十卷」。 ❖《祐錄》卷十〈大智釋論序〉：「有鳩摩羅耆婆法師者，…於渭濱逍遙園堂…乃出此釋論」 ❖《祐錄》卷十〈大智論記〉：「究摩羅耆婆法師…於逍遙園中西門閣上，爲姚天王出釋論…其中兼出經本、禪經、戒律、百論、禪法要解」。 ❖《祐錄》卷十慧遠〈大智論抄序〉：「有高座沙門，字曰童壽…以此論深廣，…約本以爲百卷」。 ❖見《大正》第廿五冊 1509 號。
成實論	十六卷	❖《祐錄》卷十一〈成實論記〉：「大秦弘始十三年…外國法師拘摩羅耆婆手執胡本，口自傳譯，曇晷筆受」。 ❖《祐錄》卷十一〈略成實論記〉：「羅什法師於長安出之，曇晷筆受，曇影正寫」。 ❖見《大正》第三十二冊 1646 號。
十住論	十卷	❖見《大正》第十五冊 616 號。
中論	四卷	❖《祐錄》卷十一曇影〈中論序〉：「羅什法師以秦弘始十一年於大寺出」。 ❖現存於《大正》第廿六冊 1521 號《十住毘婆沙論》，爲十七卷本。
十二門論	一卷	❖《祐錄》卷十一〈十二門論序〉：「羅什法師以秦弘始十一年於大寺出之」。 ❖見《大正》第三十冊 1568 號。
百論	二卷	❖《祐錄》卷十一〈百論序〉：「有天竺沙門鳩摩羅什，…常味詠斯論，以爲心要」。 ❖見《大正》第三十冊 1569 號。
十誦律	六十一卷	❖見《大正》第二十三冊 1435 號。
十誦比丘戒本	一卷	❖見《大正》第二十三冊 1436 號。
禪法要	三卷	❖《祐錄》卷二：「弘始九年閏月五日重校正」。 ❖現存於《大正》第十五冊 616 號《禪法要解》二卷本，未知是否即此經？

【表 7】《祐錄》所收佛陀跋陀羅譯經

註：佛陀跋陀羅又音譯爲佛馱跋陀、佛度跋陀羅、佛馱跋陀羅、佛大跋陀，意譯爲佛賢、覺賢。

經　　名	卷　數	附　　註
大方廣佛華嚴經	五十卷	❖《祐錄》卷二云：「沙門支法領於于闐國得此經胡本，到晉義熙十四年三月十日，於道場寺譯出，至宋永初二年十二月二十八日都訖」。 ❖《祐錄》卷九〈華嚴經記〉云：「《華嚴經》胡本凡十萬偈。昔道人支法領從于闐得此三萬六千偈，以晉義熙十四年，…於揚州…道場寺，請天竺禪師佛度跋陀羅手執梵文，譯胡爲晉，沙門釋法業親從筆受。…十二月二十八日校畢」。 ❖現存於《大正》第九冊 278 號，爲六十卷本。
觀佛三昧經	八卷	❖現存於《大正》第十五冊 643 號，爲十卷本。
新無量壽經	二卷	❖《祐錄》卷二云：「永初二年於道場寺出」。 ❖小野玄妙認爲此經登錄於佛馱跋陀羅名下，乃是後人所竄入；並據《祐錄．新集異出經錄》無量壽經條，未有佛馱跋陀羅所譯之記載，卻有「釋寶雲出新無量壽二卷」，加以《祐錄》卷二寶雲譯經目中有登錄《新無量壽經》二卷，故斷言此經爲劉宋釋寶雲譯。並謂現收錄於《大正》第十二冊 360 號《無量壽經》，非曹魏康僧鎧譯，應是寶雲所譯本（《佛教經典總論》頁 85）。
禪經修行方便	二卷	❖《祐錄》卷二云：「一名《庾伽遮羅浮迷》，譯言《修行道地》，一名《不淨觀經》。凡有十七品」。 ❖見《大正》第十五冊 618 號。
大方等如來藏經	一卷	❖《祐錄》卷二云：「或云《如來藏》。今闕」。 ❖見《大正》第十六冊 666 號。 ❖小野玄妙謂此經確爲佛馱跋陀羅譯本（《佛教經典總論》頁 76），然僧祐已說「今闕」，則現行本是否爲其譯本，實未能確定。
菩薩十住經	一卷	❖今逸失未傳。
出生無量門持經	一卷	❖見《大正》第十九冊 1012 號。
新微密持經	一卷	❖《祐錄》卷二云：「闕」。
本業經	一卷	❖《祐錄》卷二云：「闕」。
淨六波羅蜜經	一卷	❖《祐錄》卷二云：「闕」。
文殊師利發願經	一卷	❖《祐錄》卷二云：「晉元熙二年，歲在庚申，於道場寺出」。 ❖見《大正》第十冊 296 號。

【表 8】《祐錄》所收曇無讖譯經

註：曇無讖又作曇摩讖，曇無懺

經　　名	卷數	附　　　註
大般涅槃經	三六卷	❖《祐錄》卷二云：「僞河西王沮渠蒙遜玄始十年十月二十三日譯出」。 ❖《祐錄》卷八釋道朗〈大涅槃經序〉：「天竺沙門曇摩讖…以玄始十年，歲次大梁，十月二十三日，河西王勸請令譯。讖手執梵文，口宣秦言」。 ❖《祐錄》卷八無名氏〈大涅槃經記序〉： 「此《大涅槃經》，…**其梵本是東方道人智猛從天竺將來，暫憩高昌**。有天竺沙門曇無讖，廣學博見…河西王宿植洪業，素心冥契…**遣使高昌，取此梵本，命讖譯出**。…今現已有十三品，作**四十卷**，爲經文句」。⇨此序末尾僧祐注：「祐尋此序與朗法師序及〈讖法師傳〉小小不同，未詳孰正，故復兩存」，茲將二序及〈讖法師傳〉不同之處以網點標出，以供參考。 ❖《祐錄》卷十四〈曇無讖傳〉：「曇無讖…後**遇白頭禪師**，共讖論議…讖服其精理，乃謂禪師曰：『頗有經典可得見不？』**禪師即授以樹皮《涅槃經》本**。…**乃齎《大涅槃經》本前分十二卷**，…**奔龜茲**。…河西王沮渠蒙遜聞讖名，呼與相見…蒙遜素奉大法，志在弘通，請令出其經本。讖以未參土言，又無傳譯，…不許即翻。於是學語三年，翻爲漢言，方共譯寫。…讖以《涅槃經》品數未足，還國尋求。…後於于闐更得經本，復還姑臧譯之，續爲三十六卷焉……」。 ❖現存《大正》第十二冊 374 號《大般涅槃經》，爲四十卷本，又稱北本涅槃經。
方等大集經	二九卷	❖《祐錄》卷二云：「或云《大集經》。玄始九年譯出。或三十卷，或二十四卷」。 ❖《祐錄》卷九僧祐〈大集虛空藏無盡意三經記〉：「祐尋舊錄，《大集經》是晉安帝世天竺沙門曇摩讖於西涼州譯出，有廿九卷，首尾有十二段說，共成一經，第一〈瓔珞品〉，…第十二〈無盡意〉。更不見異人別譯，而今別部唯有二十四卷。尋其經文餘悉同，唯…無〈虛空藏所問品〉五卷，…復無最末〈無盡意所說不可思議品〉四卷，略無二品九卷，分所餘二十卷爲二十四卷耳。又尋兩本並以〈海慧菩薩品〉爲第五，越至〈無言菩薩品〉爲第七，無第六品，未詳所以。又檢錄，別有《大虛空藏經》五卷成者，即此經〈虛空藏品〉，當是時世有益，甄爲異部。又別有

經　　名	卷數	附　　　註
方等大集經		《無盡意經》四卷成者，亦是此經末〈無盡意品〉也。但護公錄復出《無盡意經》四卷，未詳與此本同異。」↳由上可知，僧祐當時所見的幾本《方等大集經》，已有一些譯本，與舊錄中所言的大集經廿九卷本於體例上不盡相同。 ※隋代僧就所合成的《大方等大集經》六十卷本，曇無讖所譯部份爲前十二品（見《大正》中）。然今《大正》第十三冊 397 號《大方等大集經》中，第十二品〈無盡意菩薩品〉署名爲劉宋智嚴共寶雲譯，此乃是錯誤的，因：僧祐所撰經記中已明言曇無讖所譯《大集經》的第十二品爲〈無盡意〉，而《祐錄》卷二〈新集異出經錄〉中所載錄的《無盡意經》異譯者，只有登錄竺法護、竺法眷及曇摩讖三人，並無智嚴與寶雲，且《祐錄》中智嚴與寶雲的譯經目錄中，亦無登錄譯有此經，故知《大正》登載之誤；又，將《無盡意經》視爲智嚴共寶雲譯，乃是始於《房錄》卷十。
方等王虛空藏經	五卷	❖《祐錄》卷二云：「或云《大虛空藏經》。檢經文與《大集經》第八《虛空藏品》同，未詳是別出者不？《別錄》云，河南國乞佛時沙門釋聖堅譯出」。 ❖見《大正》第十三冊 397 號《大方等大集經》中，第八品〈虛空藏品〉。
方等大雲經	四卷	❖《祐錄》卷二云：「或云《方等無想大雲經》。或爲六卷。玄始六年九月出」。 ❖現存《大正》第十二冊 387 號《大方等無想經》，爲六卷本。
悲華經	十卷	❖《祐錄》卷二云：「《別錄》或云龔上出。玄始八年十二月出」。 ❖此經因僧祐謂“或云龔上出”，而《歷代三寶記》所錄《悲華經》下注云晉安帝時，道龔於張掖爲河西王譯出；故《大正》第三冊 157 號《悲華經》，未可確定是否即曇無讖所譯。
金光明經	四卷	❖《祐錄》卷二云：「玄始六年五月出」。 ❖見《大正》第十六冊 663 號。
海龍王經	四卷	❖《祐錄》卷二云：「玄始七年正月出」。 ❖今逸失未傳。
菩薩戒優婆塞戒壇文	一卷	❖《祐錄》卷二云：「玄始十年十二月出」。 ❖今逸失未傳。

經　　名	卷數	附　　註
菩薩地持經	八卷	❖《祐錄》卷二云：「或云《菩薩戒經》，或云《菩薩地經》。玄始七年十月初一日出」。 ❖《祐錄》卷九僧祐〈菩薩善戒菩薩地持二經記〉：「《菩薩地持經》八卷，有二十七品，…是晉安帝世，曇摩讖於西涼州譯出。經首禮敬三寶，無『如是我聞』，似撰集佛語。文中不出有異名。而今此本或題云《菩薩戒經》，或題云《菩薩地經》，與三藏所出《菩薩善戒經》，二文雖異，五名相涉，故同一記」。 ↳上文所說的三藏是指劉宋時三藏法師求那跋摩，故曇摩讖所譯《菩薩地持經》與求那跋摩所譯《菩薩善戒經》爲同本異譯。 ❖現存《大正》第三十冊 1581 號《菩薩地持經》，爲十卷本。
菩薩戒本	一卷	❖《祐錄》卷二云：「《別錄》云，敦煌出」。 ❖見《大正》第廿四冊 1500 號。
優婆塞戒	七卷	❖《祐錄》卷二云：「玄始六年四月十日出」。 ❖《祐錄》卷九〈優婆塞戒經記〉：「太歲在丙寅，夏四月二十三日，河西王世子、撫軍將軍…請天竺法師曇摩讖譯此在家菩薩戒，至秋七月二十三日都訖，，秦沙門道養筆受」。 ❖見《大正》第廿四冊 1488 號。
菩薩戒經	八卷	❖《祐錄》卷二中，僧祐於《菩薩地持經》下注云：「或云《菩薩戒經》」；而此《菩薩戒經》下無僧祐注釋，只有經名。且此經與《菩薩地持經》皆爲八卷，故二經或爲同本，再者，《祐錄》卷二曇無讖譯經目末尾，僧祐云：「右十一部」，而非“十二部”，則若去此重覆之經，當爲十一部經。

【表 9】《房錄》《內典錄》《開元錄》所收南朝譯經數

南朝譯經量表	歷代三寶紀	大唐內典錄	開元釋教錄
宋　代	譯者 23 人 共 210 部 490 卷〔註 1〕	譯者 23 人 共 210 部 490 卷〔註 2〕	譯者 22 人 共 465 部 717 卷〔註 3〕
齊　代	譯者 19 人 共 48 部 341 卷〔註 4〕	譯者 19 人 共 47 部 346 卷〔註 5〕	譯者 7 人 共 12 部 33 卷〔註 6〕
梁　代	譯者 21 人 共 88 部 875 卷〔註 7〕	譯者 21 人 共 90 部 780 卷〔註 8〕	譯者 8 人 共 46 部 201 卷〔註 9〕
陳　代	譯者 3 人 共 50 部 247 卷〔註 10〕	譯者 3 人 共 40 部 347 卷〔註 11〕	譯者 3 人 共 40 部 133 卷〔註 12〕
合　計	66 人 396 部 1953 卷	66 人 387 部 1963 卷	40 人 563 部 1084 卷

〔註 1〕見《歷代三寶紀》卷十，(收錄於《大正》49．89a、b→即《大正藏》第 49 冊頁 89，abc 欄〔上中下欄〕之 a 欄、b 欄；以下所引同之)。以台北：新文豐出版之《大正藏》爲依據。

〔註 2〕見《大唐內典錄》卷一(《大正》55．220a)；然其書卷四作 24 人 210 部 496 卷(《大正》55．257b)。

〔註 3〕見《開元釋教錄》卷第五(《大正》55．523b)。

〔註 4〕見《歷代三寶紀》卷十一(《大正》49．94c)。

〔註 5〕見《大唐內典錄》卷一(《大正》55．220a)；然其書卷四作譯者爲 20 人(《大正》55．261c)。

〔註 6〕見《開元釋教錄》卷第六(《大正》55．535b)。

〔註 7〕見《歷代三寶紀》卷十一(《大正》49．95a)。

〔註 8〕見《大唐內典錄》卷一(《大正》55．220a)。

〔註 9〕見《開元釋教錄》卷第六(《大正》55．536c)。

〔註 10〕見《歷代三寶紀》卷九(《大正》49．83b)。

〔註 11〕見《大唐內典錄》卷一(《大正》55．220a)；然其書卷五作 50 部 247 卷(《大正》55．273a)。

〔註 12〕見《開元釋教錄》卷第七(《大正》55．545b)。

【表 10】《祐錄》所收求那跋陀羅譯經

註：求那跋陀羅（天竺人）意譯爲功德賢

經名	卷數	附註
雜阿含經	五十卷	❖《祐錄》卷二云：「宋元嘉中於瓦官寺譯出」。 ❖《祐錄·求那跋陀羅傳》：「求那跋陀羅…於祇洹寺集義學眾僧譯出《雜阿含經》」。《高僧傳·求那跋陀羅傳》記載亦同。 ❖見《大正》第二冊 99 號。
大法鼓經	二卷	❖《祐錄》卷二云：「東安寺譯出」。《祐錄·求那跋陀羅傳》及《高僧傳·求那跋陀羅傳》記載亦同。 ❖見《大正》第九冊 270 號。
勝鬘經	一卷	❖《祐錄》卷二云：「丹陽郡譯出」。《祐錄·求那跋陀羅傳》及《高僧傳·求那跋陀羅傳》記載亦同。 ❖《祐錄》卷九釋慧觀〈勝鬘經序〉：「外國沙門求那跋陀羅手執正本，口宣梵音，山居苦節，通悟息心。釋寶雲譯爲宋語…大宋元嘉十三年，…八月十四日，初轉法輪，訖於月終」。 ❖《祐錄》卷九慈法師〈勝鬘經序〉：「《勝鬘經》者，…以元嘉十二年，歲在乙亥，有天竺沙門名功德賢，業素敦尚，貫綜大乘，遠載梵本，來遊上京，庇跡祇洹…于時有優婆塞何尙之，居丹陽尹，爲佛法檀越。登及京輦敏德名望，便於郡內請出此經」。 ❖見《大正》第 12 冊 353 號。
八吉祥經	一卷	❖《祐錄》卷二云：「丹陽郡譯出」。 ❖《祐錄》卷九〈八吉祥經後記〉云：「《八吉祥經》，宋元嘉二十九年，太歲壬辰，正月三日，天竺國大乘比丘釋求那跋陀羅於荊州城內譯出此經，至其月六日竟」。 ❖今逸失未傳。
楞伽阿跋多羅寶經	四卷	❖《祐錄》卷二云：「道場寺譯出」。 ❖見《大正》第 16 冊 670 號。
央掘魔羅經	四卷	❖《祐錄》卷二云：「道場寺譯出」。 ❖見《大正》第 2 冊 120 號。
過去現在因果經	四卷	❖《祐錄》卷二云：「宋元嘉中譯」。 ❖見《大正》第 3 冊 189 號。

經　　名	卷 數	附　　　註
相續解脫經	二卷	❖《祐錄》卷二云：「東安寺譯出」。 ❖現存《大正》第 16 冊 678 號《相續解脫地波羅蜜了義經》，爲一卷本。
第一義五相略	一卷	❖《祐錄》卷二云：「東安寺譯出」。 ❖今逸失未傳。
釋六十二見經	一卷	❖《祐錄》卷二云：「闕」。 ❖《祐錄・求那跋陀羅傳》及《高僧傳・求那跋陀羅傳》無載此經。 ❖今逸失未傳。
泥洹經	一卷	❖《祐錄》卷二云：「似即一卷《泥曰經》。闕」。 ❖今逸失未傳。
無量壽經	一卷	❖《祐錄》卷二云：「闕」。 ❖今逸失未傳。
現在佛名經	三卷	❖今逸失未傳。
無憂王經	一卷	❖《祐錄》卷二云：「闕」。 ❖今逸失未傳。

【表 11】《房錄》《開元錄》所收僧伽婆羅譯經

經　　名	卷　數	附　　　註
阿育王經	十卷	❖《房錄》卷十一云：「天監十一年六月二十六日於揚都壽光殿譯初翻日帝躬自筆受。後委僧正慧超令繼并譯正訖。見寶唱錄」。 ❖《開元錄》卷六云：「或加大字第二出，與西晉安法欽《育王傳》同本異譯，天監十一年六月二十日於楊都壽光殿譯。見寶唱錄」。 ❖見《大正》第 50 冊 2043 號。
孔雀王陀羅尼經	二卷	❖《房錄》卷十一云：「第二出，與晉世帛尸利蜜譯本同文，小異。見寶唱錄」。 ❖《開元錄》卷六作“孔雀王咒經”，注云：「亦云孔雀王陀羅尼經第七譯與唐義淨大孔雀咒王經等同本。見寶唱錄」。 ❖見《大正》第 19 冊 984 號。
文殊師利問經	二卷	❖《房錄》卷十一云：「天監十七年敕僧伽婆羅，於占雲管譯，袁曇允筆受，光宅寺沙門法雲詳定」。 ❖《開元錄》卷六云：「亦直云《文殊問經》，天監，十七年於占雲管譯，袁曇允筆受，光宅寺沙門法雲詳定」。 ❖見《大正》第 14 冊 468 號。
度一切諸佛境界智嚴經	一卷	❖《開元錄》卷六云：「第二出，與元魏曇摩流支《入佛境界經》同本」。 ❖見《大正》第 12 冊 358 號。
菩薩藏經	一卷	❖見《大正》第 24 冊 1491 號。
文殊師利所說般若波羅蜜經	一卷	❖《房錄》卷十一云：「第二譯。小勝前曼陀羅所出二卷者」。 ❖《開元錄》卷六云：「第二出與前曼陀羅出者及大般若曼殊室利分同本，房云少勝前曼陀羅所出二卷者」。 ❖見《大正》第 8 冊 233 號。
舍利弗陀羅尼經	一卷	❖《房錄》卷十一云：「此咒大有神力，若能持者，雪山八夜叉王常來擁護，所欲隨心」。 ❖《開元錄》卷六云：「此咒有大神力，若能持者，雪山有八夜叉王常來擁護，所欲隨心。第九譯與支謙所出《無量門微密持經》等同本」。 ❖見《大正》第 19 冊 1016 號。

經　　名	卷 數	附　　註
八吉祥經	一卷	❖《房錄》卷十一云：「若人聞此八佛名號，不爲一切諸鬼神眾難所侵」。 ❖《開元錄》卷六云：「若人聞此八佛名號，不爲一切諸鬼神眾難所侵。第四出與《八吉祥咒》及《八陽神咒經》等同本」。 ❖見《大正》第 14 冊 430 號。
十法經	一卷	❖《房錄》卷十一云：「普通元年譯」。 ❖《開元錄》卷六作“大乘十法經”，注云：「初出與元魏覺定所出《十法經》同本。普通年譯，亦直云《十法經》」。 ❖見《大正》第 11 冊 314 號。
解脫道論	十三卷	❖《房錄》卷十一云：「天監十四年於館譯」。 ❖《開元錄》卷六作“解脫道論十二卷”，注云：「亦云十三卷，天監十四年於占雲館譯」。 ❖現存《大正》第 32 冊 1648 號《解脫道論》，爲 12 卷本。
阿育王傳	五卷	❖《房錄》卷十一云：「天監年第二譯，與魏世出者小異」。 《內典錄》依《房錄》，亦錄此經；然《開元錄》中無錄此經，或此本爲《阿育王經》重出之誤。 今未見。

【表 12】《房錄》《開元錄》所收真諦譯經

註：

1. 眞諦，西天竺優禪尼國人。
2. 《續高僧傳》云：「拘那羅陀，陳言親依；或云波羅末陀，譯言眞諦」。
3. 表中佛典名、卷數，係據《房錄》作；經名前標有※者，乃《開元錄》亦載者。

經　　名	卷 數	附　　　註
※金光明經	七卷	❖《房錄》卷十一云：「承聖元年於揚州正觀寺及揚雄宅出。即第二譯，與梁世曇無讖所出者四品全別。又廣壽量品後慧寶傳蕭梁筆受」。 ❖《開元錄》卷六云：「或六卷二十二品，承聖元年於正觀寺及楊雄宅出。涼世無讖出四卷者有十八品，眞諦更出四品足前成二十二分，爲七卷，今在刪繁錄」。
※彌勒下生經	一卷	❖《房錄》卷十一云：「承聖三年於豫章寶田寺。第二譯。爲沙門慧顯等名德十餘僧出」。 ❖《開元錄》卷六云：「承聖三年於豫章寶田寺譯，第五出，與羅什等出者同本」。
※仁王般若經	一卷	❖《房錄》卷十一云：「第二出。與晉世法護譯者少異。同三年在寶田寺翻。見眞諦傳」。 ❖《開元錄》卷六云：「承聖三年於豫章寶田寺譯，第三出，與西晉法護等出者同本」。
※十七地論	五卷	❖《房錄》卷十一云：「太清四年於富春陸元哲宅，爲沙門寶瓊等二十餘名德譯」。 ❖《開元錄》卷六云：「與唐譯《瑜伽師地論》同本，翻得五卷遇難，遂輟。見《續高僧傳》。太清四年於富春令陸元哲宅，爲沙門寶瓊等二十名德譯」。
※大乘起信論	一卷	❖《房錄》卷十一云：「同四年在陸元哲宅出」。 ❖《開元錄》卷六云：「初出，與唐實叉難陀出者同本，承聖二年癸酉九月十日，於衡州始興郡建興寺出，月婆首那等傳語，沙門智愷等執筆并製序，見論序」。 ❖見《大正》第 32 冊 1666 號。
※中論	一卷	❖《開元錄》卷六云：「房云太清四年出」。
※如實論	一卷	❖《開元錄》卷六云：「初題云如實論反質難品，房云太清四年出」。 ❖見《大正》第 32 冊 1633 號。
十八部論	一卷	❖《開元錄》無錄此經。 ❖見《大正》第 49 冊 2032 號。

經　　名	卷 數	附　　　註
※本有今無論	一卷	❖《開元錄》卷六作“涅槃經本有今無偈論”注云：「房云太清四年出。**檢諸年曆太清不至四年**，已下並同。」➪此處道宣說太清無至四年，茲查年曆，太清年號確實只有三年。然道宣《開元錄》係以《房錄》爲據，故雖指出此訛誤，仍以尊重原錄之原則襲之。 ❖見《大正》第 26 冊 1528 號。
※三世分別論	一卷	❖《房錄》卷十一云：「已上並四年同出。」➪指以上《中論》、《如實論》、《十八部論》、《本有今無論》與此經皆於太清四年出。 ❖《開元錄》卷六云：「房云太清四年出」。
金光明疏	十三卷	❖《房錄》卷十一云：「太清五年出」。 ❖《開元錄》無錄此經。
仁王般若疏	六卷	❖《房錄》卷十一云：「太清三年出」。 ❖《開元錄》無錄此經。
起信論疏	二卷	❖《房錄》卷十一云：「太清四年出」。 ❖《開元錄》無錄此經。
中論疏	四卷	❖《開元錄》無錄此經。
九識義記	二卷	❖《房錄》卷十一云：「太清三年於新吳美業寺出」。 ❖《開元錄》無錄此經。
轉法輪義記	一卷	❖《房錄》卷十一云：「同三年出」。 ❖《開元錄》無錄此經。
以上諸經出自《房錄》卷十一，乃眞諦於梁代所譯，共十六部。而《開元錄》卷六所錄眞諦於梁代的譯經，共十一部，即以上諸經前標有※者九部，再加上《無上依經》（《房錄》列此經於陳代經錄）和《決定藏論》（此經於《房錄》中無載）二部。 以下諸經乃眞諦於陳代所譯。		
※佛阿毘曇經	九卷	❖《開元錄》卷七中此經作“二卷”，注云：「亦云論錄云九卷， 今只二軸，未詳所以，又《內典錄》中更載『佛阿毘曇一卷』非也」。 ❖現存《大正》24 冊 1482 號《佛阿毘曇經》，爲二卷本。
※無上依經	二卷	❖《房錄》卷九云：「永定二年於南康淨土寺出」。 ❖此經於《開元錄》卷六中，列於梁代經錄，經名下注云：「梁紹泰三年丁丑九月八日，於平固縣南康內史劉文陀請令譯出，見經後記，**房云陳代出者非也，諸家年曆並無紹泰三年**，如別錄中會。」➪道宣將此經判爲眞諦於梁代所譯，而費長房則劃爲陳代時期譯。茲查梁代紹泰年號，僅爲一年，故從道宣所言。 ❖見《大正》第 16 冊 669 號。

經　　名	卷 數	附　　註
※解節經	一卷	❖《房錄》卷九云：「此經本有一十八品。今此一卷，止是第四一品。眞諦略出以證義耳」。 ❖《開元錄》卷七云：「是《解深密經》初五品異譯出第一卷。此經非是全部眞諦略出以證義耳」。 ❖見《大正》第 16 冊 677 號。
※金剛般若波羅蜜經	一卷	❖《房錄》卷九云：「第三譯。與秦世羅什、魏世菩提流支出者同本，文有廣略耳」。 ❖《開元錄》卷七云：「第三譯。與姚秦羅什、元魏留支等出者同本」。 ❖見《大正》第 8 冊 237 號。
※廣義法門經	一卷	❖《開元錄》卷七云：「第三出。與漢安高所出《普法義經》等同本，題云是中阿含一品別譯。天嘉四年十一月十日，於廣州制旨寺譯」。 ❖見《大正》第 1 冊 97 號。
※僧　多律	一卷	❖《房錄》卷九云：「陳言總攝」。 ❖《開元錄》卷七云：「陳言總攝」。
※修禪定法	一卷	❖《開元錄》卷七云：「除四部外，餘三十四部見《長房錄》」。
※俱舍釋論	廿一卷	❖《開元錄》卷七作“阿毘達磨俱舍釋論，二十二卷”，注云：「婆藪盤豆造第一譯，與唐譯《俱舍論》同本，天監四年正月二十五日於制旨寺出，至閏十月十日訖，至五年十二月二日更勘，至光大元年十二月二十五日訖」。 ❖現存《大正》第 29 冊 1559 號《阿毘達磨俱舍釋論》，爲二卷本。
※俱舍論本	十六卷	❖《開元錄》卷七此經作“六卷”，注云：「據其論本，即前偈是。今復言本，未詳所以」。
※立世阿毘曇	十卷	❖《房錄》卷九云：「永定三年出」。 ❖《開元錄》卷七作“立世阿毘曇論”，注云：「題云立世毘曇藏或無論字，亦云天地記經，永定三年出，錄云十五卷，未詳」。 ❖見《大正》第 32 冊 1644 號。
※攝大乘論	十五卷	❖《房錄》卷九云：「天嘉四年於廣州制旨寺出，慧愷筆受或十二卷」。 ❖《開元錄》卷七作“攝大乘論釋”，注云：「世親菩薩釋，亦云釋論，或十二卷，與隋笈多等出者同本。第一譯。天嘉四年於廣州制旨寺出，慧愷筆受」。 ❖見《大正》第 31 冊 1595 號。
※佛性論	四卷	❖《開元錄》卷七云：「天親菩薩造」。 ❖見《大正》第 31 冊 1610 號。

經　　名	卷數	附　　註
※四諦論	四卷	❖《開元錄》卷七云：「婆藪跋摩造」。 ❖見《大正》第 32 冊 1647 號。
僧伽論	三卷	❖《開元錄》無錄此經。
攝大乘論本	三卷	❖《房錄》卷九云：「第二譯。與元魏世佛陀扇多出者小異」。 ❖《開元錄》卷七云：「無著菩薩造。第二出。與元魏佛陀扇多等譯者同本。天嘉四年於廣州制旨寺譯，慧愷筆受」。 ❖現存《大正》第 31 冊 1593 號《攝大乘論》，爲三卷本。
※大空論	三卷	❖《房錄》卷九云：「於豫章栖隱寺出。唐《內典錄》云十八空」。 ❖《開元錄》卷七云：「於豫章栖隱寺出」。
※中邊分別論	三卷	❖《房錄》卷九云：「於臨川郡出」。 ❖《開元錄》卷七此經作“一卷”，注云：「婆藪盤豆造，或三卷，於臨川郡出。第一譯與唐譯《辯中邊論》同本」。 ❖現存《大正》第 31 冊 1599 號《中邊分別論》，爲二卷本。
※金七十論	二卷	❖《開元錄》卷七此經作“三卷”，注云：「外道迦毘羅仙人造。明二十五諦謂數論也，或二卷。長房等錄別存僧法論三卷者，非也。謂梵名僧佉此翻爲數」。 ❖現存《大正》第 54 冊 2137 號《金七十論》，爲三卷本。
※俱舍論偈	一卷	❖《開元錄》卷七云：「初出。與唐譯《俱舍頌》同本。天嘉四年於制旨寺出」。
※金剛般若論	一卷	
※律二十二明了論	一卷	❖《房錄》卷九云：「亦直云《明了論》」。 ❖《開元錄》卷七云：「亦直云《明了論》。出正量部，波羅提木叉論中覺護法師造。光大二年正月二十日於廣州譯，沙門慧愷筆受」。 ❖見《大正》第 24 冊 1461 號。
※大般涅槃經論	一卷	❖《開元錄》卷七云：「或無『般』字。第二出」。
※遺教論	一卷	❖《開元錄》卷七作“遺教經論”，注云：「釋遺教經」。 ❖見《大正》第 26 冊 1529 號。
※三無性論	一卷	❖《開元錄》卷七此經作“二卷”，注云：「出無相論。或一卷」。 ❖現存《大正》第 31 冊 1617 號《三無性論》，爲二卷本。
※反質論	一卷	❖《開元錄》卷七云：「今疑即藏中如實論，是故彼題云如實論反質難品」。
※墮負論	一卷	

經　名	卷數	附　註
※求那摩底隨相論	一卷	❖《開元錄》卷七云：「或云《求那摩諦隨相論》，德慧法師造，或二卷」。 ❖見《大正》第 32 冊 1641 號。
※寶行王正論	一卷	❖見《大正》第 32 冊 1656 號。
※成就三乘論	一卷	
※正論道理論	一卷	❖《開元錄》卷七作“正說道理論”。
※意業論	一卷	
※執部異論	一卷	❖《開元錄》卷七作“部執異論”，注云：「六名部異執論，第二出。與十八部論及宗輪論同本」。 ❖見《大正》第 49 冊 2033 號。
唯識論文義合	一卷	❖《房錄》卷九云：「第二出。與元魏般若流支譯者小異。在臨川郡翻」。 ❖《開元錄》無錄此經。
正論釋義	五卷	❖《房錄》卷九云：「於晉安佛力寺出」。 ❖《開元錄》無錄此經。
佛性義	一卷	❖《開元錄》無錄此經。
禪定義	一卷	❖《開元錄》無錄此經。
俱舍論疏	十六卷	❖《開元錄》無錄此經。
金剛般若疏合	十一卷	❖《開元錄》無錄此經。
十八部論疏	十卷	❖《開元錄》無錄此經。
解節經疏	四卷	❖《開元錄》無錄此經。
無上依經疏	四卷	❖《開元錄》無錄此經。
如實論疏	三卷	❖《開元錄》無錄此經。
四諦論疏	三卷	❖《開元錄》無錄此經。
破我論疏	一卷	❖《開元錄》無錄此經。
隨相論中十六諦疏	一卷	❖《房錄》卷九云：「於始興郡出」。 ❖《開元錄》無錄此經。
※婆叟槃豆傳	一卷	❖《開元錄》卷七作“婆藪盤豆法師傳”，注云：「此云天親。第二出」。 ❖見《大正》第 50 冊 2049 號。
眾經通序	二卷	❖《開元錄》無錄此經。
※翻外國語	七卷	❖《房錄》卷九云：「一名《雜事》，一名《俱舍》，論因緣事」。 ❖《開元錄》卷七云：「一名《俱舍論因緣事》，一名《雜事》」。

自《佛阿毘曇經》至《翻外國語》諸經，乃《房錄》卷九所錄眞諦於陳代之譯經，共四十八部。經名前有※者，乃《開元錄》卷七所載眞諦於陳代之譯經，然《無上依經》，《開元錄》將其歸爲梁代。

【表 13】《房錄》《開元錄》所收菩提流支譯經

註：

1. 菩提流支，北天竺國人。
2. 表中佛典名、卷數，係據《房錄》作；經名前標有※者，乃《開元錄》亦載者。

經　　名	卷　數	附　　註
※佛名經	十二卷	❖《房錄》卷九云：「正光年出」。 ❖《開元錄》卷六云：「或云十三卷，或分爲二十卷。正光年於胡相國第譯，見續高僧傳」。 ❖見《大正》第 14 冊 440 號。
※入楞伽經	十卷	❖《房錄》卷九云：「延昌二年譯。是第二出。與宋世跋陀羅四卷楞伽廣說爲異。沙門僧朗、道湛筆受」。 ❖《開元錄》卷六云：「延昌二年譯。是第三出。與宋功德賢四卷《楞伽》及唐譯《大乘入楞伽經》等並同本，僧朗、道湛筆受，見續高僧傳」。 ➷二經錄對於“第二譯”或“第三譯”說法不同；然《楞伽經》漢譯本有三次，即劉宋求那跋陀羅的四卷楞伽經、北魏菩提流支的十卷入楞伽經及唐代實叉難陀的七卷大乘入楞伽經，故應以《房錄》爲正。 ❖見《大正》第 16 冊 671 號。
※大薩遮尼乾子受記經	十卷	❖《房錄》卷九云：「正光元年，於洛陽爲司州牧汝南王於第（二）出，或七卷」。 ❖《開元錄》卷六作“大薩遮尼乾子所說經”，注云：「或加“受記”，無“所說”字。或七卷，或八卷。一名《菩薩境界奮迅法門經》。正光元年於洛陽爲司州牧汝南王於第出，第二譯，與《神通變化經》同本」。 ❖見《大正》第 9 冊 272 號。
※法集經	八卷	❖《房錄》卷九云：「延昌四年於雒陽出，僧朗筆受，或六卷，見法上錄」。 ❖《開元錄》卷六此經作“六卷”，注云：「或七卷，或八卷。延昌四年於洛陽出，僧朗筆受，見法上錄及續高僧傳」。 ❖現存《大正》第 17 冊 761 號《法集經》，爲六卷本。
※勝思惟梵天所問經	六卷	❖《房錄》卷九云：「神龜元年於洛陽譯，是第三出。與晉世法護六卷《持心經》、秦世羅什四卷《思益經》同本異出，見法上錄」。 ❖《開元錄》卷六云：「神龜元年於洛陽譯，是第三出，與法護《持心》、羅什《思益》並同本異出，見法上錄及續高僧傳」。 ❖見《大正》第 15 冊 587 號。

經　　名	卷 數	附　　　註
※深密解脫經	五卷	❖《房錄》卷九云：「延昌三年於洛陽譯，僧辯筆受，見法上錄」。 ❖《開元錄》卷六云：「全本初譯。延昌三年於洛陽出，僧辯筆受，與唐譯《解深密經》及《相續解脫節經》等並同本，見法上錄及續高僧傳」。 ❖見《大正》第 16 冊 675 號。
奮迅王問經	二卷	❖《房錄》卷九云：「第二譯。與秦世羅什《自在王經》同本異出」。
※不增不減經	二卷	❖《房錄》卷九云：「正光年於洛陽譯，或一卷」。 ❖《開元錄》卷六作“一卷”，注云：「正光年於洛陽出，七紙錄云二卷者誤」。 ❖現存《大正》第 16 冊 668 號《不增不減經》，爲一卷本。
※金剛般若波羅蜜經	一卷	❖《房錄》卷九云：「永平二年於胡相國第譯。是第二出。僧朗筆受。與秦世羅什出者小異，見法上錄」。 ❖《開元錄》卷六云：「永平二年於胡相國第譯，是第二出，僧朗筆受。與秦世羅什及大般若第九會能斷金剛分等同本，見法上錄」。 ❖見《大正》第 8 冊 236 號。
※差摩波帝受記經	一卷	❖《房錄》卷九云：「正光年於洛陽出」。 ❖《開元錄》卷六作“差摩婆帝受記經”，注云：「正光年於洛陽出」。 ❖見《大正》第 14 冊 573 號。
※佛語經	一卷	❖《房錄》卷九云：「僧朗筆受」。 ❖《開元錄》卷六云：「初出。與周世崛多出者同本，僧朗筆受」。 ❖見《大正》第 17 冊 832 號。
※無字寶篋經	一卷	❖《房錄》卷九云：「僧朗筆受」。 ❖《開元錄》卷六云：「初出。，僧朗筆受。與唐譯《大乘離文字經》等同本」。 ❖見《大正》第 17 冊 828 號。
不必定入印經	一卷	❖《房錄》卷九云：「覺意筆受」。
※大方等修多羅經	一卷	❖《房錄》卷九云：「第二出。與《轉有經》同本異譯」。 ❖《開元錄》卷六云：「初出。與《覺定轉有經》同本」。 ❖見《大正》第 14 冊 575 號。

經　名	卷 數	附　註
※彌勒菩薩所問經	一卷	❖《房錄》卷九云：「與《大乘要慧經》同本別出。於趙欣宅譯。覺意筆受」。 ❖《開元錄》卷六云：「第二出。與《大乘方等要慧經》同本。於趙欣宅譯，覺意筆受，改名《彌勒菩薩問八法會》」。
第一義法勝經	一卷	
※伽耶頂經	一卷	❖《房錄》卷九云：「第二譯。與秦世羅什《菩提經》同本別出，異名。僧朗筆受」。 ❖《開元錄》卷六作"伽耶山頂經"，注云：「亦云《伽耶頂經》，第二出。與羅什《文殊問菩提經》等同本」。 ❖見《大正》第 14 冊 465 號。
※文殊師利巡行經	一卷	❖《房錄》卷九云：「覺意筆受」。 ❖《開元錄》卷六云：「初出。與隋崛多《文殊尸利巡經》同本，覺意筆受」。 ❖見《大正》第 14 冊 470 號。
一切法高王經	一卷	❖《房錄》卷九云：「與《諸法勇王經》同本異出，別名」。
※護諸童子陀羅尼咒經	一卷	❖《開元錄》卷六作"護諸童子陀羅尼經"，注云：「亦云《護諸童子請求男女陀羅尼經》」。 ❖見《大正》第 19 冊 1028A 號。
※寶積經論	四卷	❖《開元錄》卷六作"大乘寶積經論"，注云：「第一譯。與寶意出者同本釋單卷。《寶積經》即《大寶積》第四十三會〈普明菩薩會〉是」。 ❖見《大正》第 26 冊 1523 號。
※謗佛經	一卷	❖《房錄》卷九云：「第二出。與晉世法護《決定總持經》同本異出，別名。亦直云《決定總持經》」。 ❖《開元錄》卷六云：「第二出。與西晉法護《決定總持經》同本」。 ❖見《大正》第 17 冊 831 號。
※十地經論	十二卷	❖《房錄》卷九云：「李廓錄云，初譯，宣武皇帝御親於大殿上一日自筆受，後方付沙門僧辯訖了」。 ❖《開元錄》卷六云：「或十五卷。天親菩薩造，釋十地經。永平元年四月，於太極紫亭譯，帝親筆受，後方付沙門僧辯等訖盡論文，自四年夏首畢，見崔光序」。 ❖見《大正》第 26 冊 1522 號。

經　　名	卷　數	附　　註
※勝思惟經論	十卷	❖《房錄》卷九云：「普太元年於洛陽元桃陽宅出，僧朗、僧辯筆受」。 ❖《開元錄》卷六作"勝思惟梵天所問經論，四卷"，注云：「或三卷。普泰元年於洛陽元挑湯宅出，僧辯、僧朗筆受，錄云十卷應誤，見續高僧傳」。 ❖現存《大正》第 26 冊 1532 號《勝思惟梵天所問經論》，爲四卷本。
※彌勒菩薩所問經論	十卷	❖《房錄》卷九云：「於洛陽趙欣宅出，僧朗筆受」。 ❖《開元錄》卷六此經作"五卷"，注云：「或六卷，或七卷，或十卷，釋《彌勒所問經》，即《寶積》第四十一會是，在洛陽趙欣宅出」。 ❖現存《大正》第 26 冊 1525 號《彌勒菩薩所問經論》，爲九卷本。
※實性經論	四卷	❖《開元錄》卷六作"實性論"，注云：「或五卷。初出。與寶意出者同本」。
※金剛般若經論	三卷	❖《房錄》卷九云：「永平二年於胡相國宅出，僧朗筆受」。 ❖《開元錄》卷六作"金剛般若波羅蜜經論"，注云：「天親菩薩造。永平二年於胡相國宅出，僧朗筆受。第一譯。與唐義淨所出《能斷金剛論釋》等同本」。 ❖見《大正》第 25 冊 1511 號。
※伽耶頂經論	二卷	❖《房錄》卷九云：「天平二年，在鄴城般州寺出。一云《文殊師利問菩提心經論》僧辯、道湛筆受」。 ❖《開元錄》卷六作"文殊師利菩薩問菩提經論"，注云：「一云《伽耶山頂經論》，婆藪盤豆菩薩造，天平二年，在鄴城殷周寺出，僧辯、道湛筆受」。 ❖見《大正》第 26 冊 1531 號。
順中論	二卷	❖《房錄》卷九云：「侍中崔光筆受」。
※妙法蓮華經論	二卷	❖《房錄》卷九云：「曇林筆受并製序」。 ❖《開元錄》卷六作"法華經論"，注云：「題云《妙法蓮華經優波提舍》，或一卷，曇林筆受並製序，第二出。與前寶意出者同本，初有《歸敬頌》者是，見續高僧傳」。 ❖見《大正》第 26 冊 1519 號。
三具足經論	一卷	❖《房錄》卷九云：「正始五年譯，侍中崔光筆受」。
※無量壽優波提舍經論	一卷	❖《房錄》卷九云：「普太元年出，僧辯筆受」。 ❖《開元錄》卷六作"無量壽經論"，注云：「題云《無量壽經優波提舍願生偈》，婆藪盤豆菩薩造，永安二年於洛陽永寧寺出，僧辯筆受」。 ❖見《大正》第 26 冊 1524 號。

經　　名	卷　數	附　　　註
寶髻菩薩四法論	一卷	
轉法輪經論	一卷	❖《房錄》卷九云：「曇琳筆受」。
※十二因緣論	一卷	❖《開元錄》卷六云：「淨意菩薩造」。 ❖見《大正》第 32 冊 1651 號。
※百字論	一卷	❖《開元錄》卷六云：「提婆菩薩造」。 ❖見《大正》第 30 冊 1572 號。
※破外道四宗論	一卷	❖《開元錄》卷六作“破外道小乘四宗論”，注云：「提婆菩薩造」。 ❖見《大正》第 32 冊 1639 號。
※破外道涅槃論	一卷	❖《開元錄》卷六作“破外道小乘涅槃論”，注云：「提婆菩薩造」。 ❖見《大正》第 32 冊 1640 號。
譯眾經論目錄	一卷	

【表 14】《大正藏》經藏中內含偈頌資料之經名一覽表

（第 1 冊至第 21 冊：以東漢至南北朝經藏爲主）

凡 例

1. 此表所列“譯經朝代”、“譯者”、“經名”及“出處”，皆係依據《大正新修大藏經》所定。凡譯經朝代、譯者有疑處者，則據《祐錄》、《房錄》、《開元錄》及佛教學者相關著作，另說明於附註欄中，以供讀者參考。
2. 佛典的安排順序，大體係依朝代先後順序（例如：後漢→吳魏→西晉→東晉），再參考其於《大正藏》中的冊數先後（例如：第一冊→第二冊→第四冊），予以順序法編排。
3. 同一譯經者譯有多部經典時，則據各部經典於《大正藏》中的編號，先後次之（例如：16 號→105 號→131 號）。
4. 每一部經的偈頌整理，有 3 個原則：
   （1）先考察是經是否爲漢魏六朝範疇內之佛典，以判定其偈頌資料是否可供本文研討。
   （2）各偈頌順序安排，先依“言數”多寡，再據“句數”大小，由少至多，依序次之；雜言則一律置於最後（例如：三言→四言→五言；五言 4 句→五言 12 句→六言 88 句→七言 28 句→雜言）。
   （3）凡該偈頌形式只有一首者，則不注明幾首；一首以上者，則標明數目（例如：六言偈頌（8 句）⇨表示只有一首；六言偈頌（12 句）3 首⇨表示此形式有三首）。

譯 者	經 名	出 處	附 註
安世高（後漢）	尸迦羅越六方禮經（一卷）	大正藏第 1 冊 阿含部 16 號	1. 梁代《祐錄》卷二未載此經爲安世高譯；而卷四〈新集續撰失譯雜經錄〉中，梁代僧祐將此經列爲失譯經（指譯者名稱不明之經典）。之後，隋代《房錄》卷四、唐代《開元錄》卷一，皆將此經視爲安世高所譯。若溯源尋流，則由《祐錄》中，已知此經未署名爲安世高譯，然由〈失譯雜經錄〉記載中，又得知僧祐於梁代時，已見此經，只是未能確定譯者之名，故列爲失譯經。綜上，則經中偈頌或可作爲梁代以前資料看待。 2. 五言偈頌（80 句）→P251c～252b（此指《大正》該冊中，頁 251c 欄至頁 252b 欄有此類型的偈頌，括弧中的數目是該偈頌的總句數；a、b、c 欄係指《大正》中的上、中、下欄。以下所引同之，不再贅述）。
	五陰譬喻經（一卷）	大正藏第 2 冊 阿含部 105 號	1. 《祐錄》卷二、《房錄》卷四、《開元錄》卷一，皆錄此經爲安世高譯。 2. 宇井伯壽謂此經確爲安世高所譯（轉引自鎌田茂雄《中國佛教通史》頁 148）。綜上，則經中偈頌應可作爲三國以前資料看待。 3. 五言偈頌（28 句）→P501b～c

譯　者	經　名	出　處	附　　註
安世高（後漢）	婆羅門避死經（一卷）	大正藏第 2 冊 阿含部 131 號	1.《房錄》卷四、《開元錄》卷一皆將此經視爲安世高譯，且云：「出《增一阿含》」。然《祐錄》卷二未載此經爲安世高譯；而卷四〈新集續撰失譯雜經錄〉中，梁代僧祐將此經列爲失譯經，且注云：「抄《阿含》」。故雖無法完全確定此經爲安世高所譯，但較能推測的是，僧祐時已見此經，則經中偈頌或可作爲梁代以前資料看待。 2. 五言偈頌（4 句）→P854b
	阿那邠邸化七子經（一卷）	大正藏第 2 冊 阿含部 140 號	1.《房錄》卷四、《開元錄》卷一皆將此經視爲安世高譯。然《祐錄》卷二未載此經爲安世高譯；而卷四〈新集續撰失譯雜經錄〉中，梁代僧祐將此經列爲失譯經，且注云：「抄《阿含》」。故雖無法完全確定此經爲安世高所譯，但較能推測的是，僧祐時已見此經，則經中偈頌或可作爲梁代以前資料看待。 2. 五言偈頌（8 句）→P862c
	阿難問事佛吉凶經（一卷）	大正藏第 14 冊 經集部 492 號	1.《房錄》卷四、《開元錄》卷一皆將此經視爲安世高譯。然《祐錄》卷二未載此經爲安世高譯；而卷四〈新集續撰失譯雜經錄〉中，梁代僧祐將此經列爲失譯經，且注云：「或云《阿難問事經》」。故雖無法完全確定此經爲安世高所譯，但較能推測的是，僧祐時已見此經，則經中偈頌或可作爲梁代以前資料看待。 2. 五言偈頌（80 句）→P754a～b 3. 五言偈頌（112 句）→P756a～c
	長者子懊惱三處經（一卷）	大正藏第 14 冊 經集部 525 號	1.《房錄》卷四、《開元錄》卷一皆將此經視爲安世高譯。然《祐錄》卷二未載爲安世高譯；而卷四〈新集續撰失譯雜經錄〉中，梁代僧祐將此經列爲失譯經，且注云：「或云《三處惱經》」。故雖無法完全確定此經爲安世高所譯，但較能推測的是，僧祐時已見此經，則經中偈頌或可作爲梁代以前資料看待。 2. 五言偈頌（12 句）→P800b
	柰女祇域因緣經（一卷）	大正藏第 14 冊 經集部 553 號	1.《房錄》卷四、《開元錄》卷一皆將此經視爲安世高譯。然《祐錄》卷二未載此經爲安世高譯；而卷四〈新集續撰失譯雜經錄〉中，梁代僧祐將此經列爲失譯經，且注云：「抄《中阿含》」。故雖無法完全確定此經爲安世高所譯，但較能推測的是，僧祐時已見此經，則經中偈頌或可作爲梁代以前資料看待。 2. 五言偈頌（8 句）→P896c

譯　者	經　名	出　處	附　　註
安世高（後漢）	自誓三昧經（一卷）	大正藏第15冊經集部622號	1. 《房錄》卷四、《開元錄》卷一皆將此經視爲安世高譯。然《祐錄》卷二未載此經爲安世高譯；而卷四〈新集續撰失譯雜經錄〉中，梁代僧祐將此經列爲失譯經，且注云：「內題云《獨證品》第四，出《比丘淨行》中，與護公所出《獨證自誓三昧》大同小異」。故雖無法完全確定此經爲安世高所譯，但較能推測的是，僧祐時已見此經，則經中偈頌或可作爲梁代以前資料看待。 2. 五言偈頌（8句）→P345a 3. 五言偈頌（24句）→P344b
	溫室洗浴眾僧經（一卷）	大正藏第16冊經集部701號	1. 《祐錄》卷二未載爲安世高譯；《房錄》卷四、《開元錄》卷一則錄此經爲安世高譯。又，此經或爲西晉竺法護所譯（請參見附錄表2-5，《溫室經》一欄中之"附註"說明）。故經中偈頌或可作爲東漢至西晉之資料看待。 2. 五言偈頌（80句）→P803a～c
	分別善惡所起經（一卷）	大正藏第17冊經集部729號	1. 《房錄》卷四、《開元錄》卷一將此經視爲安世高譯。然《祐錄》卷二未載此經爲安世高譯；而卷四〈新集續撰失譯雜經錄〉中，梁代僧祐將此經列爲失譯經。故雖無法確定此經確屬安世高譯，但較能推測的是，僧祐時已見此經，則經中偈頌或可作爲梁代以前資料看待。 2. 五言偈頌（670句）→P519c～523b 3. 八言偈頌（8句）→P519c
支讖（後漢）	雜譬喻經（一卷）	大正藏第4冊本緣部204號	1. 《房錄》卷四、《開元錄》卷一皆將此經視爲支讖譯。然《祐錄》卷二未載此經爲支讖譯；而卷四〈新集續撰失譯雜經錄〉中，梁代僧祐將此經列爲失譯經，且注云：「凡十一事」。故雖無法確認此經確屬支讖譯，但較能推測的是，僧祐時已見此經，則經中偈頌或可作爲梁代以前資料看待。 2. 五言偈頌（4句）→P500c
	無量清淨平等覺經（四卷）	大正藏第12冊361號	1. 此經於《祐錄》卷二中未載爲支讖譯，《房錄》卷四、《開元錄》卷一則皆將此經視爲支讖譯。 2. 《祐錄》卷二〈新集條解異出經錄〉：「《無量壽經》：支謙出《阿彌陀經》二卷、竺法護出《無量壽》二卷或云《無量壽清淨平等覺》、鳩摩羅什出《無量壽》一卷、釋寶雲出《新無量壽》二卷、求那跋陀羅出《無量壽》一卷，右一經五人異出。」

譯　者	經　名	出　處	附　　　註
支讖（後漢）			↳由上知梁代僧祐時，已見《無量壽經》有五種異譯本，譯人中並無支讖名字，且清楚地列出此經最早翻譯時代爲吳國（支謙）。故今所見之《無量清淨平等覺經》或應爲上述五人所譯之其中一本，則經中偈頌或可作爲孫吳至劉宋之（求那跋陀羅）資料看待。 3. 五言偈頌（82 句）→P280b～c 4. 六言偈頌（128 句）→P288a～289a
	般舟三昧經（三卷）	大正藏第 13 冊大集部 418 號	1. 《祐錄》卷二、《房錄》卷四、《開元錄》卷一皆將此經視爲支讖譯。 2. 小野玄妙說此經確爲支讖所譯（《佛教經典總論》頁 25，新文豐，民 72）；鎌田茂雄亦認爲此經是支讖所譯（《中國佛教通史》頁 154）。綜上，經中偈頌應可作爲三國以前資料看待。 3. 三言偈頌（162 句）→P898b～899a 4. 五言偈頌（8 句）2 首（指該型偈頌有二首，以下所引同之，不再贅述）→P899c；906a 5. 五言偈頌（24 句）3 首→P910b～c；910c；917c 6. 六言偈頌（21 句）→P899c～900a 7. 六言偈頌（24 句）2 首→P910a；910a～b 8. 七言偈頌（8 句）3 首→P901a；915c 9. 七言偈頌（12 句）2 首→P901b 10. 七言偈頌（22 句）→P900c 11. 七言偈頌（24 句）→P911a～b 12. 七言偈頌（32 句）→P914b 13. 七言偈頌（40 句）→P916c～917a 14. 七言偈頌（44 句）→P916a～b 15. 七言偈頌（48 句）2 首→P915b～c；P919a～b 16. 七言偈頌（60 句）→P918b～c 17. 七言偈頌（64 句）2 首→P908a～b；913a～b 18. 七言偈頌（88 句）→P908c～909b 19. 七言偈頌（188 句）→P911b～912b

譯　者	經　名	出　處	附　　註
支讖（後漢）	阿那律八念經（一卷）	大正藏第 1 冊 阿含部 46 號	1. 此經於《祐錄》卷二中未載爲支曜譯；而《房錄》卷四、《開元錄》卷一皆將此經視爲支曜譯。然《祐錄》卷三〈新集安公失譯經錄〉中，東晉道安將此經列爲失譯經，則知道安時，已見此經。故經中偈頌或可作爲東晉太元十年以前（《祐錄》卷十五〈道安傳〉作道安卒年爲秦建元二十一年（A. D. 385），慧皎《高僧傳》卷五〈道安傳〉亦作道安卒年爲東晉太元十年（A.D.385））資料看待。 2. 五言偈頌（20 句）→P836c～837a
	成具光明定意經（一卷）	大正藏第 15 冊 經集部 630 號	1. 《祐錄》卷二、《房錄》卷四、《開元錄》卷一皆將此經視爲支曜譯，故經中偈頌應可作爲三國以前資料看待。 2. 四言偈頌（24 句）→P452a 3. 五言偈頌（12 句）→P458a 4. 五言偈頌（16 句）→P456b 5. 五言偈頌（20 句）→P452b～c 6. 五言偈頌（24 句）→P455b 7. 五言偈頌（40 句）→P454c
康孟詳（後漢）	舍利弗摩訶目連遊四衢經（一卷）	大正藏第 2 冊 阿含部 137 號	1. 此經於《祐錄》卷二中未載爲康孟詳譯；而《房錄》及《開元錄》皆錄此經爲康孟詳譯，故經中偈頌或可作爲三國以前資料看待。 2. 五言偈頌（4 句）→P861a
竺大力（後漢） 康孟詳（後漢）	修行本起經（二卷）	大正藏第 3 冊 本緣部 184 號	1. 此經於《祐錄》卷二中未載爲康孟詳譯；而卷三〈新集安公失譯經錄〉中，東晉道安將此經列爲失譯經，可見東晉時，此經已見。梁《高僧傳》卷一〈支讖傳〉云：「孟詳譯《中本起》及《修行本起》」，而《房錄》卷四亦云：「沙門竺大力以建康二年三月於雒陽譯，孟詳度爲漢文」，又，《開元錄》卷一亦如是說。綜上所述，雖無法確定此經確屬康孟詳譯；然此經東晉以前已存在，則爲較可推測之事，故經中偈頌或可作爲東晉太元十年以前資料看待。 2. 五言偈頌（4 句）6 首→P462a；464c；467c；467c～468a；468a 3. 五言偈頌（8 句）9 首→P462a；464b；466c；467b；469b；469c；470b；472b 4. 五言偈頌（12 句）3 首→P462a～b；470a 5. 五言偈頌（16 句）3 首→P462b～c；464b～c；467a 6. 五言偈頌（20 句）→P470b

譯　者	經　名	出　處	附　　註
竺大力（後漢） 康孟詳（後漢）			7. 五言偈頌（24 句）→P463b～c 8. 五言偈頌（64 句）→P464c～465a 9. 先四言（8 句）再五言（8 句）的偈頌形式 →P466c 10. 七言偈頌（72 句）→P471a～b 11. 九言偈頌（40 句）→P468b～469a
曇果（後漢） 康孟詳（後漢）	中本起經（二卷）	大正藏第 4 冊本緣部 196 號	1. 《祐錄》卷二及卷十三康孟詳傳，皆載此經爲康孟詳譯；而《房錄》卷四、《開元錄》卷一則載此經爲曇果譯，康孟祥度語。二者皆處東漢，故以下偈頌應可作爲三國以前資料看待。
曇果（後漢） 康孟詳（後漢）			2. 四言偈頌（20 句）→P160c 3. 四言偈頌（28 句）→P161a 4. 五言偈頌（4 句）7 首→P148b；150a；152a；155a；157a 5. 五言偈頌（8 句）8 首→P148a；148c；150b；152c；153c；156b；160c 6. 五言偈頌（12 句）→P163b 7. 五言偈頌（35 句）→P155b 8. 先四言（24 句）再五言（4 句）的偈頌形式→P159c
康孟詳（後漢）	興起行經（二卷）	大正藏第 4 冊本緣部 197 號	1. 《房錄》卷四、《開元錄》卷一載此經爲孟詳所譯。然《祐錄》卷二中未載爲康孟詳譯；而卷四〈新集續撰失譯雜經錄〉中，梁代僧祐將其列爲失譯經。故雖無法確定此經確屬康孟詳譯，但較可推測的是僧祐時已見此經，故經中偈頌或可作爲梁代以前資料看待。 2. 本經凡偈頌皆五言： ◆（4 句）→P173c ◆（8 句）4 首→P168c；169a；169b；171b～c ◆（12 句）→P173a ◆（16 句）3 首→P167b；167a～b；171c～172a ◆（20 句）4 首→P167a；170a；170c；174a ◆（28 句）2 首→P165c；172b ◆（32 句）→P166b ◆（88 句）→P164a～b

譯　者	經　名	出　處	附　　註
白延（曹魏）	須賴經（一卷）	大正藏第12冊寶積部328號	1. 《祐錄》卷二有錄此經，作《叉須賴經》，然經名下僧祐注： 「闕」，並又云：「《別錄》所出，《安公錄》先無其名」，可見此經是僧祐按《別錄》所錄，道安並未見此經；再者，僧祐雖錄經名，但亦明言此經於梁時已闕。《開元錄》卷二亦云：「其本並闕」，可見唐時亦未見白延譯本。綜上，則今所見《須賴經》，難以確定是否爲白延所譯，而經本所譯時代是否爲曹魏，自亦難確定。 2. 五言偈頌多首，不詳列之，僅舉一例，以見一斑：（68 句）→P56b～c 3. 七言偈頌（32 句）→P54a
康僧鎧（曹魏）	無量壽經（二卷）	大正藏第12冊360號	1. 《房錄》卷五、《開元錄》卷二皆載康僧鎧譯《無量壽經》。然此經於《祐錄》卷二中未載爲康僧鎧譯；而卷二〈新集條解異出經錄〉中，記載《無量壽經》有五人異譯，其中亦無康僧鎧名字。 2. 小野玄妙謂此《無量壽經》，爲劉宋時代寶雲所譯，非曹魏時譯本（《佛教經典總論》頁 85）。綜上，則經中偈頌或可作爲西晉至劉宋之資料看待。 3. 四言偈頌（80 句）→P267a～b 4. 五言偈頌（44 句）→P269b～c 5. 五言偈頌（120 句）→P272c～273b
支謙（吳）	佛開解梵志阿颰經（一卷）	大正藏第 1 冊阿含部 20 號	1. 《房錄》卷五、《開元錄》卷二皆視此經爲支謙所譯。然此經於《祐錄》卷二中未載爲支謙譯；而卷四〈新集續撰失譯雜經錄〉中，梁代僧祐將其列爲失譯經，並注云：「抄《阿含》」。故雖無法確定此經確屬支謙譯，但較可推測的是，僧祐時已見此經，則經中偈頌或可作爲梁代以前資料看待。 2. 四言偈頌（16 句）→P263c～264a 3. 五言偈頌（8 句）→P263c
	弊魔試目連經（一卷）	大正藏第 1 冊阿含部 67 號	1. 《房錄》卷五、《開元錄》卷二皆視此經爲支謙所譯，《開元錄》經下並云：「一名《磨嬈亂》」。然此經於《祐錄》卷二中未載爲支謙譯；而卷四〈新集續撰失譯雜經錄〉中，梁代僧祐將其列爲失譯經。故雖無法確認此經確屬支謙譯，但較可推測的是，僧祐時已見此經，故經中偈頌或可作爲梁代以前資料看待。 2. 五言偈頌（100 句）→P868a～c

譯　者	經　名	出　處	附　　註
支謙（吳）	梵摩渝經（一卷）	大正藏第 1 冊 阿含部 76 號	1. 《祐錄》卷二、《房錄》卷五、《開元錄》卷二皆錄此經爲支謙譯。故經中偈頌應可作爲西晉以前資料看待。 2. 五言偈頌（24 句）→P885a～b
	須摩提女經（一卷）	大正藏第 2 冊 阿含部 128 號	1. 《房錄》卷五、《開元錄》卷二皆視此經爲支謙所譯；然此經於《祐錄》卷二中未載爲支謙譯；而卷三〈新集安公失譯經錄〉中，道安已將此經列爲失譯經，並云：「今並有其經」。故雖無法確定此經確屬支謙譯；然較可推測之是，此經於東晉道安時已存在，則經中偈頌或可作爲東晉太元十年以前資料看待。 2. 本經凡偈頌皆五言： ◆（4 句）27 首→P837a；840a～841c；842c ◆（8 句）2 首→P841b～c ◆（12 句）2 首→P842a～b ◆（16 句）3 首→P841c～842b ◆（32 句）→P839b～c
	菩薩本緣經（三卷）	大正藏第 3 冊 本緣部 153 號	1. 《房錄》卷五、《開元錄》卷二皆視此經爲支謙所譯；然此經於《祐錄》中未載爲支謙譯。 2. 呂澂認爲若由譯文體裁究之，此經可視爲支謙所譯（見《中國佛學思想概論》頁 322，天華出版，民 71）。綜上，則經中偈頌或可作爲西晉以前資料看待。 3. 四言偈頌（4 句）→P69a 4. 四言偈頌（16 句）→P55a～b 5. 四言偈頌（26 句）→P53c 6. 五言偈頌（4 句）4 首→P55a；57c；61b～c；68b 7. 五言偈頌（8 句）4 首→P52；57a；57c；61a 8. 五言偈頌（12 句）2 首→P52b～c；54a 9. 五言偈頌（28 句）→P57b 10. 五言偈頌（30 句）→P54b 11. 五言偈頌（32 句）→P60b～c
	月明菩薩經（一卷）	大正藏第 3 冊 本緣部 169 號	1. 《祐錄》卷二、《房錄》卷五、《開元錄》卷二皆錄此經爲支謙譯。則經中偈頌應可作爲西晉以前資料看待。 2. 六言偈頌（8 句）→P411c

譯　者	經　名	出　處	附　　　註
支謙（吳）	太子瑞應本起經（二卷）	大正藏第 3 冊本緣部 185 號	1. 《祐錄》卷二、《房錄》卷五、《開元錄》卷二皆錄此經爲支謙譯。 2. 小野玄妙認爲《大正》現行本可視爲支謙所譯（《佛教經典總論》頁 36）。綜上，則經中偈頌應可作爲西晉以前資料看待。 3. 五言偈頌（8 句）→P479a 4. 五言偈頌（16 句）→P479c 5. 五言偈頌（40 句）→P480a～b 6. 七言偈頌（66 句）→P477b～c 7. 先八言（4 句）再五言（2 句）、並重複三次的偈頌形式（共 18 句）→P480c
	義足經（二卷）	大正藏第 4 冊本緣部 198 號	1. 《祐錄》卷二、《房錄》卷五、《開元錄》卷二皆錄此經爲支謙譯。則經中偈頌應可作爲西晉以前資料看待。 2. 四言偈頌（4 句）→P175b 3. 四言偈頌（8 句）→P175c 4. 四言偈頌（9 句）→P175c 5. 四言偈頌（24 句）→P175c 6. 四言偈頌（32 句）→P175b 7. 五言偈頌（4 句）3 首→P177b；180a；185c 8. 五言偈頌（8 句）3 首→P177b 9. 五言偈頌（21 句）→P177a 10. 五言偈頌（32 句）→P176a～b 11. 五言偈頌（40 句）2 首→P179b～c；187b 12.五言偈頌（53 句）→P184a～b 13. 五言偈頌（61 句）→P183b～184a 14. 六言偈頌(4 句)11 首→P176c；182a；182c；187a；188c 15. 六言偈頌（16 句）→P174c 16. 六言偈頌（24 句）→P177c 17. 六言偈頌（32 句）→P186b 18. 六言偈頌（46 句）→P179c～180a 19. 六言偈頌（48 句）→P186c 20. 六言偈頌（54 句）→P180b～c 21. 六言偈頌（56 句）→P187c～188a 22. 六言偈頌（62 句）→P178a 23. 六言偈頌（64 句）→P181b～c

譯　者	經　名	出　處	附　　註
支謙（吳）			24. 六言偈頌（68 句）→P182a～b 25. 六言偈頌（72 句）→P186a～b 26. 六言偈頌（80 句）3 首→P183a～b；184b～c；189b～c 27. 先七言（4 句）再六言（28 句）的偈頌形式→P178b～c 28. 先五言（8 句）再六言（32 句）的偈頌形式→P179a
	撰集百緣經（十卷）	大正藏第 4 冊本緣部 200 號	1. 《內典錄》卷二、《開元錄》卷二皆視此經爲支謙所譯；然此經於《房錄》中未載爲支謙譯，撰寫更早的《祐錄》亦未載之。 2. 呂澂則云：「雖然原始的記錄出處不明，但從譯文體裁上無妨視爲支謙所譯」（見《中國佛學思想概論》頁 322）。依此，則經中偈頌或可作爲西晉以前資料看待。 3. 本經凡偈頌皆五言： ◆（4 句）13 首→P207a；213b；219b；227b；227c；229c；232a；232b；255b；255c ◆（6 句）2 首→P205b；207c ◆（8 句）5 首→P205a～b；220a～b；228b～c；229c；239a ◆（12 句）→P230a～b
	菩薩本業經（一卷）	大正藏第10冊華嚴部 281 號	1. 《祐錄》卷二、《房錄》卷五、《開元錄》卷二皆錄此經爲支謙譯。則經中偈頌應可作爲西晉以前資料看待。 2. 先四言（2 句）再五言（2 句）、並重複十次的偈頌形式（共 40 句）→P446c～447a 3. 四言偈頌（540 句）→P447b～449b
	八吉祥神咒經（一卷）	大正藏第14冊經集部 427 號	1. 《房錄》卷五、《開元錄》卷二皆視此經爲支謙所譯；然此經於《祐錄》中未載爲支謙譯；而卷四〈新集續撰失譯雜經錄〉中，梁代僧祐將其列爲失譯經。故雖無法確定此經確屬支謙譯，但較可推測的是，僧祐時已見此經，則經中偈頌或可作爲梁代以前資料看待。 2. 五言偈頌（64 句）→P72c～73a
	維摩詰經（二卷）	大正藏第14冊經集部 474 號	1. 《房錄》卷五、《開元錄》卷二皆視此經爲支謙所譯；《祐錄》中亦載此經爲支謙譯，然經名下有注云：「闕」，故今《大正》所存之《維摩詰經》，或非支謙譯本。

譯　者	經　名	出　處	附　　註
支謙（吳）			2. 據支敏度《合維摩詰經序》記載，此經共有三譯，即支謙、竺法護、竺叔蘭。小野玄妙認爲此經非支謙所譯，並就經本中譯文譯語推論是竺法護所譯，因法護所譯《維摩詰經》，僧祐明記有其經本（《佛教經典總論》頁 35，新文豐，民 72）。若依此而言，則經中偈頌或可作爲東晉以前資料看待。 3. 七言偈頌（40 句）→P519c～520a 4. 五言偈頌（160 句）→P530a～c
	須摩提長者經（一卷）	大正藏第 14 冊經集部 530 號	1. 《房錄》卷五、《開元錄》卷二皆視此經爲支謙所譯；《祐錄》卷二中未載爲支謙譯。經中偈頌或可作爲西晉以前資料看待。 2. 四言偈頌（16 句）→P806b 3. 五言偈頌（8 句）3 首→P805c～806a；806c 4.五言偈頌（16 句）2 首→P806a；806b 5. 五言偈頌（24 句）→P806b～c 6. 先四言（104 句）再五言（24 句）的偈頌形式→P807b～808a
	私呵昧經（一卷）	大正藏第 14 冊經集部 532 號	1. 《祐錄》卷二、《房錄》卷五、《開元錄》卷二皆錄此經爲支謙譯。則經中偈頌應可作爲西晉以前資料看待。 2. 本經凡偈頌皆六言： ◆（4 句）→P812b ◆（8 句）2 首→P810b；811a ◆（12 句）5 首→P810c；811b； 812b；813b ◆（16 句）4 首→P810b～c；812b ～c；812c～813a ◆（24 句）3 首→P811b；812c； 813b～c ◆（28 句）→P813c ◆（32 句）2 首→P811c～812a ◆（56 句）→P813a～b ◆（120 句）→P810a
	菩薩生地經（一卷）	大正藏第 14 冊經集部 533 號	1. 《祐錄》卷二錄此經爲支謙譯，經名作《差摩竭經》；《房錄》卷五支謙譯經目錄中記載：「《差摩竭經》一卷，一名《菩薩生地經》」。《開元錄》卷二支謙譯經目錄中，其經名作《菩薩生地經》，並注云：「一名《差摩竭經》」。則經中偈頌應可作爲西晉以前資料看待。

譯　者	經　名	出　處	附　　註
支謙（吳）			2. 本經凡偈頌皆五言： ◆（4 句）→P814c ◆（16 句）→P814b ◆（28 句）→P814a～b
	八師經（一卷）	大正藏第 14 冊經集部 581 號	1. 《祐錄》卷二、《房錄》卷五、《開元錄》卷二皆錄此經為支謙譯。則經中偈頌應可作為西晉以前資料看待。 2. 五言偈頌（8 句）8 首→P965a～966a
	黑氏梵志經（一卷）	大正藏第 14 冊經集部 583 號	1. 《房錄》卷五、《開元錄》卷二皆視此經為支謙所譯；然《祐錄》卷二中未載為支謙譯，而卷三〈新集安公失譯經錄〉中，東晉道安已將此經列為失譯經。故雖無法確定此經確屬支謙譯；然此經道安以前已存在，則為較可推測之事。據此，則經中偈頌或可作為東晉太元十年以前資料看待。 2. 五言偈頌（8 句）2 首→P967b～c 3. 五言偈頌（16 句）→P967c
	慧印三昧經（一卷）	大正藏第 15 冊經集部 632 號	1. 《祐錄》卷二、《房錄》卷五、《開元錄》卷二皆錄此經為支謙譯。則經中偈頌應可作為西晉以前資料看待。 2. 四言偈頌（60 句）→P467c～468a 3. 四言偈頌（144 句）→P467a～b 4. 四言偈頌（184 句）→P466a～c 5. 四言偈頌（240 句）→P463c～464c 6. 五言偈頌（104 句）→P464c～465b 7. 五言偈頌（120 句）→P462a～c 8. 六言偈頌（13 句）→P464c 9. 六言偈頌（60 句）→P462c～463a
	無量門微密持經（一卷）	大正藏第 19 冊密教部 1011 號	1. 《祐錄》卷二、《房錄》卷五、《開元錄》卷二皆錄此經為支謙譯。則經中偈頌應可作為西晉以前資料看待。 2. 本經凡偈頌皆五言： ◆（28 句）→P682a ◆（40 句）→P681b～c ◆（84 句）→P680c～681b
竺律炎（吳） 支謙（吳）	摩登伽經（二卷）	大正藏第 21 冊密教部 1300 號	1. 《開元錄》卷二錄此經為竺律炎共支謙譯。然《房錄》卷五，及撰寫更早的《祐錄》皆未載此經為竺律炎共支謙所譯。經中偈頌或可作為西晉以前資料看待。 2. 四言偈頌（24 句）→P401c～402a 3. 七言偈頌（8 句）→P400b

譯　者	經　名	出　處	附　　　註
維祇難等人譯（吳）	法句經（二卷）	大正藏第 4 冊本緣部 210 號	1.《祐錄》卷二云：「《法句經》二卷…維祇難以吳主孫權黃武三年齎胡本，武昌竺將炎共支謙譯出」，而同書支謙譯經目錄中，亦云其譯有《法句經》二卷。 2. 湯用彤說：「《法句經》黃武三年維祇難所出，竺將炎譯爲漢文。……《祐錄》卷二，維祇難與支謙錄中，各載《法句經》二卷。疑支謙並未別譯，僅與竺將炎再校初譯之文，並補其缺失。」（《漢魏兩晉南北朝佛教史》頁 91～92）。 3. 鎌田茂雄亦認爲此經是竺將炎翻譯後再由支謙漢文書寫的，故「現存的《法句經》，視爲支謙改定本，當無不妥」（《中國佛教通史》頁 204，佛光，民 74）。 4. 小野玄妙認爲：「《法句經》之翻譯，道安目錄唯列支謙名下，而未載另有維祇難、竺將炎之譯本。此說似較正確。…單視爲支謙之翻譯亦絕無不可」（《佛教經典總論》頁 35～36，新文豐，民 72）。 ↳綜上所說，無論此經爲竺將炎所譯本或支謙改定本，經中偈頌應皆可作爲西晉以前之資料。 5. 本經共 39 品，皆以偈頌（四言、五言、六言）呈現。 6. 先四言（74 句）再五言（12 句）的偈頌形式→P559a～b 7. 先四言（72 句）再五言（4 句）的偈頌形式→P561b～c 8. 先五言（16 句）再接四言（48 句）、再接五言（24 句）、再接四言（22 句）的偈頌形式→P559b～560a 9. 先五言（12 句）再四言（60 句）的偈頌形式→P560b～c 10. 四言偈頌（64 句）→P560c～561a 11. 五言偈頌（50 句）→P561a～b 12. 五言偈頌（76 句）→P560a～b 13. 先四言（16 句）再五言（32 句）的偈頌形式→P561c～562a 14. 四言偈頌（100 句）→P562a～b 15. 四言偈頌（48 句）→P563a 16. 四言偈頌（68 句）→P563a～b 17. 四言偈頌（44 句）→P564b

譯　者	經　名	出　處	附　　　註
維祇難等人譯（吳）			18. 四言偈頌（70 句）→P568c～569a 19. 先五言（58 句）再四言（26 句）的偈頌形式→P562b～c 20. 先四言（64 句）再五言（20 句）的偈頌形式→P563b～c 21. 先四言（36 句）再接五言（12 句），再接四言（22 句）的偈頌形式→P564a 22. 先四言（36 句）再五言（32 句）的偈頌形式→P564b～c 23. 先四言（70 句）再五言（24 句）的偈頌形式→P564c～565a 24. 先四言（48 句）再五言（8 句）的偈頌形式，2 首→P565b～566a 25. 先四言（50 句）再五言（8 句）的偈頌形式→P566a～b 26. 先四言（52 句）再五言（4 句）的偈頌形式→P567b～c 27. 先五言（8 句）再接四言（42 句），再接五言（8 句）的偈頌形式→P565b 28. 先五言（42 句）再四言（44 句）的偈頌形式→P567a～b 29. 先五言（12 句）再四言（36 句）的偈頌形式→P567c～568a 30. 先五言（8 句）再四言（100 句）的偈頌形式→P568a～b 31. 先四言（16 句）再接五言（8 句）、再接四言（40 句）、再接五言（12 句）的偈頌形式→P568b～c 32. 先五言（36 句）再接四言（52 句），再接五言（24 句）的偈頌形式→P569a～c 33. 先四言（36 句）再五言（20 句）的偈頌形式→P569c～570a 34. 先五言（40 句）再四言（28 句）的偈頌形式→P570a～b 35. 先四言（16 句）再接五言（40 句），再接四言（16 句）的偈頌形式→P570b～c 36. 先五言（24 句）再接四言（6 句）、再接五言（96 句），再接四言（8 句）的偈頌形式→P570c～571b 37. 先五言（8 句）再接四言（60 句）、再接五言（4 句），再接四言（8 句）的偈頌形式→P571b～c 38. 先五言（8 句）再接四言（80 句）、再接五言（8 句），再接四言（32 句）的偈頌形式→P572a～b

譯者	經名	出處	附註
維祇難等人譯（吳）			39. 先四言（22 句）再接五言（8 句），再接四言（136 句）的偈頌形式→P572b～573a 40. 先五言（4 句）再接四言（24 句）、再接六言（20 句），再接五言（94 句）的偈頌形式→P573a～574a 41. 五言偈頌（72 句）→P574a～b 42. 五言偈頌（80 句）→P574b～c 43. 五言偈頌（76 句）→P575a～b
康僧會（吳）	六度集經（八卷）	大正藏第 3 冊本緣部 152 號	1. 《祐錄》卷二有錄此經爲康僧會譯，並云“九卷”；《房錄》卷五所作卷數亦同之。而《開元錄》卷二則作“九卷”，並注云：「或九卷」。元錄》卷二皆錄此經爲支謙譯。 2. 小野玄妙說：「六度集經乃僧會從諸經中集錄有關布施，持戒等六度行之本生經，並非原有六度集之梵本而加以翻譯者。……此經可謂是一種抄譯經。」（《佛教經典總論》，頁 37，新文豐，民 72）。綜上，則經中偈頌應可作爲西晉以前資料看待。 3. 四言偈頌（32 句）→P22c～23a 4. 五言偈頌（4 句）2 首→P20a；51a 5. 五言偈頌（16 句）2 首→P27c；34c 6. 五言偈頌（24 句）→P34c 7. 先七言（4 句）再六言（28 句）的偈頌形式→P51a～b
	舊雜譬喻經（二卷）	大正藏第 4 冊本緣部 206 號	1. 《房錄》卷五、《開元錄》卷二皆視此經爲康僧會所譯，《高僧傳．康僧會傳》亦云：「會於建初寺譯出眾經…《雜譬喻》等」。然《祐錄》卷二中未載爲康僧會譯；而卷四〈新集續撰失譯雜經錄〉中，梁代僧祐將其列爲失譯經。故雖無法確認此經確屬康僧會譯，但較可推測的是僧祐時已見此經，則經中偈頌或可作爲梁代以前資料看待。 2. 五言偈頌（26 句）→P510c
白法祖（西晉）	佛般泥洹經（二卷）	大正藏第 1 冊阿含部 5 號	1. 《房錄》卷六、《開元錄》卷二皆視此經爲白法祖所譯；《祐錄》卷二中未載爲白法祖譯。則經中偈頌或可作爲東晉以前資料看待。 2. 四言、五言、六言、七言不規則排列的偈頌（共 56 句）→P174a～b

譯　者	經　名	出　處	附　　　註
白法祖（西晉）	菩薩修行經（一卷）	大正藏第12冊 330號	1.《房錄》卷六作《長者修行經》，並注云：「亦云《長者威施所問菩薩修行經》，亦云《菩薩修行經》」，《開元錄》卷二作《菩薩修行經》，二錄皆載此經爲白法祖所譯。《祐錄》卷二未載白法祖譯有此經；而卷四〈新集續撰失譯雜經錄〉中，梁代僧祐將其列爲失譯經。故雖無法確認此經確屬白法祖譯，但較可推測的是僧祐時已見此經，則經中偈頌或可作爲梁代以前資料看待。 2. 五言偈頌（28句）→P65c 3. 六言偈頌（168句）→P64c～65b
支法度（西晉）	善生子經（一卷）	大正藏第1冊 阿含部17號	1.《房錄》卷六、《開元錄》卷二皆視此經爲支法度所譯。《祐錄》卷二中未載爲支法度譯；而卷四〈新集續撰失譯雜經錄〉中，梁代僧祐將其列爲失譯經。故雖無法確認此經確屬支法度譯，但較可推測的是僧祐時已見此經，則經中偈頌或可作爲梁代以前資料看待。 2. 本經凡偈頌皆五言： ◆（4句）2首→P 252b～c ◆（6句）→P254a ◆（8句）10首→P252c；253b～254a ◆（44句）→P253a ◆（64句）→P254c～255a
	逝童子經（一卷）	大正藏第14冊 經集部527號	1.《房錄》卷六、《開元錄》卷二皆視此經爲支法度所譯。然《祐錄》卷二中未載爲支法度譯；而卷四〈新集續撰失譯雜經錄〉中，梁代僧祐將其列爲失譯經。故雖無法確認此經確屬支法度譯，但較可推測的是僧祐時已見此經，故經中偈頌或可作爲梁代以前資料看待。 2. 本經凡偈頌皆五言： ◆（4句）5首→P802a～b ◆（8句）2首→P802a～b ◆（12句）3首→P802a～b ◆（60句）→P802c～804a
法立（西晉） 法炬（西晉）	大樓炭經（六卷）	大正藏第1冊 阿含部23號	1.《祐錄》卷二有錄此經爲法炬譯。 2. 小野玄妙認爲今《大正》中署名法炬共法立譯的《大樓炭經》，應是竺法護譯，因法護譯經目錄中亦載此經，並說之所以認定此經爲法炬譯，乃是因爲法護譯經時，法炬曾參與譯事（《佛教經典總論》，頁46～47）。然除《祐錄》卷二之記載外，《房錄》卷六、《開元錄》卷二亦皆記載法

譯　者	經　名	出　處	附　　註
法立（西晉） 法炬（西晉）			炬共法立譯的《樓炭經》，故從經錄所說。經中偈頌應可作爲東晉以前資料看待。 3. 五言偈頌（6 句）→P286c 4. 六言偈頌（4 句）7 首→P300c～301a；309c 5. 六言偈頌（8 句）2 首→P300c 6. 六言偈頌（14 句）→P287a～b 7. 六言偈頌（16 句）→P300c～301a
法炬（西晉）	頂生王故事經（一卷）	大正藏第 1 冊 阿含部 39 號	1. 《房錄》卷六、《開元錄》卷二皆視此經爲法炬所譯。然《祐錄》卷二中未載爲法炬譯；而卷四〈新集續撰失譯雜經錄〉中，梁代僧祐將其列爲失譯經。故雖無法確認此經確屬法炬譯，但較可推測的是僧祐時已見此經，則經中偈頌或可作爲梁代以前資料看待。 2. 五言偈頌（16 句）→P824a
	頻毘娑羅王詣佛供養經（一卷）	大正藏第 2 冊 阿含部 133 號	1. 《房錄》卷六、《開元錄》卷二皆視此經爲法炬所譯。《祐錄》卷二中未載爲法炬譯；而卷四〈新集續撰失譯雜經錄〉中，梁代僧祐將其列爲失譯經。故雖無法確認此經確屬法炬譯，但較可推測的是僧祐時已見此經，則經中偈頌或可作爲梁代以前資料看待。 2. 五言偈頌（12 句）→P856c
	伏婬經（一卷）	大正藏第 1 冊 阿含部 65 號	1. 《房錄》卷六、《開元錄》卷二皆視此經爲法炬所譯。然《祐錄》卷二中未載爲法炬譯；而卷四〈新集續撰失譯雜經錄〉中，梁代僧祐將其列爲失譯經。故雖無法確認此經確屬法炬譯，但較可推測的是僧祐時已見此經，則經中偈頌或可作爲梁代以前資料看待。 2. 五言偈頌（18 句）→P864a
	鴦崛髻經（一卷）	大正藏第 2 冊 阿含部 119 號	1. 《房錄》卷六、《開元錄》卷二皆視此經爲法炬所譯。然《祐錄》卷二中未載爲法炬譯；而卷四〈新集續撰失譯雜經錄〉中，梁代僧祐將其列爲失譯經。故雖無法確認此經確屬法炬譯，但較可推測的是僧祐時已見此經，則經中偈頌或可作爲梁代以前資料看待。 2. 本經凡偈頌皆五言： ◆（4 句）2 首→P510c～511a ◆（8 句）→P511a ◆（44 句）→P512a

譯　者	經　名	出　處	附　　　註
法炬（西晉）	波斯匿王太后崩塵土坌身經（一卷）	大正藏第2冊 阿含部122號	1.《房錄》卷六、《開元錄》卷二皆視此經爲法炬所譯。然《祐錄》卷二中未載爲法炬譯；而卷四〈新集續撰失譯雜經錄〉中，梁代僧祐將其列爲失譯經。故雖無法確認此經確屬法炬譯，但較可推測的是僧祐時已見此經，故經中偈頌或可作爲梁代以前資料看待。 2. 五言偈頌（8句）→P545b
	前世三轉經（一卷）	大正藏第3冊 本緣部178號	1.《房錄》卷六、《開元錄》卷二皆視此經爲法炬所譯。然《祐錄》卷二中未載爲法炬譯；而卷四〈新集續撰失譯雜經錄〉中，梁代僧祐將其列爲失譯經。故雖無法確認此經確屬法炬譯，但較可推測的是僧祐時已見此經，則經中偈頌或可作爲梁代以前資料看待。 2. 五言偈頌（4句）→P448c～449a 3.六言偈頌（4句）→P449a 4.七言偈頌（12句）→P448a
法炬（西晉） 法立（西晉）	法句譬喻經（四卷）	大正藏第4冊 本緣部211號	1.《祐錄》卷二、《房錄》卷六、《開元錄》卷二，皆錄此經爲法炬共法立譯。則經中偈頌應可作爲東晉以前資料看待。 2. 四言偈頌（4句）3首→P575c；576b；577b～c；590c 3. 四言偈頌（8句）10首→P575c；577c～578a；583b；583c；586a；587a；592b；600b 4. 四言偈頌（12句）15首→P576a；578a～b；580b～c；581c；582b；583a；586b；587b～c；589b～c；593c；595a；598b；601c 5. 四言偈頌（16句）11首→P576c；577a；580a；581b；583c；584b～585a；586b；588c；591c；592c 6. 四言偈頌（18句）→P596b 7. 四言偈頌（20句）5首→P585c；593b；594c～595a；595c；601c 8. 四言偈頌（22句）→P593a 9. 五言偈頌（4句）9首→P579a；582a；592a；598b；603b；605c；607b；608b～c 10. 五言偈頌（8句）10首→P584a；590b；591b；593a；594a～c；606b；607a；608a

譯　者	經　名	出 處	附　　註
法炬（西晉） 法立（西晉）			11. 五言偈頌（12 句）6 首→P579c；581a；588a～b；602a；603a～b 12. 五言偈頌（16 句）5 首→P578c；599c；602b～c；606a；606c 13. 五言偈頌（20 句）→P601a～b 14. 五言偈頌（28 句）→P579b 15. 五言偈頌（64 句）→P609a～b 16. 先五言（8 句）再四言（4 句）的偈頌形式→P596c 17. 先五言（12 句）再四言（8 句）的偈頌形式→P600c 18. 八言偈頌（4 句）→P604a 19. 八言偈頌（6 句）→P599a～b 20. 八言偈頌（10 句）→P598a 21. 八言偈頌（12 句）→P604b～c 22. 八言偈頌（19 句）→P605b 23. 八言偈頌（29 句）→P597a～b
法炬（西晉）	優塡王經（一卷）	大正藏第 12 冊 332 號	1. 《房錄》卷六、《開元錄》卷二皆視此經爲法炬所譯。然《祐錄》卷二中未載爲法炬譯；而卷四〈新集續撰失譯雜經錄〉中，梁代僧祐將其列爲失譯經。故雖無法確認此經確屬法炬譯，但較可推測的是僧祐時已見此經，故經中偈頌或可作爲梁代以前資料看待。 2. 五言偈頌（92 句）→P71c～72b
	比丘避女惡名欲自殺經（一卷）	大正藏第 14 冊經集部 503 號	1. 《房錄》卷六、《開元錄》卷二皆視此經爲法炬所譯。然《祐錄》卷二中未載爲法炬譯；而卷四〈新集續撰失譯雜經錄〉中，梁代僧祐將其列爲失譯經。故雖無法確認此經確屬法炬譯，但較可推測的是僧祐時已見此經，則經中偈頌或可作爲梁代以前資料看待。 2. 五言偈頌（18 句）→P771c
法炬（西晉） 法立（西晉）	諸德福田經（一卷）	大正藏第 16 冊經集部 683 號	1. 《祐錄》卷二、《房錄》卷六、《開元錄》卷二，皆錄此經爲法炬共法立譯。則經中偈頌應可作爲東晉以前資料看待。 2. 本經凡偈頌皆五言： ◆（8 句）8 首→P777a～778b ◆（16 句）→P777b

譯　者	經　名	出　處	附　　　註
竺法護（西晉）	受新歲經（一卷）	大正藏第 1 冊 阿含部 61 號	1. 《祐錄》卷二、《房錄》卷六及《開元錄》卷二皆未記載竺法護譯有此經，故無法確定此經是否爲法護所譯。 2. 本經凡偈頌皆五言： ◆（4 句）2 首→P858a ◆（8 句）2 首→P858a～b ◆（12 句）→P858b ◆（16 句）→P858c～8859a
	尊上經（一卷）	大正藏第 1 冊 阿含部 77 號	1. 《房錄》卷六、《開元錄》卷二皆載此經爲竺法護所譯。然《祐錄》卷二中未載爲竺法護譯；而其卷四〈新集續撰失譯雜經錄〉中，梁代僧祐將其列爲失譯經。故雖無法確認此經確屬竺法護譯，但較可推測的是僧祐時已見此經，則經中偈頌或可作爲梁代以前資料看待。 2. 五言偈頌（16 句）→P886b
	鴦掘摩經（一卷）	大正藏第 2 冊 阿含部 118 號	1. 《祐錄》卷二、《房錄》卷六及《開元錄》卷二中，皆錄此經爲竺法護譯，則經中偈頌應可作爲東晉以前資料看待。 2. 本經凡偈頌皆五言： ◆（8 句）→P509b ◆（12 句）→P509b ◆（52 句）→P510a～b
	力士移山經（一卷）	大正藏第 2 冊 阿含部 135 號	1. 《祐錄》卷二、《房錄》卷六及《開元錄》卷二中皆錄此經爲竺法護譯，則經中偈頌應可作爲東晉以前資料看待。 2. 五言偈頌（16 句）→P859b
	生經（五卷）	大正藏第 3 冊 本緣部 154 號	1. 《祐錄》卷二、《房錄》卷六及《開元錄》卷二中，皆錄此經爲竺法護譯，則經中偈頌應可作爲東晉以前資料看待。 2. 五言偈頌（4 句）41 首→P71a～b；74a～75a；86c～87a；89a～b；91b；94a；97b；101c；103b～c；105b～c；106a；107a 3. 五言偈頌（8 句）29 首→P74b；84b；87b～88c；89b；90a；90c；91a；92b；93b；95a；97b；101b～c；104a～b；105a 4. 五言偈頌（12 句）6 首→P74a～c；89c；94a；102c；104c～105a 5. 五言偈頌（14 句）→P101c～102a 6. 五言偈頌（16 句）5 首→P74c；91a；92b；93b；106a～b

譯者	經名	出處	附註
竺法護（西晉）			7. 五言偈頌（24 句）→P73a～b 8. 五言偈頌（20 句）2 首→P72b～c；74c 9. 五言偈頌（32 句）2 首→P70c；73c～74a 10. 七言偈頌（4 句）8 首→P71a～c 11. 七言偈頌（36 句）→P83a～b 12. 七言偈頌（44 句）→P82b～c 13. 四言偈頌（7 句）→P90c
	德光太子經（一卷）	大正藏第 3 冊本緣部 170 號	1. 《祐錄》卷二、《房錄》卷六及《開元錄》卷二中，皆錄此經爲竺法護譯，則經中偈頌應可作爲東晉以前資料看待。 2. 五言偈頌（8 句）3 首→P416b 3. 五言偈頌（88 句）→P416b～417a 4. 五言偈頌（168 句）→P415b～416a 5. 七言偈頌（32 句）→P417b 6. 七言偈頌（40 句）4 首→P412a～413a；415a～b；418b～c 7. 七言偈頌（48 句）→P413c～414a
	鹿母經（一卷）	大正藏第 3 冊本緣部 182 號	1. 《祐錄》卷二、《房錄》卷六及《開元錄》卷二中，皆錄此經爲竺法護譯，則經中偈頌應可作爲東晉以前資料看待。 2. 本經凡偈頌皆五言： ◆（8 句）12 首→P454a～455a； 456a～457a ◆（12 句）→P456c ◆（16 句）3 首→P454b；455b； 456c ◆（24 句）→P456b ◆（32 句）→P455c ◆（40 句）→P456a
	普曜經（八卷）	大正藏第 3 冊本緣部 186 號	1. 《祐錄》卷二、《房錄》卷六及《開元錄》卷二中皆錄此經爲竺法護譯，則經中偈頌應可作爲東晉以前資料看待。 2. 四言偈頌（56 句）→P528b～c 3. 四言偈頌（64 句）→P527c～528a 4. 五言偈頌（4 句）14 首→P491b；492a；502a；506a；515c～516a；518a；526b～c 5. 五言偈頌（8 句）16 首→P500b～501a；502a；504c～505a；515b～516a；523a；532c；534a

譯　者	經　名	出　處	附　　註
竺法護（西晉）			6. 五言偈頌（12 句）8 首→P491c；497b～c；499c；500a；517c 7. 五言偈頌（16 句）2 首→P517b；533c 8. 五言偈頌(20 句)5 首→P497c～498c；499b；505a～b 9. 五言偈頌（24 句）→P491b 10. 五言偈頌（28 句）→P512c 11. 五言偈頌（36 句）→P506c～507a 12. 五言偈頌（40 句）5 首→P489c～490a；494c；524a～b；527b～c；529a～b 13. 五言偈頌（44 句）2 首→P490a～b；524b～c 14. 五言偈頌（48 句）→P495b～c 15. 五言偈頌（60 句）→P492b～c 16. 五言偈頌（64 句）→P512b～c 17. 五言偈頌（72 句）→P529c～530a 18. 五言偈頌（76 句）→P495c～496a 19. 五言偈頌（80 句）9 首→P486a～c；487c～488b；489b～c；490c～491a；502b～c；511b～c；513c～514b；516b～c；518c～519a 20. 五言偈頌（84 句）→P496c～497a 21. 五言偈頌（88 句）→P484c～485a 22. 五言偈頌（108 句）→P525a～b 23. 五言偈頌（160 句）→P523a～524a 24. 五言偈頌（188 句）→P534c～535c 25. 七言偈頌(4 句)18 首→P517c～518b 26. 七言偈頌（8 句）→P518b 27. 七言偈頌（32 句）→P519c 28. 七言偈頌（40 句）→P537c 29. 七言偈頌（72 句）→P521b～c
	佛五百弟子自說本起經（一卷）	大正藏第 4 冊本緣部 199 號	1. 《祐錄》卷二、《房錄》卷六及《開元錄》卷二中皆錄此經爲竺法護譯，則經中偈頌應可作爲東晉以前資料看待。 2. 本經共 30 品，皆以偈頌型態呈現，而無長行（指以散文直接記載佛陀的教說）： • 第 1 品：先七言（70 句）再五言（4 句）的偈頌形式→P190a～b • 第 2 品：五言偈頌（40 句）→P190b～c • 第 3 品：五言偈頌（60 句）→P190c～191a

譯　者	經　名	出　處	附　　註
竺法護（西晉）			• 第 4 品：五言偈頌（68 句）→P191a～b • 第 5 品：五言偈頌（56 句）→P191b～c • 第 6 品：五言偈頌（44 句）→P191c～192a • 第 7 品：五言偈頌（32 句）→P192a～b • 第 8 品：五言偈頌（44 句）→P192b • 第 9 品：五言偈頌（84 句）→P192b～193a • 第 10 品：五言偈頌（48 句）→P193a～b • 第 11 品：五言偈頌（106 句）→P193b～194a • 第 12 品：五言偈頌（80 句）→P194a～b • 第 13 品：五言偈頌（48 句）→P194b～c • 第 14 品：五言偈頌（48 句）→P194c～195a • 第 15 品：五言偈頌（32 句）→P195a • 第 16 品：五言偈頌（60 句）→P195a～b • 第 17 品：五言偈頌（120 句）→P195b～196a • 第 18 品：五言偈頌（104 句）→P196b～c • 第 19 品：五言偈頌（108 句）→P196c～197b • 第 20 品：五言偈頌（44 句）→P197b～c • 第 21 品：五言偈頌（32 句）→P197c～198a • 第 22 品：五言偈頌（108 句）→P198a～b • 第 23 品：五言偈頌（36 句）→P198c • 第 24 品：五言偈頌（56 句）→P198c～199a • 第 25 品：五言偈頌（40 句）→P199a～b • 第 26 品：五言偈頌（56 句）→P199b～c • 第 27 品：五言偈頌（76 句）→P199c～200a

譯　者	經　名	出　處	附　　註
竺法護（西晉）			• 第 28 品：五言偈頌（56 句）→P200a～b • 第 29 品：五言偈頌（84 句）→P200b～201a • 第 30 品：五言偈頌（188 句）→P201a～202a
	正法華經（十卷）	大正藏第 9 冊 263 號	1. 《祐錄》卷二、《房錄》卷六及《開元錄》卷二中皆錄此經爲竺法護譯，則經中偈頌應可作爲東晉以前資料看待。 2. 四言偈頌（8 句）3 首→P69a～b；125c 3. 四言偈頌（9 句）→P111a 4. 四言偈頌（16 句）6 首→P90c～91b；98b；105b 5. 四言偈頌（24 句）4 首→P69b；89c～90a；91a 6. 四言偈頌（32 句）3 首→P90b；98c；112a 7. 四言偈頌（40 句）3 首→P87c；98a～b；99a 8. 四言偈頌（48 句）2 首→P109a～b；122a 9. 四言偈頌（56 句）3 首→P88c～89b；112b 10. 四言偈頌（64 句）2 首→P87b；122a～b 11. 四言偈頌（72 句）2 首→P86c；121b～c 12. 四言偈頌（80 句）2 首→P74b～c；88a～b 13. 四言偈頌（87 句）→P112c～113a 14. 四言偈頌（96 句）4 首→P95a～b；97b～c；100a～b；123b～124a 15. 四言偈頌（101 句）→P118c～119a 16. 四言偈頌（104 句）2 首→P96c～97a；108b～109a 17. 四言偈頌（112 句）→P124b～125a 18. 四言偈頌（120 句）→P119b～120a 19. 四言偈頌（128 句）→P115c～116a 20. 四言偈頌（156 句）→P114c～115b 21. 四言偈頌（160 句）2 首→P96a～c；109c～110b 22. 四言偈頌（176 句）→P73b～74a 23. 四言偈頌（240 句）→P120b～121b

譯　者	經　名	出　處	附　　註
竺法護（西晉）			24. 四言偈頌（349 句）→P66b～67c 25. 四言偈頌（401 句）→P93a～94b 26. 四言偈頌（440 句）→P64a～65c 27. 四言偈頌（496 句）→P81b～83a 28. 四言偈頌（912 句）→P76b～79c 29. 五言偈頌（4 句）6 首→P90a；99a；105c；118a；131b；132b 30. 五言偈頌（8 句）6 首→P106a；106c；111a；131b；132b 31. 五言偈頌（16 句）→P103a 32. 五言偈頌（20 句）2 首→P90b；130c 33. 五言偈頌（24 句）2 首→P75a；119a～b 34. 五言偈頌（28 句）→P87a 35. 五言偈頌（44 句）→P91a～b 36. 五言偈頌（80 句）→P116b～c 37. 五言偈頌（104 句）→P111a～c 38. 五言偈頌（112 句）→P85c～86b 39. 先五言（28 句）再四言（112 句）的偈頌形式→P68a～c 40.先五言（40 句）再四言（16 句）的偈頌形式→P68c～69a 41. 先五言（20 句）再四言（816 句）的偈頌形式→P70a～73a 42. 先五言（48 句）再四言（306 句）的偈頌形式→P83c～85a 43. 先五言（24 句）再四言（72 句）的偈頌形式→P100c～101b 44. 先五言（64 句）再四言（16 句）的偈頌形式→P102a～b 45. 先五言（72 句）再四言（56 句）的偈頌形式→P107c～108b 46. 先五言（84 句）再四言（40 句）的偈頌形式→P117b～c 47. 先四言（8 句）再五言（24 句）的偈頌形式→P89b～c 48. 先四言（8 句）再五言（76 句）的偈頌形式→P106c～107b 49. 先四言（72 句）再五言（12 句），再接四言（16 句），再接五言（100 句）的偈頌形式→P104a～105a

譯　者	經　名	出　處	附　　註
竺法護（西晉）	阿惟越致遮經（三卷）	大正藏第9冊 266號	1. 《祐錄》卷二、《房錄》卷六及《開元錄》卷二中皆錄此經爲竺法護譯，則經中偈頌應可作爲東晉以前資料看待。 2. 本經凡偈頌皆五言： ◆（4句）19首→P214a～c；217b；221c；224a ◆（8句）2首→P213c～214a ◆（12句）3首→P218c；222b； 224a～b ◆（16句）→P222a ◆（24句）2首→P221a～b ◆（28句）→P213c～214a ◆（36句）→P221c～222a ◆（80句）2首→P213a～c；215b～c ◆（88句）→P207a～c ◆（92句）→P208a～b ◆（96句）→P203a～c ◆（108句）→P206a～c ◆（112句）→P204a～c ◆（124句）→P222b～223b ◆（128句）→P205a～c ◆（136句）→P212b～213a ◆（140句）→P201b～202b ◆（160句）→P211a～212a ◆（168句）→P217c～218c ◆（232句）→P209b～210c ◆（320句）→P219b～221a
	漸備一切智德經（五卷）	大正藏第10冊華嚴部285號	1. 《祐錄》卷二、《房錄》卷六及《開元錄》卷二中皆錄此經爲竺法護譯，則經中偈頌應可作爲東晉以前資料看待。 2. 湯用彤說此經乃《華嚴》之《十地品》，乃晉世所風行之要籍（見《漢魏兩晉南北朝佛教史》頁114）。 3. 五言偈頌（16句）3首→P459b～460a 4. 五言偈頌（40句）→P460b～c 5. 五言偈頌（44句）→P459a～b 6. 五言偈頌（80句）→P460c～461a 7. 五言偈頌（116句）→P467c～468b

譯者	經名	出處	附註
竺法護（西晉）			8. 五言偈頌（134 句）→P472a～c 9. 五言偈頌（164 句）→P481a～482a 10. 五言偈頌（172 句）3 首→P474b～475b；477b～478b；484b～485b 11. 五言偈頌（180 句）→P488b～489b 12. 五言偈頌（188 句）→P464b～465b 13. 五言偈頌（336 句）→P495a～497a 14. 七言偈頌（20 句）→P460a～b 15. 先五言（140 句）再接七言（20 句），再接五言（4 句）的偈頌形式→P470a～471a
	如來興顯經（四卷）	大正藏第10冊華嚴部 291 號	1. 《祐錄》卷二、《房錄》卷六及《開元錄》卷二中皆錄此經爲竺法護譯，則經中偈頌應可作爲東晉以前資料看待。 2. 本經凡偈頌皆五言： ◆（4 句）→P595c～596a ◆（8 句）7 首→P596a～b；599b； 605a～b ◆（24 句）→P611c ◆（16 句）25 首→P597c；599a～600c；601b～603a；605a～606b；607a～b；608a ◆（24 句）3 首→P598a～c；603a～b ◆（40 句）4 首→P597b～c；608c～609c；611a～b ◆（48 句）→P610b～c ◆（56 句）→P612b～c ◆（80 句）→P594a～c ◆（98 句）→P604a～c ◆（136 句）→P595a～c
	度世品經（六卷）	大正藏第10冊華嚴部 292 號	1. 《祐錄》卷二、《房錄》卷六及《開元錄》卷二中皆錄此經爲竺法護譯，則經中偈頌應可作爲東晉以前資料看待。 2. 本經凡偈頌皆五言： ◆（8 句）43 首→P618b～624a；624c ～625a；626a ◆（12 句）3 首→P624c～625b；627a ◆（16 句）2 首→P621c～622a；624b ◆（888 句）→P653c～658c

譯　者	經　名	出　處	附　　　註
竺法護（西晉）	密跡金剛力士經（七卷）	大正藏第11冊寶積部 310—3號	1. 《祐錄》卷二、《房錄》卷六及《開元錄》卷二中皆錄此經爲竺法護譯，則經中偈頌應可作爲東晉以前資料看待。 2. 四言偈頌（16 句）→P47c～48a 3. 四言偈頌（80 句）→P62a～b 4. 四言偈頌（168 句）→P46c～47a 5. 五言偈頌（4 句）4 首→P45a；79c；80a 6. 五言偈頌（8 句）4 首→P45a；57b；74a；79c 7. 五言偈頌（16 句）2 首→P45a；71a 8. 五言偈頌（20 句）→P62b～c 9. 五言偈頌（24 句）→P52b～c 10. 五言偈頌（32 句）→P70c 11. 五言偈頌（40 句）5 首→P62c～63b；67c～68a；68c～69a；79b 12. 五言偈頌（64 句）2 首→P49c～50a；57c～58a 13. 五言偈頌（88 句）→P54c～55a 14. 五言偈頌（128 句）→P51a～c 15. 七言偈頌（8 句）→P44c
	寶髻菩薩所問經（二卷）	大正藏第11冊寶積部 310—47號	1. 《祐錄》卷二、《房錄》卷六及《開元錄》卷二中皆錄此經爲竺法護譯，則經中偈頌應可作爲東晉以前資料看待。 2. 五言偈頌（48 句）→P672a～b 3. 五言偈頌（64 句）→P671b～c 4. 七言偈頌（32 句）→P657c 5. 七言偈頌（64 句）→P670c～671a
	文殊師利佛土嚴淨經（二卷）	大正藏第11冊寶積部 318號	1. 《祐錄》卷二、《房錄》卷六及《開元錄》卷二中皆錄此經爲竺法護譯，則經中偈頌應可作爲東晉以前資料看待。 2. 五言偈頌（120 句）2 首→P891a～c；897a～c 3. 七言偈頌（40 句）→P893a～b 4. 八言偈頌（16 句）→P891c～892a 5. 先七言（16 句）再五言（16 句）的偈頌形式→P892b

譯　者	經　名	出　處	附　　註
竺法護（西晉）	幻士仁賢經（一卷）	大正藏第12冊 324號	1.《祐錄》卷二、《房錄》卷六及《開元錄》卷二中皆錄此經為竺法護譯，則經中偈頌應可作為東晉以前資料看待。 2. 四言偈頌（160 句）2 首→P33a～34b 3. 五言偈頌（4 句）9 首→P32b～c；34b 4. 五言偈頌（8 句）2 首→P32c 5. 五言偈頌（64 句）→P36a～b
	須摩提菩薩經（一卷）	大正藏第12冊 334號	1. 即《祐錄》卷二中，竺法護譯經目錄內所載之《須摩經》，經名下注云：「或云《須摩提菩薩經》」。《房錄》卷六及《開元錄》卷二中，亦皆錄此經為竺法護譯，則經中偈頌應可作為東晉以前資料看待。 2. 六言偈頌（4 句）10 首→P76c～77b
	阿闍貰王女阿術達菩薩經（一卷）	大正藏第12冊 寶積部337號	1. 即《祐錄》卷二中，竺法護譯經目錄內所載之《阿述達經》，經名下注云：「或云《阿闍貰王女阿術達菩薩經》」。《房錄》卷六及《開元錄》卷二中，亦皆錄此經為竺法護譯，則經中偈頌應可作為東晉以前資料看待。 2. 四言偈頌（8 句）→P86c 3. 六言偈頌（132 句）→P85a～c
	離垢施女經（一卷）	大正藏第12冊 338號	1.《祐錄》卷二、《房錄》卷六及《開元錄》卷二中皆錄此經為竺法護譯，則經中偈頌應可作為東晉以前資料看待。 2. 四言偈頌（16 句）→P90b 3. 四言偈頌（32 句）2 首→P90b～c；91b 4. 四言偈頌（72 句）→P90a～b 5. 五言偈頌（4 句）→P92c 6. 五言偈頌（8 句）3 首→P93c～94a 7. 五言偈頌（16 句）4 首→P94b～95a 8. 五言偈頌（64 句）→P90c～91a 9. 五言偈頌（68 句）→P96b～c 10. 五言偈頌（78 句）→P97a～c 11. 先四言（48 句）再五言（8 句）的偈頌形式→P91b～c 12. 七言偈頌（8 句）10 首→P94c～96a 13. 七言偈頌（12 句）2 首→P94c；95c

譯　者	經　名	出　處	附　　註
竺法護（西晉）	如幻三昧經（二卷）	大正藏第12冊342號	1.《祐錄》卷二、《房錄》卷六及《開元錄》卷二中皆錄此經爲竺法護譯，則經中偈頌應可作爲東晉以前資料看待。 2. 本經凡偈頌皆五言： ◆（80句）→P135c～136b ◆（88句）→P151a～b ◆（92句）→P137c～138a ◆（104句）→P143b～144a ◆（168句）→P139c～140c
	慧善菩薩問大善權經（二卷）	大正藏第12冊345號	1. 即《祐錄》卷二中，竺法護譯經目錄內所載之《大善權經》，經名下注云：「或云《慧善菩薩問大善權經》」。《房錄》卷六及《開元錄》卷二中亦皆錄此經爲竺法護譯，故經中偈頌應可作爲東晉以前資料看待。 2. 五言偈頌（4句）2首→P157b；163b 3. 五言偈頌（8句）→P157b 4. 先五言（4句）再七言（116句）的偈頌形式→P158c～159b
	彌勒菩薩所問本願經（一卷）	大正藏第12冊349號	1. 即《祐錄》卷二中，竺法護譯經目錄內所載之《彌勒本願經》，經名下注云：「或云《彌勒菩薩所問本願經》」。《房錄》卷六及《開元錄》卷二中亦皆錄此經爲竺法護譯，故經中偈頌應可作爲東晉以前資料看待。 2. 五言偈頌（4句）→P188c 3. 五言偈頌（40句）→P187c 4. 六言偈頌（20句）→P188a
	方等般泥洹經（二卷）	大正藏第12冊378號	1.《祐錄》卷二、《房錄》卷六及《開元錄》卷二中皆錄此經爲竺法護譯，則經中偈頌應可作爲東晉以前資料看待。 2. 五言偈頌（4句）7首→P914b～c；915b；920a；920c 3. 五言偈頌（8句）8首→P912b～913a；914a～b；915b～c；917a；922c 4. 五言偈頌（12句）2首→P914b；915b 5. 五言偈頌（16句）5首→P916a；917a；921c；922b 6. 五言偈頌（20句）6首→P915c；921b～922a；924a

譯　者	經　名	出　處	附　　註
竺法護（西晉）			7. 五言偈頌（24 句）3 首→P912c～913a；921b；922c 8. 五言偈頌（28 句）2 首→P917c；920c 9. 五言偈頌（36 句）3 首→P912c；916b；927c～928a 10. 五言偈頌（48 句）2 首→P914a；922a～b 11. 五言偈頌（52 句）→P912a～b 12. 五言偈頌（64 句）→P914c～915a 13. 五言偈頌（68 句）→P917a～b 14. 先五言（4 句）再七言（104 句）的偈頌形式→P913a～c 15. 六言偈頌（8 句）→P920a 16. 六言偈頌（12 句）3 首→P923a～c 17. 六言偈頌（16 句）2 首→P923b～c 18. 七言偈頌（4 句）2 首→P915a～b 19. 七言偈頌（8 句）→P915a 20. 七言偈頌（28 句）2 首→P926a～b 21. 七言偈頌（32 句）→P915c～916a 22. 七言偈頌（56 句）→P927a～b
	等集眾德三昧經（三卷）	大正藏第 12 冊 381 號	1. 《祐錄》卷二、《房錄》卷六及《開元錄》卷二中皆錄此經爲竺法護譯，則經中偈頌應可作爲東晉以前資料看待。 2. 四言偈頌（4 句）→P974c 3. 四言偈頌（34 句）→P978a～b 4. 五言偈頌（64 句）→P981a～b
	大哀經（八卷）	大正藏第 13 冊大集部 398 號	1. 《祐錄》卷二及《房錄》卷六中，竺法護的譯經目錄，皆作此經爲七卷；《開元錄》卷二則作八卷。但諸錄皆分爲廿八品。經中偈頌應可作爲東晉以前資料看待。 2. 四言偈頌（16 句）10 首→P434c～435c；436c；437b～c；438c～439b 3. 四言偈頌（21 句）→P450c 4. 四言偈頌（24 句）→P450b～c 5. 四言偈頌（40 句）→P434b～c 6. 四言偈頌（64 句）3 首→P424b～c；431b～c；432c 7. 四言偈頌（360 句）→P418a～419b 8. 五言偈頌（4 句）→P424c

譯　者	經　名	出　處	附　　註
竺法護（西晉）			9. 五言偈頌（8 句）18 首→P410a～b；437a；451a～c 10. 五言偈頌（16 句）16 首→P411a～412c；436a～437a；438b～c 11. 五言偈頌（20 句）→P433a～b 12. 五言偈頌（32 句）3 首→P410c～411a；427b～c；450c～451a 13. 五言偈頌（36 句）→P427a 14. 五言偈頌（40 句）→P426b～c 15. 五言偈頌（60 句）→P410b～c 16. 五言偈頌（68 句）→P428c～429a 17. 五言偈頌（64 句）2 首→P429c～430a；432a～b 18. 五言偈頌（66 句）2 首→P413b～c；427c～428a 19. 五言偈頌（72 句）→P430c～431a 20. 五言偈頌（120 句）→P420a～c 21. 五言偈頌（246 句）→P446b～447a 22. 五言偈頌（256 句）→P444a～445c 23. 五言偈頌（258 句）→P448a～449c 24. 六言偈頌（16 句）→P438a 25. 六言偈頌（20 句）→P434a 26. 七言偈頌（20 句）→P433b～c 27. 七言偈頌（40 句）→P415b～c
	寶女所問經（四卷）	大正藏第13冊大集部 399 號	1.《祐錄》卷二、《房錄》卷六及《開元錄》卷二中皆錄此經爲竺法護譯，則經中偈頌應可作爲東晉以前資料看待。 2. 四言偈頌（64 句）→P453b 3. 四言偈頌（72 句）→P460a 4. 五言偈頌（64 句）→P459b～c 5. 五言偈頌（160 句）→P471a～c
	無言童子經（二卷）	大正藏第13冊大集部 401 號	1.《祐錄》卷二、《房錄》卷六及《開元錄》卷二中皆錄此經爲竺法護譯，則經中偈頌應可作爲東晉以前資料看待。 2. 五言偈頌（44 句）→P524c 3. 五言偈頌（40 句）→P525a～b 4. 五言偈頌（60 句）2 首→P523b～524b

譯　者	經　名	出　處	附　　　註
竺法護（西晉）	阿差末菩薩經（七卷）	大正藏第13冊 大集部403號	1. 《房錄》卷六及《開元錄》卷二中皆錄此經爲竺法護譯。《祐錄》卷二中竺法護譯經目錄內此經作《阿差末經》，爲四卷（《開元錄》卷二作七卷），並注云：「或云《阿差末菩薩經》。《別錄》所載，《安錄》先闕」。由此知此經爲僧祐據《別錄》所補，《道安錄》中並無載此經。然因僧祐時已見此經，故經中偈頌應可作爲梁代以前資料看待。 2. 五言偈頌（64句）→P583c～584a
	賢劫經（八卷）	大正藏第14冊 經集部425號	1. 《祐錄》卷二及《房錄》卷六，此經皆作七卷；《開元錄》卷二則作十三卷，故經中偈頌應可作爲東晉以前資料看待。 2. 三言偈頌（70句）→P45c～46a 3. 三言偈頌（72句）→P7a～b 4. 三言偈頌（104句）→P6a～c 5. 三言偈頌（112句）→P4b～c 6. 三言偈頌（1052句）→P46a～50a 7. 五言偈頌（36句）→P10a 8. 五言偈頌（64句）→P1c～2a 9. 五言偈頌（80句）2首→P5b～c；45a～c 10. 五言偈頌（92句）2首→P7c～8a；9a～c 11. 七言偈頌（52句）→P10c～11a 12. 八言偈頌（80句）→P62c～63b 13. 先五言（16句）再七言（32句）的偈頌形式→P64b
	八陽神咒經（一卷）	大正藏第14冊 經集部428號	1. 《房錄》卷六、《開元錄》卷二皆視此經爲竺法護所譯。《祐錄》卷二中未載爲竺法護譯；而卷四〈新集續撰失譯雜經錄〉中，梁代僧祐將其列爲失譯經。故雖無法確認此經確屬竺法護譯，但較可推測的是僧祐時已見此經，則經中偈頌或可作爲梁代以前資料看待。 2. 五言偈頌（32句）→P73c～74a
	寶網經（一卷）	大正藏第14冊 經集部433號	1. 即《祐錄》卷二中，竺法護譯經目錄內之《寶網童子經》，經名下注云：「《舊錄》云《寶網經》」；《房錄》卷六、《開元錄》卷二亦皆視此經爲竺法護所譯，則經中偈頌應可作爲東晉以前資料看待。

譯　者	經　名	出　處	附　　註
竺法護（西晉）			2. 四言偈頌（80 句）→P83a～b 3. 五言偈頌（40 句）6 首→P80a～82b 4. 五言偈頌（52 句）→P83c～84a 5. 五言偈頌（60 句）→P85a～b 6. 五言偈頌（64 句）→P82b～c 7. 七言偈頌（20 句）→P78a～b 8. 七言偈頌（40 句）→P84b～c 9. 七言偈頌（44 句）→P84a～b 10. 先七言（20 句）再四言（152 句）的偈頌形式→P78b～79a 11. 先五言（16 句）再接七言（12 句），再接五言（120 句）的偈頌形式→P85c～86b
	滅十方冥經（一卷）	大正藏第 14 冊經集部 435 號	1. 《祐錄》卷二、《房錄》卷六及《開元錄》卷二中皆錄此經爲竺法護譯，則經中偈頌應可作爲東晉以前資料看待。 2. 五言偈頌（4 句）10 首→P105c～106b
	彌勒下生經（一卷）	大正藏第 14 冊經集部 453 號	1. 此經即《祐錄》卷二中，竺法護譯經目錄所載之《彌勒成佛經》。《房錄》卷六中竺法護所譯之《彌勒成佛經》，經名下注云：「一名《彌勒當來下生經》」，而《開元錄》卷二亦同之。然《開元錄》卷二中，所載之《法觀經》左邊，智昇云：「上見存，以下闕」（《大正》55．495b），由此知《法觀經》以下諸經，於智昇時已未見，而《彌勒成佛經》，乃是列於《法觀經》之後的，則唐代時此經應已佚。綜上所說，則《大正》中所收錄的《彌勒下生經》，或非竺法護所譯本。 2. 五言偈頌（36 句）→P423a
	文殊師利現寶藏經（二卷）	大正藏第 14 冊經集部 461 號	1. 《祐錄》卷二、《房錄》卷六及《開元錄》卷二中皆錄此經爲竺法護譯，則經中偈頌應可作爲東晉以前資料看待。 2. 六言偈頌（56 句）→P465a～b 3. 五言偈頌（44 句）→P465c～466a
	大方等頂王經（一卷）	大正藏第 14 冊經集部 477 號	1. 即《祐錄》卷二中，竺法護譯經目錄內之《頂王經》，經名下注云：「或云《大方等頂王經》」；《房錄》卷六及《開元錄》卷二中，亦皆錄此經爲竺法護譯，則經中偈頌應可作爲東晉以前資料看待。

譯　者	經　名	出　處	附　　註
竺法護（西晉）			2. 本經凡偈頌皆五言： ◆（4 句）7 首→P589a～b；595b ◆（8 句）2 首→P589a；595b ◆（12 句）→P589b～c ◆（16 句）3 首→P590a～b；592b ◆（20 句）2 首→P589b；595a～b ◆（28 句）→P589c ◆（32 句）3 首→P590a～b；594c～595c ◆（44 句）→P593b～c ◆（64 句）→P593c～594a ◆（72 句）→P594b～c ◆（76 句）2 首→P592a～b；596c～597a ◆（80 句）2 首→P588b～589a； 591b～c ◆（84 句）2 首→P590b～591a； 592c～593a
	持人菩薩（四卷）	大正藏第 14 冊經集部 481 號	1. 《祐錄》卷二、《房錄》卷六及《開元錄》卷二中皆錄此經爲竺法護譯，則經中偈頌應可作爲東晉以前資料看待。 2. 本經凡偈頌皆五言： ◆（12 句）→P626c ◆（16 句）→P629c ◆（28 句）→P626b
	琉璃王經（一卷）	大正藏第 14 冊經集部 513 號	1. 《祐錄》卷二、《房錄》卷六及《開元錄》卷二中皆錄此經爲竺法護譯，則經中偈頌應可作爲東晉以前資料看待。 2. 五言偈頌（12 句）→P783c～784a 3. 五言偈頌（4 句）→P785b 4. 八言偈頌（4 句）→P784a
	龍施菩薩本起經（一卷）	大正藏第 14 冊經集部 558 號	1. 《祐錄》卷二、《房錄》卷六及《開元錄》卷二中皆錄此經爲竺法護譯，則經中偈頌應可作爲東晉以前資料看待。 2. 五言、六言不規則穿叉的偈頌型式（共 113 句）→P911a～c
	順權方便（二卷）	大正藏第 14 冊經集部 565 號	1. 《祐錄》卷二、《房錄》卷六及《開元錄》卷二中皆錄此經爲竺法護譯，則經中偈頌應可作爲東晉以前資料看待。 2. 五言偈頌（36 句）→P927a～b

譯　者	經　名	出　處	附　　註
竺法護（西晉）	心明經（一卷）	大正藏第14冊經集部569號	1. 即《祐錄》卷二中，竺法護譯經目錄內之《心明女梵志婦飯汁施經》，經名下注云：「或云《心明經》」；《房錄》卷六及《開元錄》卷二中，亦皆錄此經為竺法護譯，則經中偈頌應可作為東晉以前資料看待。 2. 五言偈頌（20句）→P942b
	持心梵天所問經（四卷）	大正藏第15冊經集部585號	1. 《祐錄》卷二及《房錄》卷六，此經皆作六卷；《開元錄》卷二則作四卷。諸錄皆載此經為法護譯，則經中偈頌應可作為東晉以前資料看待。 2. 四言偈頌（4句）→P30a 3. 四言偈頌（80句）→P5b～c 4. 四言偈頌（160句）→P2b～3a 5. 四言偈頌（320句）→P28c～30a 6. 五言偈頌（4句）4首→P31c 7. 五言偈頌（24句）→P32b 8. 五言偈頌（32句）→P33a～b 9. 五言偈頌（40句）→P31c～32a 10. 五言偈頌（64句）→P26b～27a 11. 五言偈頌（128句）→P5c～6c 12. 五言偈頌（320句）→P22a～23c
	須眞天子經（四卷）	大正藏第15冊經集部588號	1. 《祐錄》卷二及《房錄》卷六，此經皆作二卷；《開元錄》卷二則作三卷。諸錄皆載此經為法護譯，則經中偈頌應可作為東晉以前資料看待。 2. 四言偈頌（16句）5首→P98a～99a；101a 3. 四言偈頌（24句）→P97c 4. 五言偈頌（4句）→P99a 5. 五言偈頌（8句）4首→P99b～100a；101b 6. 五言偈頌（12句）3首→P97c～98a；99b 7. 五言偈頌（16句）9首→P98a～c；99b～101b 8. 六言偈頌（8句）5首→P97a；100c～101a 9. 六言偈頌（12句）2首→P97b；100b 10. 六言偈頌（16句）2首→P97b；99a 11. 六言偈頌（168句）→P109b～110a

譯 者	經 名	出 處	附 註
竺法護（西晉）	海龍王經（四卷）	大正藏第15冊經集部598號	1. 《祐錄》卷二、《房錄》卷六及《開元錄》卷二中皆錄此經爲竺法護譯，則經中偈頌應可作爲東晉以前資料看待。 2. 五言偈頌（12句）→P157a 3. 五言偈頌（20句）→P154b 4. 五言偈頌（32句）→P153a～b 5. 五言偈頌（52句）→P145c～146a 6. 五言偈頌（64句）2首→P132b～c；144c～145a 7. 五言偈頌（80句）→P152b～c 8. 五言偈頌（96句）→P148b～149a 9. 六言偈頌（60句）→P155b～c 10. 六言偈頌（100句）→P142a～c 11. 七言偈頌（8句）2首→P154a～b 12. 七言偈頌（36句）→P144a 13. 先七言（24句）再五言（8句）的偈頌形式→P143b～c
	修行道地經（七卷）	大正藏第15冊經集部606號	1. 《祐錄》卷二、《房錄》卷六及《開元錄》卷二中，皆錄此經爲竺法護譯，則經中偈頌應可作爲東晉以前資料看待。 2. 五言偈頌（4句）23首→P184c～185a；194a；197b；198c；202c；206a；207a；209c～210b；214a；214c；216a～c；219c；222a；222c；225c 3. 五言偈頌（8句）128首→P184a～186c；187b～188a；188c～189a；189c～190b；191c～192b；193c～196a；196c～198c；200b～202a；202c～203b；204a；204c；205c～206c；207b～210b；211a～212c；213c～214a；214c；215b；216b；219c～220b；221c～222b；223a；225c 4. 五言偈頌（12句）6首→P183a；187c；195b；202b；224a；227c 5. 五言偈頌（16句）13首→P189b；191a；196c；198a～199a；205a～b；223b；224a～b；226c；229c 6. 五言偈頌（20句）6首→P189b；202a；204b；220c；228a～c 7. 五言偈頌（24句）4首→P190c～191a；222c；229a～b 8. 五言偈頌（28句）→P225a～b 9. 五言偈頌（32句）3首→P182a；195c；226a～b

譯 者	經 名	出 處	附 註
竺法護（西晉）			10. 五言偈頌（36 句）→P193b～c 11. 五言偈頌（48 句）→P190b～c 12. 六言偈頌（8 句）→P188c 13. 七言偈頌（4 句）104 首→P182a～b；183b；184b；190b；191a；192a；194a～b；196a～197a；197c；199a；200b～201a；201c；202b～203c；204b～c；205b～207c；208c；209c～210c；211b；212a～b；213b；214b～216b；219a；220a；220c；221b～222c；223b 14. 七言偈頌（8 句）9 首→P182b；190c；191b～c；200b～201a；230b 15. 七言偈頌（12 句）7 首→P182c；183b；200c；213a；227c；230a～c 16. 七言偈頌（16 句）3 首→P182c；193a；224b～c 17. 七言偈頌（24 句）→P183a 18. 先七言（4 句）再五言（8 句）的偈頌形式，2 首→P183b～c；198b 19. 先七言（24 句）再五言（16 句）的偈頌形式→P192c～193a 20. 先七言（12 句）再五言（12 句）的偈頌形式→P201b 21. 先五言（8 句）再七言（4 句）的偈頌形式，4 首→P202c；204c；212c；222c～223a 22. 先七言（4 句）再接五言（8 句），再接七言（4 句）的偈頌形式，3 首→P204a～b；211c 23. 先五言（16 句）再七言（4 句）的偈頌形式→P205a～b 24. 先五言（24 句）再七言（4 句）的偈頌形式，2 首→P211b～c；213a 25. 先七言（4 句）再五言（12 句）的偈頌形式→P216a 26. 先五言（8 句）再七言（8 句）的偈頌形式，2 首→P219a；220c 27. 先七言（10 句）再五言（8 句）的偈頌形式→P223c 28. 先七言（4 句）再五言（4 句）的偈頌形式→P223c 29. 先七言（16 句）再五言（8 句）的偈頌形式→P227a～b

譯者	經名	出處	附註
竺法護（西晉）	如來獨證自誓三昧經（一卷）	大正藏第15冊經集部623號	1. 《祐錄》卷二、《房錄》卷六及《開元錄》卷二中，皆錄此經爲竺法護譯，則經中偈頌應可作爲東晉以前資料看待。《開元錄》卷二所錄經名下，並云：「第二出，與漢安世高《自誓三昧經》同本。」故此經與安世高所譯本爲同本異譯。 2. 本經凡偈頌皆五言： ◆（8 句）→P347b ◆（24 句）→P346c～347a
	文殊支利普超三昧經（三卷）	大正藏第15冊經集部627號	1. 《祐錄》卷二、《房錄》卷六此經作四卷；《開元錄》卷二中此經作三卷。諸錄皆載此經爲竺法護譯，則經中偈頌應可作爲東晉以前資料看待。 2. 本經凡偈頌皆五言： ◆（4 句）6 首→P413c～414a ◆（8 句）→P414a ◆（12 句）→P412c ◆（16 句）→P412c～413a ◆（32 句）→P426b
	弘道廣顯三昧經（四卷）	大正藏第15冊經集部635號	1. 《祐錄》卷二、《房錄》卷六此經作二卷；《開元錄》卷二中此經作四卷。諸錄皆載此經爲竺法護譯，則經中偈頌應可作爲東晉以前資料看待。 2. 五言偈頌（48 句）→P494b～c 3. 五言偈頌（168 句）→P492c～493c 4. 五言偈頌（232 句）→P497a～498b 5. 五言偈頌（164 句）→P499b～500b 6. 七言偈頌（20 句）→P505a～b
	無極寶三昧經（二卷）	大正藏第15冊經集部636號	1. 《祐錄》卷二、《房錄》卷六及《開元錄》卷二中，皆錄此經爲竺法護譯，則經中偈頌應可作爲東晉以前資料看待。 2. 四言偈頌（40 句）→P515c 3. 四言偈頌（44 句）→P515b～c 4. 五言偈頌（24 句）→P515b 5. 五言偈頌（40 句）→P516a 6. 五言偈頌（52 句）→P517c～518a 7. 五言偈頌（64 句）→P516c～517a 8. 五言偈頌（68 句）→P517a～c 9. 五言偈頌（86 句）→P514c～515a 10. 五言偈頌（100 句）→P511b～512a

譯　者	經　名	出　處	附　　註
竺法護（西晉）	乳光佛經（一卷）	大正藏第17冊經集部809號	1.《祐錄》卷二、《房錄》卷六及《開元錄》卷二中，皆錄此經爲竺法護譯，則經中偈頌應可作爲東晉以前資料看待。 2. 五言偈頌（8句）2首→P755b 3. 五言偈頌（28句）→P755b～c
	諸佛要集經（二卷）	大正藏第17冊經集部810號	1.《祐錄》卷二、《房錄》卷六及《開元錄》卷二中，皆錄此經爲竺法護譯，則經中偈頌應可作爲東晉以前資料看待。 2. 五言偈頌（8句）→P762c
	決定總持經（一卷）	大正藏第17冊經集部811號	1.《祐錄》卷二、《房錄》卷六及《開元錄》卷二中，皆錄此經爲竺法護譯，則經中偈頌應可作爲東晉以前資料看待。 2. 三言偈頌（19句）→P772a 3. 四言偈頌（8句）→P772b 4. 五言偈頌（16句）→P772c 5. 五言偈頌（20句）→P771c～772a 6. 五言偈頌（60句）→P770c～771a 7. 八言偈頌（20句）→P772b
	無希望經（一卷）	大正藏第17冊經集部813號	1. 即《祐錄》卷二竺法護譯經目錄中之《象步經》，經名下注云：「一云《無所希望經》」。《房錄》卷六及《開元錄》卷二中，皆錄此經爲竺法護譯。則經中偈頌應可作爲東晉以前資料看待。 2. 四言偈頌（160句）→P775b～c 3. 五言偈頌（208句）→P779b～780c
	佛昇忉利天爲母說法經（三卷）	大正藏第17冊經集部815號	1.《祐錄》卷二、《房錄》卷六及《開元錄》卷二中，皆錄此經爲竺法護譯，則經中偈頌應可作爲東晉以前資料看待。 2. 四言偈頌（40句）→P791c～792a 3. 四言偈頌（80句）→P790c～791a 4. 四言偈頌（120句）→P791b～c 5. 八言偈頌（80句）→P789a～b 6. 先五言（64句）再四言（32句）的偈頌形式→P790a～b
	大淨法門經（一卷）	大正藏第17冊經集部817號	1.《祐錄》卷二、《房錄》卷六及《開元錄》卷二中，皆錄此經爲竺法護譯，則經中偈頌應可作爲東晉以前資料看待。 2. 四言偈頌（8句）3首→P817c 3. 五言偈頌（44句）→P824b～c 4. 五言偈頌（80句）2首→P822b～823c

譯　者	經　名	出　處	附　　註
竺法護（西晉）	舍頭諫太子二十八宿經（一卷）	大正藏第21冊密教部1301號	1. 《房錄》卷六法護譯經目錄中，該經名下注云：「亦云《虎耳意經》」，《開元錄》卷二中亦同之。《祐錄》卷二法護譯經目錄中，載有《虎耳意經》，然僧祐注云：「經今闕」，由此知僧祐時，已未見法護所譯《虎耳意經》；另，其卷四〈新集續撰失譯雜經錄〉中，僧祐將《舍頭諫太子二十八宿經》列爲失譯經，並注云：「一名《虎耳》」，由此知僧祐雖見此經，但亦未確定此經是否爲法護所譯。綜上，雖無法確認此經確屬竺法護譯，但較可推測的是僧祐時已見此經，則經中偈頌或可作爲梁代以前資料看待。 2. 五言偈頌（4 句）3 首→P411c；414b；419c 3. 五言偈頌（8 句）→P419b 4. 五言偈頌（12 句）→P419b 5. 五言偈頌（40 句）→P412a～b 6. 七言偈頌（85 句）→P414b～415a 7. 五言偈頌（120 句）→P412b～413a 8. 七言偈頌（16 句）→P413b 9. 七言偈頌（40 句）→P419b～c 10. 先五言（112 句）再七言（4 句）的偈頌形式→P417a～c
聶承遠（西晉）	越難經（一卷）	大正藏第14冊經集部537號	1. 《房錄》卷六錄此經爲聶承遠譯；《開元錄》卷二中亦如是，經名下並注云：「一名《曰難長者經》，一名《難經》」。《祐錄》卷二聶承遠譯經目錄中，未載此經；而卷
			四〈新集續撰失譯雜經錄〉中，梁代僧祐將《越難經》列爲失譯經。由此知僧祐雖見此經，但亦未確定此經是否爲聶承遠所譯。綜上，雖無法確認此經確屬聶承遠譯，但較可推測的是僧祐時已見此經，則經中偈頌或可作爲梁代以前資料看待。 2. 五言偈頌（10 句）→P821a
	超日明三昧經（二卷）	大正藏第15冊經集部638號	1. 《祐錄》卷二、《房錄》卷六及《開元錄》卷二中，皆錄此經爲聶承遠譯；《祐錄》卷二該經名旁，僧祐云：「晉武帝時，沙門竺法護先譯梵文，而辭義繁重。優婆塞聶承遠整理文偈，刪爲二卷。」則經中偈頌應可作爲東晉以前資料看待。

譯　者	經　名	出　處	附　　註
聶承遠（西晉）			2. 四言偈頌（6 句）→P542b 3. 五言偈頌（4 句）5 首→P535b～c 4. 五言偈頌（8 句）11 首→P533b；534a～b；535b～536a；544a 5. 五言偈頌（12 句）5 首→P533a～c；543c～544a 6. 五言偈頌（16 句）2 首→P533b～534a 7. 五言偈頌（28 句）2 首→P542a；545c 8. 五言偈頌（32 句）→P533a 9. 六言偈頌（40 句）3 首→P532a～b；544a～b；545a
	無垢施菩薩分別應辯經（一卷）	大正藏第 11 冊寶積部 310-33 號	1. 《房錄》卷六聶道眞譯經目錄中，該經名下注云：「亦云《應辯經》」。《開元錄》卷二中，亦載此經爲聶道眞譯，其經名下注云：「第二出，與法護《離垢施經》等同本，亦云《分別應報》。今編入寶積，當第三十三會」。《祐錄》卷二中，未載聶道眞譯有何經；而其卷四〈新集續撰失譯雜經錄〉中，梁代僧祐將《無垢施菩薩分別應辯經》列爲失譯經，並注云：「即是異出《離垢經》」，由此知僧祐雖見此經，但亦未確定此經是否爲聶道眞所譯。綜上，雖無法確認此經確屬聶道眞譯，但較可推測的是僧祐時已見此經，則經中偈頌或可作爲梁代以前資料看待。 2. 五言偈頌（8 句）13 首→P560c～563a 3. 五言偈頌（10 句）3 首→P557a；561a 4. 五言偈頌（12 句）3 首→P561b～c；562b～c 5. 五言偈頌（14 句）→P561b 6. 五言偈頌（16 句）→P557c 7. 五言偈頌（20 句）→P557c～558a 8. 五言偈頌（24 句）→P564b 9. 五言偈頌（32 句）→P556c～557a 10. 五言偈頌（56 句）2 首→P557a～b；564a～b 11. 五言偈頌（112 句）→P560a～c 12. 七言偈頌（44 句）→P563b

譯　者	經　名	出　處	附　　註
安法欽（西晉）	道神足無極變化經（四卷）	大正藏第17冊經集部816號	1. 《房錄》卷六錄此經爲安法欽譯；《開元錄》卷二中亦如是，經名下並注云：「第二出，一名《合道神足經》，或三卷。與竺法護所出《佛昇忉利天爲母說法經》同本異譯」。《祐錄》卷二中，未載安法欽譯有何經；而其卷四〈新集續撰失譯雜經錄〉中，梁代僧祐將《道神足無極變化經》列爲失譯經，並注云：「一名《合道神足經》」，由此知僧祐雖見此經，但亦未確定此經是否爲安法欽所譯。綜上，雖無法確認此經確屬安法欽譯，但較可推測的是僧祐時已見此經，則經中偈頌或可作爲梁代以前資料看待。 2. 五言偈頌（40 句）2 首→P804c～805a；811b 3. 五言偈頌（60 句）→P804b～c 4. 五言偈頌（80 句）→P803a～b 5. 五言偈頌（120 句）→P800a～c 6. 五言偈頌（152 句）→P801b～802b 7. 五言偈頌（256 句）→P809c～811a 8. 七言偈頌（40 句）→P803c
法顯（東晉）	大般涅槃經（三卷）	大正藏第 1 冊阿含部 7 號	1. 《開元錄》卷三法顯譯經目錄中有錄此經，經名下注云：「群錄並云顯出方等泥洹者」。 2. 《房錄》卷七中，載有法顯譯《方等泥洹經》，並注云：「見竺道祖晉世雜錄」。《祐錄》中法顯所譯的《方等泥洹經》下，僧祐注云：「今闕」，由此知梁代僧祐時未見此經本。 3. 小野玄妙說：「《方等般泥洹經》是否相當於現行之《大般涅槃經》三卷，多少仍有疑問存在」（《佛教經典總論》頁 77）。綜上所說，無法明確得知《大正》今本是否可歸屬爲六朝的範圍內，然茲仍列其經中偈頌於下，以供參考。 4. 四言偈頌（4 句）→P204c 5. 五言偈頌（4 句）→P196c 6. 五言偈頌（6 句）3 首→P191c；192c；198c 7. 五言偈頌（8 句）3 首→P195b；205b 8. 五言偈頌（10 句）3 首→P194c；197b；205b～c 9. 五言偈頌（12 句）→P196b 10. 五言偈頌（20 句）2 首→P193c；205b 11. 五言偈頌（26 句）→P193a

譯　者	經　名	出　處	附　　註
法顯（東晉）	大般泥洹經（六卷）	大正藏第12冊 376號	1. 《祐錄》卷二、《房錄》卷七及《開元錄》卷三中，皆錄此經爲法顯譯。 2. 又，《祐錄》卷八〈六卷泥洹經記〉，則謂：「義熙十三年十月一日……至十四年正月一日校定盡訖。禪師佛大跋陀手執胡本，寶雲傳譯。于時座有二百五十人。」若依此，則此經或應爲佛大跋陀與寶雲共譯。綜上所說，則經中偈頌應可作爲劉宋以前資料看待。 3. 四言偈頌（8句）→P889c 4. 五言偈頌（4句）9首→P870a；881c；892c～893a；897a；898a～c 5. 五言偈頌（6句）3首→P884a～b；898c 6. 五言偈頌（8句）6首→P861b；870a；878a；879a；899a 7. 五言偈頌（12句）→P899c 8. 五言偈頌（18句）→P858a～b 9. 五言偈頌（26句）→P899b～c 10. 五言偈頌（30句）→P884b～c 11. 五言偈頌（32句）→P863c 12. 五言偈頌（34句）→P884c 13. 五言偈頌（42句）→P885b 14. 五言偈頌（50句）→P884c～885a 15. 五言偈頌（62句）2首→P861a～b；896b～c 16. 五言偈頌（172句）→P885b～886b 17. 七言偈頌（4句）7首→P890a；892b；897c～898a；898c 18. 七言偈頌（85句）→P858b～c 19. 先五言（62句）再七言（20句）的偈頌形式→P859a～b
竺曇無蘭（東晉）	寂志果經（一卷）	大正藏第1冊 阿含部22號	1. 《房錄》卷七及《開元錄》卷三中，皆錄此經爲竺曇無蘭譯。《祐錄》卷二中未載竺曇無蘭譯有此經；而卷四〈新集續撰失譯雜經錄〉中，梁代僧祐將《寂志果經》列爲失譯經，由此知僧祐雖見此經，但亦未確定此經是否爲竺曇無蘭所譯。綜上，雖無法確認此經確屬竺曇無蘭譯，但較可推測的是僧祐時已見此經，則經中偈頌或可作爲梁代以前資料看待。 2. 五言偈頌（10句）→P276a～b

譯　者	經　名	出　處	附　　註
竺曇無蘭（東晉）	新歲經（一卷）	大正藏第 1 冊 阿含部 62 號	1. 《房錄》卷七及《開元錄》卷三中，皆錄此經為竺曇無蘭譯。《祐錄》卷二中未載竺曇無蘭譯有此經；然《祐錄》卷三〈新集安公失譯經錄〉中，東晉道安將此經列為失譯經，則知道安時，已見此經。故經中偈頌或可作為東晉太元十年以前資料看待。 2. 五言偈頌（4 句）2 首→P859b；860c 3. 五言偈頌（8 句）4 首→P859b；860a～b 4. 五言偈頌（20 句）→P860b 5. 先七言（12 句）再接五言（40 句）；再接八言 3 句、九言 1 句（此形式循環三次）；最後再接五言（40 句）的偈頌形式（共計 104 句）→P860c～861b
	水沫所漂經（一卷）	大正藏第 2 冊 阿含部 106 號	1. 《房錄》卷七及《開元錄》卷三中，皆錄此經為竺曇無蘭譯；《開元錄》卷三中，該經名下注云：「一名《河中大聚沫經》，一名《聚沫譬經》」。另，《祐錄》卷二中未載竺曇無蘭譯有此經；而卷三〈新集安公古異經錄〉中，東晉道安將《河中大聚沫經》列為古異經（僧祐云：「古異經者，蓋先出之遺文」，又云“是古典經”。所謂古異經即歲久失源，經文散逸、多有缺亡，故云為先出經之遺文，乃道安所整理），並注云：「或云《水沫所漂經》，或云《聚沫譬經》。今有此經」。綜上，雖無法確認此經確屬竺曇無蘭譯，但較可推測的是道安時已見此經，則經中偈頌或可作為東晉太元十年以前資料看待。 2. 五言偈頌（8 句）→P502a～b
	戒德香經（一卷）	大正藏第 2 冊 阿含部 116 號	1. 《房錄》卷四、《開元錄》卷一皆將此經視為竺曇無蘭譯。《祐錄》卷二中未載此經為竺曇無蘭譯；而卷三〈新集安公失譯經錄〉中，東晉道安將此經列為失譯經，則知道安時，已見此經。故經中偈頌或可作為東晉太元十年以前資料看待。 2. 五言偈頌（24 句）→P507c
	迦葉赴佛般涅槃經（一卷）	大正藏第 12 冊 393 號	1. 《房錄》卷七及《開元錄》卷三中，皆錄此經為竺曇無蘭譯；《開元錄》卷三中，《佛般泥洹摩訶迦葉赴佛經》下注云：「亦云《迦葉赴佛般涅槃經》」。《祐錄》卷二竺曇無蘭譯經目錄中，未載此經；而卷四〈新集續撰失譯雜經錄〉中，梁代僧祐

譯 者	經 名	出 處	附 註
竺曇無蘭（東晉）			將《迦葉赴佛泥洹經》列爲失譯經，並注云：「或云《佛般泥洹時迦葉赴佛經》」，由此知僧祐雖見此經，但亦未確定此經是否爲竺曇無蘭所譯。綜上，雖無法確認此經確屬竺曇無蘭譯，但較可推測的是僧祐時已見此經，則經中偈頌或可作爲梁代以前資料看待。 2. 五言偈頌（32 句）→P1115c～1116a
	五苦章句經（一卷）	大正藏第17冊經集部 741 號	1. 《房錄》卷七及《開元錄》卷三中，皆錄此經爲竺曇無蘭譯；《開元錄》卷三中，該經名下注云：「一名《諸天五苦經》，一名《五道章句經》，一名《浮除罪蓋娛樂佛法經》」。《祐錄》卷二竺曇無蘭譯經目錄中，未載此經；卷三〈新集安公失譯經錄〉中，東晉道安將《五苦章句經》列爲失譯經，並注云：「一名《淨除罪蓋娛樂佛法經》，或云《五道章句經》」，則知道安時，已見此經，但亦未確定此經是否爲竺曇無蘭所譯。故經中偈頌或可作爲東晉太元十年以前資料看待。 2. 五言偈頌（104 句）→P548a～b
	自愛經（一卷）	大正藏第17冊經集部 742 號	1. 《房錄》卷七及《開元錄》卷三中，皆錄此經爲竺曇無蘭譯；《開元錄》卷三中，該經名下注云：「或云《自愛不自愛經》」。《祐錄》卷二竺曇無蘭譯經目錄中，未載此經；卷三〈新集安公失譯經錄〉中，東晉道安將《自愛不自愛經》列爲失譯經，並注云：「舊錄云《自愛經》」，則知道安時，已見此經，但亦未確定此經是否爲竺曇無蘭所譯。故經中偈頌或可作爲東晉太元十年以前資料看待。 2. 四言偈頌（12 句）→P549c
瞿曇僧伽提婆（東晉）	增一阿含經（五十一卷）	大正藏第 2 冊阿含部 125 號	1. 《祐錄》卷二僧伽提婆譯經目錄中，未載此經。而《房錄》卷七及《開元錄》卷三中，皆錄此經爲瞿曇僧伽提婆譯（瞿曇爲姓氏）。《房錄》此經作五十卷；《開元錄》則作五十一卷，經名下注云：「第二出，隆安元年正月出。與難提本小異」此係指僧伽提婆所出《增一阿含經》爲第二譯，第一譯爲曇摩難提所譯本，二譯本間稍有小異。今《大正》所存者爲僧伽提婆譯本，未見曇摩難提所譯本。綜上，經中偈頌或可作爲東晉時所譯。 2. 四言偈頌（4 句）5 首→P551a；565c；670c；808b；810a

譯　者	經　名	出　處	附　　　註
瞿曇僧伽提婆（東晉）			3. 四言偈頌（8 句）→P591c 4. 四言偈頌（12 句）2 首→P565c；827b 5. 四言偈頌（16 句）→P603c 6. 四言偈頌（20 句）→P701c 7. 五言偈頌（4 句）228 首→P551c～552a；553c；557a～560c；562a；563b～564a；565a；566a～c；567c；570c；571b；575b；578a；580c；581b～582a；582c；586b；590c～591b；592b～c；593c；595b；596b～c；599b；606c；609a；611c～612a；613b～614a；614c～615a；618c；622a；623a；627b；628a；629a；630b；635b；641a；643a；648a～b；654a；658b；662b～664b；665a；668b；672b；673c；675c；676c；677c；678b；681a；681c；683a～b；685a；687b；688a；690c～691b；692a；693c～694a；697b；699b；700a；700c～701b；702a～c；705b；708a～b；718a；719b；720a～b；721c；723b；727a；737c；742c；745a～b；746c；748c～749a；751b～c；752c；754b；755a～c；760c；762c；764a；764c；767b；768c～770b；786c；787a～b；789c；792b～793a；797a；800b；801c～802b；803c；805a；805c；815c；820a～b；823b；824a；826a～b；828c；829a～b 8. 五言偈頌（5 句）→P689c 9. 五言偈頌（6 句）→P787a 10. 五言偈頌（8 句）70 首→P562c～563a；571a；575b；578c；581c；585a；586b；589c；593b；595b；596c～597a；599a～b；602c；606c；607c；608c；616b；617a～b；623a；626b；631b～632a；637b；647c；657b；663b；664a；670b；676c；678a；681a～b；683a；683c；693b；699a；700a～b；707b；708a；710a；720a～b；723b；737c；738c；742c；745a；755b～c；756c；759c；760b；762c；782c；787a；790b～791b；795a；796a；796c；812b；826c 11. 五言偈頌（10 句）→P684a 12. 五言偈頌（12 句）36 首→P578c；584c；589b；597a～b；619c～620a；623a；637c；645c～646a；650c；664a～c；676c；685b；694c；702a～b；717a；718c～720a；728a；744c～745a；758a～b；761c；762b～c；768b～c；772a；775b；790b～c；793c；799c；800b；804b；806a；819a；286c

譯　者	經　名	出　處	附　　註
瞿曇僧伽提婆（東晉）			13. 五言偈頌（16 句）20 首→P589a；618b；625c；637b；659c；663c～664a；664c；675b；677b；679b；699c；707c；714a～b；747c；762c；771c；791a～b 14. 五言偈頌（20 句）12 首→P564b；565b；574c；575b～c；602b；604b～c；613c；618c；681b；708b；727b～c；756b～c 15. 五言偈頌（24 句）4 首→P587a；692b；775a；805c 16. 五言偈頌（28 句）→P673a 17. 五言偈頌（32 句）5 首→P575a；661c～662a；747b～c；784b；829a 18. 五言偈頌（36 句）→P789b～c 19. 五言偈頌（40 句）2 首→P552b；682b 20. 五言偈頌（52 句）→P721b 21. 五言偈頌（66 句）→P636c～637a 22. 七言偈頌（236 句）→P549b～550c 23. 先五言（8 句）再四言（12 句）的偈頌形式→P673b
	中阿含經（六十卷）	大正藏第 1 冊阿含部 26 號	1. 《祐錄》卷二、《房錄》卷七及《開元錄》卷三中，皆錄此經爲僧伽婆羅譯。則經中偈頌應可作爲劉宋以前資料看待。 2. 四言偈頌（16 句）2 首→P428b～c；436b～c 3. 四言偈頌（18 句）2 首→P608a；613a 4. 四言偈頌（20 句）→P437b 5. 五言偈頌（4 句）26 首→P469c；474c；513c～514a；531a～b；532c；536a；562a；632a；638b；639b；640c；676c～677a；777b 6. 五言偈頌（6 句）11 首→P511b～c；616a；632a；640b～c 7. 五言偈頌（8 句）9 首→P456a；460b；498a；515a；565c～566a；638a；645b；777b 8. 五言偈頌（10 句）5 首→P635a；640b；647b；648a；689c 9. 五言偈頌（12 句）3 首→P495c；688b～c 10. 五言偈頌（14 句）→P688c～689a 11. 五言偈頌（16 句）11 首→P460a～b；504c；506a；697a～b；698b～700a 12. 五言偈頌（18 句）→P615c～616a

譯　者	經　名	出　處	附　　　註
瞿曇僧伽提婆（東晉）			13. 五言偈頌(20 句)4 首→P497c；542a；611c；689a 14. 五言偈頌（22 句）→P625b～c 15. 五言偈頌（24 句）→P660b 16. 五言偈頌（26 句）→P645b～c 17. 五言偈頌（28 句）→P610c 18. 五言偈頌（30 句）→P609b 19. 五言偈頌（32 句）3 首→P575c～576a；609c～610a；637a～b 20. 五言偈頌（34 句）→P613c～614a 21. 五言偈頌（38 句）3 首→P620a～b；646b～c 22. 五言偈頌（40 句）→P509b 23. 五言偈頌（44 句）→P535b～c 24. 五言偈頌（46 句）→P646c～647a 25. 五言偈頌（48 句）→P627c～628a 26. 五言偈頌（50 句）→P640a 27. 五言偈頌(52 句)3 首→P614c；617a～b；633a～b 28. 五言偈頌（62 句）→P641c～642a 29. 五言偈頌（68 句）3 首→P608b～609a；618a～b；632b～c 30. 五言偈頌（80 句）→P634b～c 31. 五言偈頌（122 句）→P622a～623a 32. 五言偈頌（140 句）→P678b～679a 33. 先六言（16 句）再五言（8 句）的偈頌形式→P722c～723a
佛陀跋陀羅（東晉）	大方廣佛華嚴經（六十卷）	大正藏第 9 冊 278 號	1. 《祐錄》卷二、《房錄》卷七及《開元錄》卷三中，皆錄此經爲佛陀跋陀羅譯。據《華嚴經記第一》記載，此經於東晉元熙二年（A.D.420）出訖，並於劉宋永初二年（A.D.421）再校；則經中偈頌應可作爲劉宋永初三年以前資料看待。 2. 四言偈頌（56 句）→P409a～b 3. 四言偈頌（76 句）→P404c～405a 4. 四言偈頌（80 句）2 首→P404a～b；409c～410a 5. 四言偈頌（376 句）→P540b～541c 6. 四言偈頌（560 句）→P430c～432c 7. 五言偈頌（8 句）3 首→P543b；702a；773b 8. 五言偈頌（12 句）→P543b

譯 者	經 名	出 處	附 註
佛陀跋陀羅 （東晉）			9. 五言偈頌（18 句）→P543c 10. 五言偈頌（20 句）2 首→P543a；548c 11. 五言偈頌（22 句）→P543c～544a 12. 五言偈頌（24 句）→P543a～b 13. 五言偈頌（28 句）→P631a～b 14. 五言偈頌（30 句）2 首→P544a～b；758b 15. 五言偈頌（32 句）2 首→P417a；630b 16. 五言偈頌（36 句）2 首→P417b～418a 17. 五言偈頌（40 句）70 首→P411a；417c；422c～424b；427b～430a；442a～444c；464a～466a；485c～488a；611b～c；625c～626c；628a；680c～683a；689b～c；722b～c；726b；731c～732a；737b～c；745b～c；747a～b；752a～b；755a～b；757a～b；758c～759a 18. 五言偈頌（42 句）→P683c 19. 五言偈頌（44 句）4 首→P427a～b；463c～464a；683a～b；757b 20. 五言偈頌（48 句）2 首→P627b～c；629a～b 21. 五言偈頌（52 句）2 首→P723c～724a；756a 22. 五言偈頌（54 句）2 首→P544b～c；685c～686a 23. 五言偈頌（56 句）2 首→P740c～741a；758b～c 24. 五言偈頌（58 句）→P740b～c 25. 五言偈頌（60 句）→P555b～c；564a～b 26. 五言偈頌（76 句）→P397c～398b 27. 五言偈頌（78 句）→P612a～b 28. 五言偈頌（80 句）5 首→P412b～c；425b～427a；462b～c 29. 五言偈頌（82 句）→P729b～730a 30. 五言偈頌（84 句）→P721b～c 31. 五言偈頌（86 句）→P742a～b 32. 五言偈頌（94 句）→P754a～b 33. 五言偈頌（96 句）→P757c～758a 34. 五言偈頌（100 句）→P571a～c

譯　者	經　名	出　處	附　　　註
佛陀跋陀羅（東晉）			35. 五言偈頌（116 句）→P554c～555a 36. 五言偈頌（132 句）→P760c～761c 37. 五言偈頌（136 句）→P688b～689a 38. 五言偈頌（144 句）2 首→P550b～551a；750a～c 39. 五言偈頌（148 句）→P624a～625a 40. 五言偈頌（154 句）→P733b～734b 41. 五言偈頌（160 句）→P621b～622b 42. 五言偈頌（168 句）→P617c～618c 43. 五言偈頌（170 句）→P570a～571a 44. 五言偈頌（172 句）→P552c～553c 45. 五言偈頌（176 句）→P562c～563c 46. 五言偈頌（182 句）→P547b～548b 47. 五言偈頌（208 句）→P744a～745a 48. 五言偈頌（212 句）→P559c～561a 49. 五言偈頌（220 句）→P770c～772a 50. 五言偈頌（228 句）→P557a～558a 51. 五言偈頌（252 句）→P566b～567c 52. 五言偈頌（260 句）→P614b～616a 53. 五言偈頌（272 句）→P773c～775b 54. 五言偈頌（280 句）→P415a～416b 55. 五言偈頌（358 句）→P726b～728c 56. 五言偈頌（360 句）→P575c～578a 57. 五言偈頌（398 句）→P786a～788b 58. 五言偈頌（484 句）→P608b～611a 59. 五言偈頌（924 句）→P669c～675a 60. 五言偈頌（966 句）→P453a～458c 61. 七言偈頌（12 句）→P408a 62. 七言偈頌（32 句）4 首→P399a～b；400b～c；402a 63. 七言偈頌（36 句）→P411c 64. 七言偈頌（38 句）→P405c 65. 七言偈頌（40 句）23 首→P397b～c；398c～400a；401a～b；402b～403c；407c；408c～409c；411a～412a；413a～414b；424c～425a；441b～c；463a～b；484b～c 66. 七言偈頌（44 句）3 首→P398b～c；401a～b；496c～497a 67. 七言偈頌（84 句）→P523c～524b

譯　者	經　名	出　處	附　　註
佛陀跋陀羅 （東晉）			68. 七言偈頌（96 句）→P494c～495a 69. 七言偈頌（100 句）2 首→P492c～493b；499a～b 70. 七言偈頌（112 句）→P490c～491b 71. 七言偈頌（116 句）→P527c～528b 72. 七言偈頌（162 句）→P519c～520c 73. 七言偈頌（204 句）→P532c～534a 74. 七言偈頌（406 句）→P446c～449a 75. 七言偈頌（490 句）→P586c～589b 76. 七言偈頌（826 句）→P436b～441b 77. 先五言（12 句）再七言（28 句）的偈頌形式，2 首→P408a～b；412c～413a 78. 先五言（60 句）再七言（576 句）的偈頌形式→P432c～436b 79. 先七言（56 句）再五言（10 句）的偈頌形式→P410a～c 80. 先七言（24 句）再五言（20 句）的偈頌形式→P424b～c 81. 先七言（44 句）再五言（360 句）的偈頌形式→P472b～474c 82. 先五言（12 句）再四言（58 句）的偈頌形式→P410c～411a 83. 先五言（328 句）再七言（40 句），再接五言（110 句）的偈頌形式→P583a～585c
	文殊師利發願經 （一卷）	大正藏第 10 冊 華嚴部 296 號	1. 《祐錄》卷二、《房錄》卷七及《開元錄》卷三中，皆錄此經爲佛陀跋陀羅譯。則經中偈頌應可作爲劉宋元嘉六年以前（佛陀跋陀羅逝於元嘉六年）資料看待。 2. 全經皆以五言偈頌形式呈現。 3. 五言偈頌（176 句）→P878c～879c
	達摩多羅禪經 （二卷）	大正藏第 15 冊 經集部 618 號	1. 《祐錄》卷二佛陀跋陀羅譯經目錄中，此經作《禪經修行方便》，並注云：「一名《庾伽遮羅浮迷》，譯言《修行道地》，一名《不淨觀經》。凡有十七品」。《房錄》卷七及《開元錄》卷三中，亦皆錄此經爲佛陀跋陀羅譯。《開元錄》卷三所錄《達摩多羅禪經》下，注云：「亦名《修行方便禪經》，祐云《禪經修行方便》，凡十七品，見僧祐錄」。綜上，則經中偈頌應可作爲劉宋元嘉六年以前資料看待。

譯　者	經　名	出　處	附　　註
佛陀跋陀羅 （東晉）			2. 全經凡偈頌皆以五言呈現。其中第二品至第十三品，皆以五言偈頌呈現。以下偈頌凡有標明品數者，表其內容皆以偈頌呈現，而無長行摻雜其中。 3. 五言偈頌（8 句）→P301b 4. 五言偈頌（16 句）→P325b 5. 五言偈頌（136 句）→P301c～302b 6. 第 2 品：五言偈頌（192 句）→P302b～303c 7. 第 3 品：五言偈頌（25 句）→P303c 8. 第 4 品：五言偈頌（294 句）→P303c～305b 9. 第 5 品：五言偈頌（396 句）→P305b～307c 10. 第 6 品：五言偈頌（199 句）→P307c～309a 11. 第 7 品：五言偈頌（282 句 12. 13. 第 8 品：五言偈頌（644 句）→P310c～314b 14. 第 9 品：五言偈頌（138 句）→P314b～315a 15. 第 10 品：五言偈頌（38 句）→P315b 16. 第 11 品：五言偈頌（238 句）→P315b～316c 17. 第 12 品：五言偈頌（122 句）→P317a～c 18. 第 13 品：五言偈頌（342 句）→P317c～319c
	觀佛三昧海經 （十卷）	大正藏第 15 冊經集部 643 號	1. 《祐錄》卷二、《房錄》卷七及《開元錄》卷三中，皆錄此經爲佛陀跋陀羅譯。則經中偈頌應可作爲劉宋元嘉六年以前資料看待。 2. 四言偈頌（39 句）→P677c 3. 五言偈頌（6 句）2 首→P681b；685a～b 4. 五言偈頌（8 句）→P684b～c
	大方等如來藏經 （一卷）	大正藏第 16 冊經集部 666 號	1. 《祐錄》卷二、《房錄》卷七及《開元錄》卷三中，皆錄此經爲佛陀跋陀羅譯。然《祐錄》卷二該經名下，僧祐注云：「今闕」，則現行本是否爲其譯本，爲敢斷言。茲仍列其經中偈頌於下，以供參考。

譯　者	經　名	出　處	附　　註
佛陀跋陀羅（東晉）			2. 五言偈頌（16 句）4 首→P457b；458a～c 3. 五言偈頌（20 句）4 首→P457c；458b；459a～b 4. 五言偈頌（24 句）→P458c～459a 5. 五言偈頌（40 句）2 首→P459c；460a～b
	出生無量門持經（一卷）	大正藏第 19 冊密教部 1012 號	1. 《祐錄》卷二、《房錄》卷七及《開元錄》卷三中，皆錄此經爲佛陀跋陀羅譯。則經中偈頌應可作爲劉宋元嘉六年以前資料看待。 2. 五言偈頌（4 句）→P684a 3. 五言偈頌（16 句）→P683c 4. 五言偈頌（26 句）→P684b～c 5. 五言偈頌（84 句）→P683a～c 6. 先七言（8 句）再五言（10 句）的偈頌形式→P683c～684a 7. 先五言（4 句）再七言（4 句）的偈頌形式→P684a
祇多蜜（東晉）	寶如來三昧經（二卷）	大正藏第 15 冊經集部 637 號	1. 《祐錄》卷二祇多蜜譯經目錄中，未載此經。而《房錄》卷七及《開元錄》卷三中，皆錄此經爲祇多蜜譯。 2. 四言偈頌（40 句）2 首→P528b～c 3. 五言偈頌（20 句）→P529a 4. 五言偈頌（24 句）→P528b 5. 五言偈頌（52 句）→P531a～b 6. 五言偈頌（64 句）→P529c～530a 7. 五言偈頌（68 句）→P530b～c 8. 五言偈頌（76 句）→P527b～528a 9. 五言偈頌（100 句）→P523c～524b 10. 先五言（20 句）再四言（4 句）的偈頌形式→P529a～b
竺難提（東晉）	請觀世音菩薩消伏毒害陀羅尼咒經（一卷）	大正藏第 20 冊密教部 1043 號	1. 《房錄》卷七及《開元錄》卷三中，皆錄此經爲竺難提譯；《開元錄》卷三該經名下，注云：「亦直云《請觀世音經》」。《祐錄》卷二中未載竺難提其人；而卷四〈新集續撰失譯雜經錄〉中，梁代僧祐將《請觀世音經》列爲失譯經，並注云：「一名《請觀世音菩薩消伏毒害陀羅尼咒經》」，由此知僧祐雖見此經，但亦未確定此經是否爲竺難提所譯。綜上，雖無法確認此經確屬竺難提譯，但較可推測的是僧祐時已見此經，則經中偈頌或可作爲梁代以前資料看待。

譯　者	經　名	出　處	附　　註
竺難提（東晉）			2. 五言偈頌（16 句）→P34c 3. 五言偈頌（28 句）→P36b 4. 先七言（52 句）再五言（24 句）的偈頌形式→P37b～c
帛尸梨蜜多羅（東晉）	灌頂經（十二卷）	大正藏第 21 冊密教部 1331 號	1. 《祐錄》卷二帛尸梨蜜多羅（又稱尸梨蜜）譯經目錄中，未載此經。而《房錄》卷七及《開元錄》卷三中，皆錄此經爲帛尸梨蜜多羅譯。 2. 五言偈頌（20 句）→P531c 3. 五言偈頌（790 句）→P524a～528b 4. 七言偈頌（104 句）→P507c～508b
支施崙（前涼）	須賴經（一卷）	大正藏第 12 冊 329 號	1. 《祐錄》卷二及《房錄》未載支施崙譯此經。《開元錄》卷四中，則記載支施崙譯此經，並云：「以咸安三年癸酉於涼州州內正廳堂後湛露軒下，出《須賴》等經四部」；《祐錄》卷七〈首楞嚴經後記〉亦云：「咸安三年，……月支優婆塞支施崙手執胡本……出《首楞嚴》、《須賴》、《上金光首》、《如幻三昧》」。綜上，則經中偈頌或可作爲劉宋以前資料看待。 2. 四言偈頌（4 句）→P61c 3. 五言偈頌（4 句）2 首→P59a；60a 4. 五言偈頌（8 句）→P59a～b 5. 五言偈頌（12 句）→P59a 6. 五言偈頌（16 句）4 首→P57b～58a；60b 7. 五言偈頌（18 句）→P59c～60a 8. 五言偈頌（40 句）→P58c 9. 五言偈頌（66 句）→P59b～c 10. 五言偈頌（102 句）→P62c～63a
僧伽跋澄（符秦）	僧伽羅剎所集經（三卷）	大正藏第 4 冊本緣部 194 號	1. 《祐錄》卷二、《房錄》卷八及《開元錄》卷四中，皆錄此經爲僧伽跋澄譯，並皆云於秦建元二十年（A.D.384）十一月三十日出。則經中偈頌應可作爲劉宋以前資料看待。 2. 四言偈頌（16 句）→P123a 3. 五言偈頌（4 句）32 首→P116c；119b；120b～121c；135a；136a～c；139a～b；143b～144a；144c～145b

譯　者	經　名	出　處	附　　註
僧伽跋澄 （符秦）			4. 五言偈頌（8 句）93 首→P116a～c；118a；118c；120a～121b；122a～128b；129a～131a；131c～134c；135b～136a；137a；137c～138a；138c；139b～141a；141c～142a；143b～144c 5. 五言偈頌（12 句）8 首→P116b；117a；118c；120c～121a；128c～129a；135a 6. 五言偈頌（16 句）4 首→P119c；127b；132c；138c～139a 7. 五言偈頌（20 句）4 首→P127a；129b；135c；136c 8. 五言偈頌（28 句）→P118b
鳩摩羅什 （姚秦）	放牛經（一卷）	大正藏第 2 冊 阿含部 123 號	1. 《房錄》卷八及《開元錄》卷四中，皆錄此經為鳩摩羅什譯；《開元錄》卷四該經名下注云：「亦云《牧牛經》」。《祐錄》卷二鳩摩羅什譯經目錄中未錄此經；而卷四〈新集續撰失譯雜經錄〉中，梁代僧祐將《牧牛經》列為失譯經，由此知僧祐雖見此經，但亦未確定此經是否為鳩摩羅什所譯。綜上，雖無法確認此經確屬鳩摩羅什譯，但較可推測的是僧祐時已見此經，則經中偈頌或可作為梁代以前資料看待。 2. 五言偈頌（8 句）2 首→P546c～547b
	大莊嚴論經 （十五卷）	大正藏第 4 冊 本緣部 201 號	1. 《祐錄》卷二鳩摩羅什譯經目錄中未錄此經。《房錄》卷八、《內典錄》卷三及《開元錄》卷四中，皆錄此經為鳩摩羅什譯。 2. 四言偈頌（176 句）→P266b～267a 3. 五言偈頌（2 句）→P337c 4. 五言偈頌（4 句）46 首→P257b；258a～b；262a；268a；269b；288b；297b；298a；301c；305c；306a；307a～b；307c；309b；310b～311a；312a；313a；315a；319c；321c～322a；322b；323c；324b；328b；329c；332a；332c；335b；337b；339b；340c；342a；343b；345b；346c 5. 五言偈頌（5 句）2 首→P305c；310a 6. 五言偈頌（6 句）34 首→P259b；261a；272a；295a；295c；299c；301b；306b；307b；308a；311a～b；311c；313a；314a～b；315b；318a；321c；322c～323a；324a～b；329b；331a；332b；339c；342a；345a；346a；346c

譯　者	經　名	出　處	附　　　註
鳩摩羅什 （姚秦）			7. 五言偈頌（7 句）3 首→P308c；345b；347b 8. 五言偈頌（8 句）61 首→P257b；259a～b；260c～261b；263a；264a～b；269b；275b；277a；279c；285c；287c；288b～c；293c～294a；294b～c；296b；297a；298c～299a；300a；301c；303b；304b；307a；308b；309a；309c～310a；311c；312a～b；313b～c；315c；320a；320c；321b；323b；325b；327b；328c；330b；331b～c；332c～333a；338a～b；340a；342b；344c；346a；347b 9. 五言偈頌（10 句）37 首→P257b～c；258a；269b～c；273c；274b；277b～c；278c；279b～c；293c；294c；295b；296b～c；299a；305b；306a；308c；309a；311a；312a；315b；316c；320b；328a；330c；331b～c；326c；328c～339a；342b～343a；344c 10. 五言偈頌（12 句）47 首→P258b；262a；265a；277b；278b；279b；287b；288b；295a；297a；298a；299a～b；301c；305b；306a～b；308b；310a；310c；314a；319c；321a～b；322a；322b～323a；324a；326a；328b～c；329c；331c～332a；332a～b；333b～c；335c；337b；338c～339a；340a；340c～341a；342a；344a～b；348a～b 11. 五言偈頌（13 句）→P305a～b 12. 五言偈頌（14 句）27 首→P262b；263a～c；278a～b；279b；284a～b；287b；297b；299a；300a；306a～b；307c；308c；309c；321a；321c；324a；327c～328a；329c～330a；335b～c；338b；344c；347a；347c 13. 五言偈頌（15 句）→P302c 14. 五言偈頌（16 句）20 首→P257c～258a；284c～285a；295a；299b；304c；305c～306a；307c；309b；316a；320c；328b；331b；334b～c；336b～c；339a；339c～340a；340a～b 15. 五言偈頌（18 句）10 首→P277c～278a；283b；284c；300a；308a～b；320b；332c～333a；337b；345b 16. 五言偈頌（20 句）11 首→P260c；279a；298c；304a；304c～305a；310c；314a；318a；337c；339b；341a

譯　者	經　名	出　處	附　　註
鳩摩羅什 （姚秦）			17. 五言偈頌（21 句）→P294b 18. 五言偈頌（22 句）19 首→P268c～269a；270a；271a；284a～b；290a～c；292a～b；295b；296c；307b；308a；324b；327a～b；329c；337a～b；342c 19. 五言偈頌（24 句）10 首→P271c；273a；275b～c；278c～279a；290b～c；299c；303c；306c；332a；335b 20. 五言偈頌（26 句）8 首→P262b；263b；272b；287c；327b～c；331a；336a～b；337c～338a 21. 五言偈頌（27 句）→P304c 22. 五言偈頌（28 句）8 首→P270a～b；291b；298b；303a；303c～304a；311b；325c；330b～c 23. 五言偈頌（30 句）5 首→P288a；289a；300a～b；313b；336c～337a 24. 五言偈頌（32 句）9 首→P257c；268a；271b～c；289c～290a；300c～301a；313a；316a～b；326c；328c～329a 25. 五言偈頌（34 句）9 首→P261b；262c；268b；282a；283a；304b；312c～313a；314b～c；315c～316a 26. 五言偈頌（36 句）14 首→P258b～c；264a；269b～c；271c～272a；278b～c；280a；297b～c；312b～c；315a；327a；329b；330c；340b～c；345b～c 27. 五言偈頌（37 句）→P283c～284a 28. 五言偈頌（38 句）5 首→P269a～b；273b；293b～c；303a～b；334c 29. 五言偈頌（40 句）2 首→P320a～b；334b 30. 五言偈頌（42 句）3 首→P271a～b；283b～c；333c～334a 31. 五言偈頌（44 句）→P267c 32. 五言偈頌（46 句）4 首→P261c～262a；272b～c；291c；343a～b 33. 五言偈頌（47 句）→P344b 34. 五言偈頌（48 句）5 首→P267a～b；290c～291a；295c；317a～b；323b～c 35. 五言偈頌（50 句）→P289b～c 36. 五言偈頌（51 句）→P313c～314a

譯　者	經　名	出　處	附　　註
鳩摩羅什（姚秦）			37. 五言偈頌（52 句）3 首→P288c～289a；316c～317a；319b 38. 五言偈頌（54 句）3 首→P285c～286a；302b～c；310a～b 39. 五言偈頌（56 句）2 首→P281a～b；301c～302a 40. 五言偈頌（60 句）→P294a～b 41. 五言偈頌（64 句）2 首→P273c～274a；281b～282a 42. 五言偈頌（68 句）2 首→P280b～c；285a～c 43. 五言偈頌（76 句）2 首→P318a～319a 44. 五言偈頌（78 句）→P341b～c 45. 五言偈頌（84 句）→P264b～c 46. 五言偈頌（90 句）→P270b～271a 47. 五言偈頌（92 句）2 首→P282b～c；292c～293b 48. 五言偈頌（101 句）→P343b～344a 49. 五言偈頌（112 句）→P286b～287a 50. 五言偈頌（122 句）→P274b～275a 51. 五言偈頌（124 句）2 首→P275c～276b；324b～325b 52. 五言偈頌（155 句）→P265a～266a 53. 七言偈頌（4 句）→P305a
	金剛般若波羅蜜經（一卷）	大正藏第 8 冊般若部 235 號	1.《祐錄》卷二、《房錄》卷八及《開元錄》卷四中，皆錄此經爲鳩摩羅什譯。則經中偈頌應可作爲劉宋以前資料看待。 2. 五言偈頌（4 句）2 首→P752a～b
	仁王般若波羅蜜經（二卷）	大正藏第 8 冊般若部 246 號	1.《房錄》卷八及《開元錄》卷四中，皆錄此經爲鳩摩羅什譯。《祐錄》卷二鳩摩羅什譯經目錄中未錄此經；而卷四〈新集續撰失譯雜經錄〉中，梁代僧祐將此經列爲失譯經，由此知僧祐雖見此經，但亦未確定此經是否爲鳩摩羅什所譯。綜上，雖無法確認此經確屬鳩摩羅什譯，但較可推測的是僧祐時已見此經，則經中偈頌或可作爲梁代以前資料看待。 2. 四言偈頌（32 句）→P830b 3. 五言偈頌（34 句）→P829a 4. 七言偈頌（118 句）→P827b～828a

譯 者	經 名	出 處	附 註
鳩摩羅什 （姚秦）	妙法蓮華經（七卷）	大正藏第 9 冊 262 號	1. 《祐錄》卷二、《房錄》卷八及《開元錄》卷四中，皆錄此經爲鳩摩羅什譯。則經中偈頌應可作爲劉宋以前資料看待。 2. 四言偈頌（8 句）2 首→P40b 3. 四言偈頌（28 句）→P21c 4. 四言偈頌（48 句）→P21b 5. 四言偈頌（50 句）2 首→P20c；22a 6. 四言偈頌（66 句）→P38a～b 7. 四言偈頌（78 句）→P51b～c 8. 四言偈頌（115 句）→P37b～c 9. 四言偈頌（192 句）→P33c～34b 10. 四言偈頌（218 句）→P19c～20b 11. 四言偈頌（248 句）→P2c～3c 12. 四言偈頌（346 句）→P17c～19a 13. 四言偈頌（660 句）→P13c～16b 14. 五言偈頌（4 句）5 首→P6c；23b；30b；53c 15. 五言偈頌（8 句）10 首→P23a；23c～24c；30a；35b；53b；60a 16. 五言偈頌（12 句）→P23b～c 17. 五言偈頌（14 句）2 首→P24a；35b～c 18. 五言偈頌（16 句）4 首→P6c～7a；23b；30a～b；41a 19. 五言偈頌（18 句）2 首→P23a；23c 20. 五言偈頌（20 句）3 首→P29c；30b；47c 21. 五言偈頌（26 句）→P12a～b 22. 五言偈頌（28 句）2 首→P21a；22b 23. 五言偈頌（30 句）2 首→P34c；50a 24. 五言偈頌（32 句）→P22c 25. 五言偈頌（34 句）2 首→P41b；49c 26. 五言偈頌（36 句）→P38b～c 27. 五言偈頌（42 句）→P24c 28. 五言偈頌（44 句）3 首→P6b～c；28c；50b 29. 五言偈頌（46 句）→P11c～12a 30. 五言偈頌（50 句）→P29a～b 31. 五言偈頌（56 句）→P42a

譯　者	經　名	出　處	附　　註
鳩摩羅什（姚秦）			32. 五言偈頌（64 句）2 首→P31a～b；52a～c 33. 五言偈頌（72 句）2 首→P47a～48b 34. 五言偈頌（74 句）→P32a～b 35. 五言偈頌（76 句）→P44b～c 36. 五言偈頌（78 句）3 首→P40b～41a；45a～b；46a～b 37. 五言偈頌（80 句）→P36b～37a 38. 五言偈頌（84 句）→P5c～6a 39. 五言偈頌（86 句）→P28a～b 40. 五言偈頌（102 句）2 首→P10c～11b；43b～44a 41. 五言偈頌（104 句）→P57c～58b 42. 五言偈頌（120 句）→P48c～49b 43. 五言偈頌（180 句）→P4b～5b 44. 五言偈頌（198 句）→P26a～27b 45. 五言偈頌（484 句）→P7c～10b 46. 先四言（126 句）再五言（24 句）的偈頌形式→P39a～c
	十住經（四卷）	大正藏第 10 冊華嚴部 286 號	1. 《祐錄》卷二、《房錄》卷八及《開元錄》卷四中，皆錄此經爲鳩摩羅什譯。則經中偈頌應可作爲劉宋以前資料看待。 2. 本經凡偈頌皆五言： ◆（8 句）→P499a ◆（12 句）→P499a～b ◆（18 句）→P499b ◆（20 句）→P504b ◆（24 句）→P499b～c ◆（30 句）→P499c～500a ◆（32 句）→P509b～c ◆（40 句）→P506c～507a ◆（48 句）→P498c～499a ◆（54 句）→P500a～b ◆（56 句）→P517a～b ◆（60 句）→P511b～c ◆（72 句）→P514a～b

譯　者	經　名	出　處	附　　　註
鳩摩羅什 （姚秦）			◆（76 句）→P524a～b ◆（104 句）2 首→P506a～c；527c～528b ◆（116 句）→P510c～511b ◆（140 句）→P508c～509b ◆（156 句）→P513a～c ◆（170 句）→P516a～517a ◆（172 句）→P526c～527c ◆（176 句）→P523a～524a ◆（180 句）→P519b～520c ◆（184 句）→P503b～504b ◆（360 句）→P533a～535a
	菩薩藏經（三卷）	大正藏第 11 冊寶積部 310-17 號	1. 《祐錄》卷二、《房錄》卷八及《開元錄》卷四中，皆錄此經爲鳩摩羅什譯。則經中偈頌應可作爲劉宋以前資料看待。 2. 本經凡偈頌皆五言： ◆（4 句）2 首→P438a；446b ◆（8 句）5 首→P434b；438a；443a；446b ◆（12 句）6 首→P434b～c；438a；440a；446a～b ◆（16 句）3 首→P443b；446b～c ◆（20 句）3 首→P439b；441c～442a；442c～443a ◆（24 句）8 首→P434c；435b～c；436c；442a；442c；445b～c ◆（28 句）→P448a～b ◆（32 句）3 首→P435c～436a；439c～440a；441c ◆（44 句）→P437a～b ◆（52 句）→P435a～b ◆（60 句）→P436c～437a ◆（76 句）→P449b～c ◆（140 句）→P448b～449a ◆（152 句）→P444b～445a
	須摩提菩薩經（一卷）	大正藏第 12 冊 335 號	1. 《祐錄》卷二末錄此經。《房錄》卷八及《開元錄》卷四中，皆錄此經爲鳩摩羅什譯。 2. 本經凡偈頌皆六言。 3. 六言偈頌（4 句）10 首→P79a～80a

譯　者	經　名	出　處	附　　註
鳩摩羅什 （姚秦）	集一切福德三昧經 （三卷）	大正藏第12冊 382號	1. 《祐錄》卷二及《房錄》卷八未錄此經。《開元錄》卷四中，載此經爲鳩摩羅什譯，經名下注云：「與竺法護《等集眾德經》等，同本異出，第三譯，見眞寂寺錄」。 2. 七言偈頌（32句）→P997c
	千佛因緣經（一卷）	大正藏第14冊 經集部426號	1. 《開元錄》卷四中，錄此經爲鳩摩羅什譯。《房錄》卷八及《祐錄》卷二鳩摩羅什譯經目錄中，未錄此經；而《祐錄》卷四〈新集續撰失譯雜經錄〉中，梁代僧祐將《千佛因緣經》列爲失譯經，由此知僧祐雖見此經，但亦未確定此經是否爲鳩摩羅什所譯。綜上，雖無法確認此經確屬鳩摩羅什譯，但較可推測的是僧祐時已見此經，則經中偈頌或可作爲梁代以前資料看待。 2. 四言偈頌（24句）→P72a 3. 五言偈頌（4句）→P67c 4. 五言偈頌（6句）2首→P66c；68c 5. 五言偈頌（8句）3首→P67b；70a～b 6. 五言偈頌（10句）→P68a 7. 五言偈頌（12句）4首→P66b；68a～b；69b；70a～b 8. 五言偈頌（14句）→P68c 9. 五言偈頌（16句）→P68a 10. 五言偈頌（20句）2首→P69c；71b～c 11. 五言偈頌（22句）→P71c～72a 12. 五言偈頌（24句）2首→P69b；71b 13. 七言偈頌（8句）→P69a～b 14. 七言偈頌（21句）→P69c
	彌勒大成佛經（一卷）	大正藏第14冊 經集部456號	1. 《祐錄》卷二、《房錄》卷八及《開元錄》卷四中，皆錄此經爲鳩摩羅什譯。則經中偈頌應可作爲劉宋以前資料看待。 2. 四言偈頌（4句）→P430b 3. 五言偈頌（6句）2首→P431b；434a 4. 五言偈頌（21句）→P430c 5. 五言偈頌（22句）→P431a 6. 五言偈頌（23句）→P433b～c 7. 五言偈頌（35句）→P433a 8. 七言偈頌（8句）→P433a 9. 七言偈頌（12句）2首→P431a～b；433b

譯者	經名	出處	附註
鳩摩羅什 （姚秦）	維摩詰所說經（三卷）	大正藏第14冊 經集部475號	1. 《祐錄》卷二、《房錄》卷八及《開元錄》卷四中，皆錄此經爲鳩摩羅什譯。則經中偈頌應可作爲劉宋以前資料看待。 2. 五言偈頌（168句）→P549c～550b
	持世經（四卷）	大正藏第14冊 經集部482號	1. 《祐錄》卷二、《房錄》卷八及《開元錄》卷四中，皆錄此經爲鳩摩羅什譯。則經中偈頌應可作爲劉宋以前資料看待。 2. 七言偈頌（4句）2首→P651b
	不思議光菩薩所說經（一卷）	大正藏第14冊 經集部484號	1. 《祐錄》卷二鳩摩羅什譯經目錄中，未錄此經。《房錄》卷八及《開元錄》卷四中，皆錄此經爲鳩摩羅什譯。 1. 五言偈頌（4句）32首→P669b～670b 2. 五言偈頌（12句）→P671a 3. 五言偈頌（28句）→P671b 4. 五言偈頌（32句）→P672b～c 5. 五言偈頌（36句）→P669a 6. 七言偈頌（19句）→P671c 有五言偈頌,七言偈頌
	思益梵天所問經（四卷）	大正藏第15冊 經集部586號	1. 《祐錄》卷二、《房錄》卷八及《開元錄》卷四中，皆錄此經爲鳩摩羅什譯。則經中偈頌應可作爲劉宋以前資料看待。 2. 五言偈頌（4句）4首→P61a 3. 五言偈頌（24句）→P61c 4. 五言偈頌（32句）→P61b 5. 五言偈頌（40句）2首→P37c；61a～b 6. 五言偈頌（90句）→P34c～35a 7. 五言偈頌（132句）→P38a～c 8. 五言偈頌（332句）→P52b～54b 9. 七言偈頌（32句）→P56c 10. 七言偈頌（160句）→P58b～59a
	禪祕要法經（三卷）	大正藏第15冊 經集部613號	1. 《房錄》卷八及《開元錄》卷四中，皆錄此經爲鳩摩羅什譯。《祐錄》卷二鳩摩羅什譯經目錄中，未載此經；而《祐錄》卷四〈新集續撰失譯雜經錄〉中，梁代僧祐將此經列爲失譯經，由此知僧祐雖見此經，但亦未確定此經是否爲鳩摩羅什所譯。綜上，雖無法確認此經確屬鳩摩羅什譯，但較可推測的是僧祐時已見此經，則經中偈頌或可作爲梁代以前資料看待。 2. 五言偈頌（8句）2首→P259b；264b

譯　者	經　名	出　處	附　　註
鳩摩羅什（姚秦）	坐禪三昧經（二卷）	大正藏第15冊經集部614號	1. 《祐錄》卷二、《房錄》卷八及《開元錄》卷四中，皆錄此經爲鳩摩羅什譯。則經中偈頌應可作爲劉宋以前資料看待。 2. 四言偈頌（24句）→P272c 3. 五言偈頌（4句）2首→P279c；280a 4. 五言偈頌（8句）→P279c 5. 五言偈頌（24句）→P272c～273a 6. 五言偈頌（172句）→P269c～270c 7. 七言偈頌（28句）→P273b 8. 七言偈頌（30句）→P273b～c 9. 七言偈頌（32句）→P273c～274a 10. 七言偈頌（80句）→P285c～286a
	禪法要解（二卷）	大正藏第15冊經集部616號	1. 《祐錄》卷二、《房錄》卷八及《開元錄》卷四中，皆錄此經爲鳩摩羅什譯。則經中偈頌應可作爲劉宋以前資料看待。 2. 五言偈頌（22句）→P286c～287a
	諸法無行經（二卷）	大正藏第15冊經集部650號	1. 《祐錄》卷二、《房錄》卷八及《開元錄》卷四中，皆錄此經爲鳩摩羅什譯。則經中偈頌應可作爲劉宋以前資料看待。 2. 此經凡偈頌皆五言： ◆（94句）→P750a～c ◆（208句）→P751a～752b ◆（222句）→P759c～761a
	佛藏經（三卷）	大正藏第15冊經集部653號	1. 《祐錄》卷二、《房錄》卷八及《開元錄》卷四中，皆錄此經爲鳩摩羅什譯。則經中偈頌應可作爲劉宋以前資料看待。 2. 五言偈頌（296句）→P803c～805b
	華手經（十卷）	大正藏第16冊經集部657號	1. 《祐錄》卷二、《房錄》卷八及《開元錄》卷四中，皆錄此經爲鳩摩羅什譯。則經中偈頌應可作爲劉宋以前資料看待。 2. 四言偈頌（36句）→P205b～c 3. 五言偈頌（4句）2首→P140c；205a 4. 五言偈頌（8句）→P205b 5. 五言偈頌（12句）6首→P140b～c；195b；197a；198b～c；205a～b；207b 6. 五言偈頌（16句）3首→P171a；195c；198c 7. 五言偈頌（18句）→P140b 8. 五言偈頌（16句）3首→P130c；140c；170c

譯　者	經　名	出　處	附　　註
鳩摩羅什 （姚秦）			9. 五言偈頌（20 句）→P196a 10. 五言偈頌（24 句）4 首→P176b；195a～b；196b～c；198c～199a 11. 五言偈頌（28 句）3 首→P140c～141a；166c～167a；204c～205a 12. 五言偈頌（36 句）2 首→P195b～c；195c～196a 13. 五言偈頌（44 句）2 首→P192a～b；194c～195a 14. 五言偈頌（50 句）→P180b 15. 五言偈頌（52 句）2 首→P171a～b；176b～c 16. 五言偈頌（56 句）→P189a～b 17. 五言偈頌（60 句）3 首→P170c～171a；185b～c；192b～c 18. 五言偈頌（64 句）2 首→P128b～c；129c～130a 19. 五言偈頌（68 句）2 首→P176c～177a；201c～202b 20. 五言偈頌（70 句）→P179c～180b 21. 五言偈頌（76 句）→P193a～b 22. 五言偈頌（78 句）→P185a～b 23. 五言偈頌（80 句）→P169a～b 24. 五言偈頌（96 句）2 首→P167c～168b；172b～c 25. 五言偈頌（112 句）→P188b～189a 26. 五言偈頌（118 句）→P141c～142b 27. 五言偈頌（166 句）→P199a～200a 28. 五言偈頌（170 句）→P206a～207a 29. 五言偈頌（216 句）→P193c～194c 30. 五言偈頌（218 句）→P197a～198b 31. 五言偈頌（220 句）→P156a～157b 32. 七言偈頌（4 句）→P197a 33. 七言偈頌（40 句）→P205c 34. 先七言（60 句）再五言（62 句）的偈頌形式→P185c～186b 35. 先四言（40 句）再五言（8 句）的偈頌形式→P196c～197a 36. 先五言（106 句）再七言（8 句）的偈頌形式→P201a～c 37. 先五言（56 句）再七言（156 句）的偈頌形式→P207b～208c

譯　者	經　名	出　處	附　　註
鳩摩羅什（姚秦）	燈指因緣經（一卷）	大正藏第16冊經集部703號	1. 《祐錄》卷二鳩摩羅什譯經目錄中，未錄此經。《房錄》卷八及《開元錄》卷四中，皆錄此經爲鳩摩羅什譯。 2. 五言偈頌（4 句）→P811a
竺佛念（姚秦）	出曜經（三十卷）	大正藏第4冊本緣部212號	1. 《祐錄》卷二、《房錄》卷八及《開元錄》卷四中，皆錄此經爲竺佛念譯。則經中偈頌應可作爲劉宋以前資料看待。 2. 四言偈頌（4 句）257 首→P610b；611b～612a；612c；613a；614a；614c～615a；615c～616c；617b～618a；620b～c；621b～c；622b～623a；623c～624b；627c；631c～632a；641c～642b；648c～649a；652c；653c；655a～c；656b～657c；658a；660b～661b；662a；664a；665a；665b；666b；668a～b；670a；670c～671c；673c～674a；676a～b；677a～c；678b～c；679b；680a～c；681c～682a；683a；689a；689c；690b；692a～693a；695a～b；696c；697c～698a；703a；704b～705a；706a；706c～707a；707c～709c；710b～712c；714a～c；715c～716a～b；718a；721c；722c～723c；725a；733a～b；743b～c；746a；750a；751a；752a；752c；759b～760a；760c；764c～766c；769a～774c；775b 3. 四言偈頌（5 句）→P713c 4. 四言偈頌（6 句）15 首→P642b；669c；670b；681a；695c；702c～703a；705a；707a～b；752a；760a；769c；772a；775b 5. 四言偈頌（8 句）9 首→P612c～613a；613b；618c；624b；732b；766a；767a；769b 6. 四言偈頌（12 句）3 首→P654a；654c；721c 7. 四言偈頌（14 句）→P670a～b 8. 四言偈頌（16 句）→P760b 9. 四言偈頌（20 句）→P611b 10. 五言偈頌（4 句）512 首→P614a；616a～b；618c～619a；619c；622b；623c；625c～627a；627c；628b～c；629b～631a；631c～632c；633b～634a；634c～637b；638b；639a～640b；641a；641c；643b；644a～647a；647c；648b；649b；650c～651a；651c～652b；654a～c；655a；656a；657b～658a；659a；659c；660b；662c；663c；665a；665c～666a；666c～667c；669b；670c～671a；

譯　者	經　名	出　處	附　　註
竺佛念（姚秦）			671c；672b；673a～b；675b；678c～679b；679c；680c；682a～683a；683c～685b；686a～b；687a；688c；689b；693a；694c；697a；698a；698c～699a；699c～702b；703c；705b～706b；707b～c；708c～709a；709c；711c；712c；713b；714a～b；715a～b；716a；716c～718c；720b～722b；723a；723c；724a；725b；726a～b；727a；727c～730b；731a；731c～734a；734c～735c；736b～741c；742b～745c；748c～756b；757a～759c；761a～764b；765a～c；766b～768c；769b～c；770a～b；771c～772c；775a～c 11. 五言偈頌（5 句）5 首→P728a；734b；736b；757b；758a 12. 五言偈頌（6 句）33 首→P632c～633a；634a～c；642c～643a；648a；651b～c；652b；653b；658c；662b～c；666c；702c；713c；720b；728c～729a；730b；743a；749b～c；754c；756b；762b；763a；765b；767a；772b～c；774b～c 13. 五言偈頌（8 句）24 首→P613c；621c；626a；627b；631b；647a～b；658c；669c；680c；690b；697b～c；700a；737c；738c～739a；740a～b；749a；754c；755a～b；756c；760b～c；763c 14. 五言偈頌（10 句）→P775a～b 15. 五言偈頌（12 句）6 首→P618b；625a；627b；746a～b；755b；757a 16. 五言偈頌（14 句）→P758b 17. 五言偈頌（16 句）4 首→P625a～b；691b～c；697b；740b 18. 六言偈頌（4 句）→P703c 19. 先五言（4 句）再四言（4 句）的偈頌形式，2 首→P619b；628a 20. 先四言（4 句）再五言（4 句）的偈頌形式，3 首→P622b；733b；757c 21. 先五言（16 句）再四言（8 句）的偈頌形式→P624b 22. 先五言（4 句）再四言（6 句）的偈頌形式→P634b 23. 先五言（4 句）再四言（4 句），再接五言（4 句）的偈頌形式→P647b 24. 先五言（2 句）再四言（2 句），並再重複一次的偈頌形式，（共 8 句）→P708c～709a

譯　者	經　名	出　處	附　　註
竺佛念（姚秦）	最勝問菩薩十住除垢斷結經（十卷）	大正藏第10冊華嚴部309號	1. 《祐錄》卷二、《房錄》卷八及《開元錄》卷四中，皆錄此經爲竺佛念譯。則經中偈頌應可作爲劉宋以前資料看待。 2. 本經凡偈頌皆五言： ◆（8 句）→P1000a ◆（20 句）→P997c ◆（28 句）→P997a ◆（48 句）→P1005c～1006a
	菩薩從兜術天降神母胎說廣普經（七卷）	大正藏第12冊384號	1. 《祐錄》卷二、《房錄》卷八及《開元錄》卷四中，皆錄此經爲竺佛念譯。則經中偈頌應可作爲劉宋以前資料看待。 2. 本經凡偈頌皆五言： ◆（8 句），4 首→P1049b；1051c； 1054b ◆（12 句），4 首→P1035b；1038b～c；1049a；1051a ◆（14 句），3 首→P1031a～b； 1035c；1041a ◆（16 句），4 首→P1030a；1040a～b；1049a～b；1057c ◆（18 句）→P1031a ◆（20 句）→P1026c ◆（22 句），2 首→P1034a；1049c ◆（23 句）→P1028c ◆（24 句）→P1050c～1051a ◆（28 句）→P1037b ◆（30 句）→P1029b～c ◆（32 句），4 首→P1022b～c；1025c～1026a；1034b；1051b～c ◆（40 句），3 首→P1027a；1033a～b；1054c～1055a ◆（42 句）→P1028b ◆（46 句）→P1034b～c ◆（52 句）→P1043c～1044a ◆（56 句），2 首→P1030b～c；1032b～c ◆（62 句）→P1045b～c ◆（65 句）→P1036a～b ◆（66 句）→P1053a～b ◆（72 句）→P1029a～b ◆（74 句），2 首→P1047c～1048b；1056b～1057a

譯　者	經　名	出　處	附　　註
竺佛念（姚秦）			◆（76 句）→P1043a～b ◆（80 句）→P1031c～1032a ◆（86 句）→P1050a～b ◆（90 句）→P1042b～c ◆（94 句）→P1041b～1042a ◆（106 句）→P1047a～b ◆（120 句）→P1045c～1046b ◆（340 句）→P1015c～1017c
	中陰經（二卷）	大正藏第12冊385號	1. 《祐錄》卷二、《房錄》卷八及《開元錄》卷四中，皆錄此經爲竺佛念譯。則經中偈頌應可作爲劉宋以前資料看待。 2. 本經凡偈頌皆五言： ◆（12 句），3 首→P1066a；1066c；1068a ◆（14 句），3 首→P1058c～1059a；1065c～1066a；1070a ◆（16 句）→P1059a ◆（18 句）→P1070a～b ◆（22 句）→P1067a～b ◆（24 句）→P1064b ◆（26 句）→P1060a～b ◆（28 句）→P1064c ◆（30 句），2 首→P1064a；1064c～1065a ◆（32 句）→P1060c～1061a ◆（38 句）→P1069c～1070a ◆（40 句），2 首→P1060b～c；1069a～b ◆（44 句），2 首→P1063b；1069b～c ◆（60 句），2 首→P1062b～c；1066a～b ◆（66 句）→P1062c～1063a ◆（78 句）→P1067b～c ◆（81 句）→P1061a～b ◆（84 句）→P1065b～c ◆（96 句）→P1068b～c
	菩薩瓔珞經（十四卷）	大正藏第16冊經集部656號	1. 《祐錄》卷二、《房錄》卷八及《開元錄》卷四中，皆錄此經爲竺佛念譯。則經中偈頌應可作爲劉宋以前資料看待。 2. 四言偈頌（52 句）→P20b～c 3. 五言偈頌（8 句）5 首→P33a；98b；105c

譯　者	經　名	出　處	附　　註
竺佛念（姚秦）			4. 五言偈頌（12 句）3 首→P71b～c；108c 5. 五言偈頌（16 句）3 首→P39b；97c；100c 6. 五言偈頌（20 句）4 首→P49c～50a；75c～76a；86a～b；95b～c 7. 五言偈頌（24 句）21 首→P42c～43a；43b～c；48c；82b；91b～92a；94a～95a；101a～102c；107a～b；119b 8. 五言偈頌（28 句）2 首→P38c；42b～c 9. 五言偈頌（31 句）→P105b 10. 五言偈頌（32 句）→P92c 11. 五言偈頌（36 句）2 首→P54c～55a；82b～c 12. 五言偈頌（40 句）4 首→P92b；95b；99b；106b～c 13. 五言偈頌（44 句）5 首→P24c～25a；25c～26b；28a～b；98c～99a 14. 五言偈頌（48 句）5 首→P13a；27b；30c～31a；93b；97a～b 15. 五言偈頌（52 句）→P12c～13a 16. 五言偈頌（56 句）2 首→P9b～c；31a～b 17. 五言偈頌（60 句）2 首→P15a～b；26b～c 18. 五言偈頌（64 句）→P26c～27a 19. 五言偈頌（72 句）2 首→P20c～21a；27c～28a 20. 五言偈頌（76 句）→P11c～12a 21. 五言偈頌（80 句）2 首→P25a～c；90b～c 22. 五言偈頌（84 句）→P54b～c 23. 五言偈頌（92 句）→P13b～c 24. 五言偈頌（112 句）→P49a～c 25. 五言偈頌（192 句）→P9c～10c 26. 五言偈頌（212 句）→P13c～15a 27. 五言偈頌（344 句）→P122b～124a 28. 五言偈頌（352 句）→P51b～53b 29. 五言偈頌（1248 句）→P62b～69c 30. 五言偈頌（1276 句）→P55a～62b

譯　者	經　名	出　處	附　　註
佛陀耶舍（姚秦） 竺佛念（姚秦）	長阿含經（二十二卷）	大正藏第1冊 阿含部1號	1. 《祐錄》卷二、《房錄》卷八及《開元錄》卷四中，皆錄此經爲佛陀耶舍共竺佛念譯。則經中偈頌應可作爲劉宋以前資料看待。 2. 四言偈頌（4句）→P10a 3. 四言偈頌（8句）2首→P29c 4. 四言偈頌（16句）3首→P10a～b；14c～15a；16c～17a 5. 四言偈頌（71句）→P10b～c 6. 五言偈頌（4句）85首→P3b～c；4b；5c～7a；8c～9a；9c～10a；13a；15c；17a；18b；19c；26b～27b；32b～33b；35a；39a；65c；70b；79b；83b；129a；135a；141c～142a；142c；146b～c；149c 7. 五言偈頌（6句）3首→P5c；33b；35b 8. 五言偈頌（8句）20首→P3b～4c；5a；12c～13a；14b；18c；20b；25b；26c；27b；32c；33b；71b；141c；142b 9. 五言偈頌（12句）11首→P1c～2a；3a；4a；8b；21a；33a；69a；71b～c；101a；102c；127a 10. 五言偈頌（14句）2首→P2a；3a 11. 五言偈頌（16句）8首→P2a；4c；20b；30c；31b；35b～c；127a 12. 五言偈頌（18句）2首→P14a；79c 13. 五言偈頌（20句）2首→P1c；81b 14. 五言偈頌（22句）→P129a 15. 五言偈頌（24句）6首→P19c～20a；65b～c；141c～142b 16. 五言偈頌（28句）→P20c～21a 17. 五言偈頌（32句）→P2b 18. 五言偈頌（38句）→P29a 19. 五言偈頌（40句）2首→P70c～71a；125a～b 20. 五言偈頌（42句）→P2c 21. 五言偈頌（44句）→P18b～c 22. 五言偈頌（48句）3首→P5a；16a～b；62c～63a 23. 五言偈頌（56句）→P72a～b 24. 五言偈頌（58句）→P5b～c 25. 五言偈頌（64句）→P63c～64a

譯　者	經　名	出　處	附　　註
佛陀耶舍（姚秦） 竺佛念（姚秦）			26. 五言偈頌（72 句）→P9a～b 27. 五言偈頌（112 句）→P7c～8b 28. 的偈頌形式→P634b 29. 先六言（8 句）再接五言（4 句）、六言（4 句）、五言（4 句）、六言（4 句），再接五言（8 句）的偈頌形式（共 32 句）→P30a～b 30. 先四言（12 句）再五言（4 句）的偈頌形式，2 首→P126a～b
佛陀耶舍（姚秦）	虛空藏菩薩經（一卷）	大正藏第 13 冊大集部 405 號	1. 《祐錄》卷二、《房錄》卷八及《開元錄》卷四中，皆錄此經為佛陀耶舍譯。則經中偈頌應可作為劉宋以前資料看待。 2. 四言偈頌（4 句）4 首→P654b～c；657c 3. 五言偈頌（4 句）2 首→P649c；656a 4. 五言偈頌（5 句）→P657c 5. 五言偈頌（6 句）→P657c 6. 五言偈頌（8 句）2 首→P649c～650a 7. 五言偈頌（10 句）→P649c 8. 五言偈頌（16 句）2 首→P648c；656c～657a 9. 五言偈頌（28 句）→P656c 10. 五言偈頌（32 句）→P648b～c
曇摩耶舍（姚秦）	樂瓔珞莊嚴方便品經（一卷）	大正藏第 14 冊經集部 566 號	1. 《開元錄》卷四中，錄此經為曇摩耶舍譯。《祐錄》卷二及《房錄》卷八未載此經；而《祐錄》卷四〈新集續撰失譯雜經錄〉中，梁代僧祐將此經列為失譯經，由此知僧祐雖見此經，但亦未確定此經是否為曇摩耶舍所譯。綜上，雖無法確認此經確屬曇摩耶舍譯，但較可推測的是僧祐時已見此經，則經中偈頌或可作為梁代以前資料看待。 2. 本經凡偈頌皆五言： ◆（32 句）→P935b～c ◆（80 句）→P937c～938a
聖堅（西秦）	羅摩伽經（三卷）	大正藏第 10 冊華嚴部 294 號	1. 《開元錄》卷四、《內典錄》卷三中，錄此經為乞伏秦（即西秦）聖堅譯。《房錄》卷九及《祐錄》卷二未載聖堅譯此經；然《祐錄》卷四〈新集續撰失譯雜經錄〉中，梁代僧祐將此經列為失譯經，由此知僧祐雖見此經，但亦未確定此經是否為西秦聖堅所譯。綜上，雖無法確認此經確屬聖堅譯，但較可推測的是僧祐時已見此經，則經中偈頌或可作為梁代以前資料看待。

譯　者	經　名	出　處	附　　註
聖堅（西秦）			2. 本經凡偈頌皆五言： ◆（40 句）2 首→P867a～b；872b～c ◆（56 句）→P868b～c ◆（80 句）→P865b～866a ◆（386 句）→P872c～874c ◆（888 句）→P653c～658c
	除恐災患經（一卷）	大正藏第 17 冊經集部 744 號	1. 《祐錄》卷二未載聖堅譯此經。《開元錄》卷四、《內典錄》卷三、《房錄》卷九，皆錄此經為聖堅譯。 2. 五言偈頌（8 句）→P555a
	演道俗業經（一卷）	大正藏第 17 冊經集部 820 號	1. 《開元錄》卷四、《內典錄》卷三、《房錄》卷九，皆錄此經為聖堅譯。《祐錄》卷二未載聖堅譯此經；然卷三〈新集安公失譯經錄〉中，道安已將此經列為失譯經，並云：「今並有其經」。故雖無法確定此經確屬聖堅譯；然較可推測之是，此經於東晉道安時已存在，則經中偈頌或可作為東晉太元十年以前資料看待。 2. 五言偈頌（4 句）→P836c 3. 五言偈頌（8 句）11 首→P835b～836c 4. 五言偈頌（12 句）→P835a 5. 五言偈頌（16 句）→P834b 6. 五言偈頌（24 句）→P835b 7. 五言偈頌（32 句）→P834c 8. 七言偈頌（4 句）→P836c
曇無讖（北涼）	悲華經（十卷）	大正藏第 3 冊本緣部 157 號	1. 《祐錄》卷二有錄此經，經名下僧祐注云：「《別錄》或云龔上出」。《房錄》卷九釋道龔及曇無讖譯經目錄中，皆有錄此《悲華經》，表此經兩出。然《開元錄》卷四釋道龔譯經目錄中，《悲華經》下注云：「房云見古錄，似是先譯，龔更刪改。今疑。即無讖出者是」，並又云：「《悲華經》一部十卷，闕本」則知智昇於唐時，未見此經，且直云《悲華經》即曇無讖所出；而曇無讖譯經目錄中，其《悲華經》下，智昇注云：「今疑道龔與讖同是一經」，並說此經現存。綜上，諸錄記載不一，無法確定此經究為曇無讖所譯或道龔所譯，然二者皆是於北涼河西王沮渠蒙遜時期，從事譯經，故經中偈頌或可作為劉宋元嘉十年以前（慧皎《高僧傳》卷二〈曇無讖傳〉記載無讖卒於宋元嘉十年，是年沮渠蒙遜亦寢疾而亡）資料看待。

譯　者	經　名	出　處	附　　註
曇無讖（北涼）			2. 四言偈頌（6 句）4 首→P213c～214b 3. 四言偈頌（8 句）20 首→P186b～c；191b；196b；197a；198a；199a；213b～214b 4. 四言偈頌（10 句）5 首→P188b～c；193c；195c；196b～c；199c 5. 四言偈頌（12 句）→P201b～c 6. 四言偈頌（14 句）→P200a～b 7. 四言偈頌（24 句）→P225c～226a 8. 四言偈頌（30 句）→P200b～c 9. 四言偈頌（40 句）→P225a～b 10. 四言偈頌（64 句）→P201c～202a 11. 四言偈頌（88 句）→P204a～c 12. 五言偈頌（4 句）2 首→P213c；214b 13. 五言偈頌（6 句）→P213b 14. 五言偈頌（8 句）4 首→P189a；190a；192b；213b 15. 五言偈頌（12 句）→P189b～c
	佛所行讚（五卷）	大正藏第 4 冊本緣部 192 號	1. 《祐錄》卷二並未登錄此經爲曇無讖所譯，《房錄》卷九始錄此經爲曇無讖譯，故鎌田茂雄認爲此經非曇無讖所譯（《中國佛教通史》第三卷頁 40）。另，小野玄妙謂此經非曇無讖所譯，而是東晉至劉宋時代的寶雲（A.D.376～449）所譯：「此五卷本確爲寶雲所譯，觀其翻譯與文章，亦與寶雲相稱」（《佛教經典總論》頁 85），若依此，則經中偈頌或可作爲劉宋元嘉廿六年（A.D.449）以前資料看待。 2. 全經皆以五言偈頌讚頌佛陀一生之事蹟，共廿八品，計 9113 句（45565 字）→P1～53： • 第 1 品：504 句 • 第 2 品：242 句 • 第 3 品：264 句 • 第 4 品：276 句 • 第 5 品：380 句 • 第 6 品：308 句 • 第 7 品：296 句 • 第 8 品：380 句 • 第 9 品：450 句 • 第 10 品：202 句

譯　者	經　名	出　處	附　　　註
曇無讖（北涼）			• 第 11 品：368 句 • 第 12 品：362 句 • 第 13 品：300 句 • 第 14 品：354 句 • 第 15 品：307 句 • 第 16 品：412 句 • 第 17 品：206 句 • 第 18 品：406 句 • 第 19 品：308 句 • 第 20 品：258 句 • 第 21 品：234 句 • 第 22 品：192 句 • 第 23 品：254 句 • 第 24 品：210 句 • 第 25 品：334 句 • 第 26 品：524 句 • 第 27 品：410 句 • 第 28 品：372 句
	大方廣三戒經（三卷）	大正藏第 11 冊寶積部 311 號	1. 《祐錄》卷二、《房錄》卷九皆未登錄此經爲曇無讖所譯。《開元錄》始錄此經爲曇無讖所譯。另，隋代法經之《眾經目錄》將《大方廣三戒經》列爲失譯經。諸錄記載不一，難以確定此經是否爲曇無讖譯。然茲仍列其經中偈頌於下，以供參考。 2. 本經凡偈頌皆五言： ◆（10 句）→P702c～703a ◆（12 句）→P703a～b ◆（16 句）→P701c ◆（20 句）→P704a～b ◆（24 句）2 首→P700a；703a ◆（28 句）3 首→P701b～702a ◆（32 句）→P703b～c ◆（36 句）→P703c～704a ◆（60 句）→P701a～b ◆（72 句）→P702b～c ◆（88 句）→P700b～c ◆（135 句）→P696a～697a ◆（248 句）→P693a～694b ◆（260 句）→P698a～699c

譯　者	經　名	出　處	附　　註
曇無讖（北涼）	大般涅槃經（四十卷）	大正藏第12冊374號	1. 《祐錄》卷二、《房錄》卷九、《開元錄》卷四皆錄此經爲曇無讖所譯。則經中偈頌應可作爲劉宋元嘉十年以前資料看待。 2. 四言偈頌（2 句）2 首→P450a；451a 3. 四言偈頌（4 句）12 首→P375a；391b；405a；422c；425a；437c；451c；464c；524b；531a；536c 4. 四言偈頌（6 句）8 首→P426b～c；474b～c；475b～c；476b～c 5. 四言偈頌（8 句）6 首→P400c；426a～b；427b；475a 6. 四言偈頌（10 句）→P387c 7. 四言偈頌（12 句）→P399c 8. 五言偈頌（4 句）14 首→P391a；418b～419a；426c～427b；449c；497b；537c；538c 9. 五言偈頌（8 句）8 首→P376b；415c；427c；449b～c；451c 10. 五言偈頌（10 句）→P428a～b 11. 五言偈頌（16 句）4 首→P372b～c；428a；454b；466b 12. 五言偈頌（20 句）→P439b 13. 五言偈頌（24 句）→P409a～b 14. 五言偈頌（28 句）→P429b～c 15. 五言偈頌（54 句）→P375c～376a 16. 五言偈頌（62 句）2 首→P373a～b；485a～b 17. 五言偈頌（70 句）→P477a～b 18. 五言偈頌（74 句）2 首→P372c～373a；409b～c 19. 五言偈頌（84 句）→P490c～491b 20. 五言偈頌（86 句）→P424b～c 21. 五言偈頌（92 句）→P379c～380b 22. 七言偈頌（8 句）→P575b 23. 七言偈頌（12 句）→P576c 24. 七言偈頌（30 句）→P430c 25. 七言偈頌（72 句）→P590a～b 26. 七言偈頌（80 句）→P559c～560b

譯者	經名	出處	附註
曇無讖（北涼）	大方等無想經（六卷）	大正藏第12冊387號	1. 《祐錄》卷二、《房錄》卷九、《開元錄》卷四皆錄此經爲曇無讖所譯。則經中偈頌應可作爲劉宋元嘉十年以前資料看待。 2. 五言偈頌（4句）23首→P1088b；1089b～1094a；1098a 3. 五言偈頌（6句）2首→P1093a～b；1093c 4. 五言偈頌（8句）9首→P1089a～b；1091a～c；1093b；1096b；1099a 5. 五言偈頌（10句）→P1090c 6. 五言偈頌（12句）2首→P1090b；1094a 7. 五言偈頌（32句）→P1097a 8. 五言偈頌（48句）→P1096c～1097a 9. 五言偈頌（94句）→P1085a～b 10. 七言偈頌（4句）→P1092a
	大方等大集經（第1品至第12品，共30卷）	大正藏第13冊大集部397號	1. 《大正》所收錄之《大方等大集經》爲十七品，共計六十卷；曇無讖所譯者爲前十二品。第十二品爲《無盡意菩薩經》，《大正》署名爲智嚴共寶雲譯，疑誤，實應爲曇無讖所譯，詳細說明請參見表2—8中《方等大集經》之附註。 2. 《祐錄》卷二、《房錄》卷九、《開元錄》卷四皆錄此經爲曇無讖所譯。則經中偈頌應可作爲劉宋元嘉十年以前資料看待。 3. 四言偈頌（12句）→P124a 4. 四言偈頌（96句）→P127b～c 5. 四言偈頌（160句）→P125a～c 6. 四言偈頌（164句）→P110a～c 7. 五言偈頌（4句）2首→P126c 8. 五言偈頌（32句）→P112a 9. 五言偈頌（72句）→P184c～185b 10. 五言偈頌（84句）→P9b～10a 11. 五言偈頌（128句）→P107a～c 12. 五言偈頌（140句）→P99a～100a 13. 五言偈頌（184句）→P7a～8b 14. 七言偈頌（4句）28首→P1c～2a；19b～20a；20c；43a；70b；130a；135b～c；137a；141b 15. 七言偈頌（6句）2首→P13c；21b

譯　者	經　名	出　處	附　　註
曇無讖（北涼）			16. 七言偈頌（8 句）25 首→P2a；2c～3c；18b～c；19c；20b～21c；129b；130a～c；132c；136c～137a 17. 七言偈頌（10 句）→P74b 18. 七言偈頌（12 句）7 首→P3b；15b；18b～19a；21a；130b；166a 19. 七言偈頌（16 句）5 首→P17b；18a；28a；132c～133a；141a 20. 七言偈頌（18 句）2 首→P15b；16b～c 21. 七言偈頌（20 句）4 首→P2b；16a；136a～b；154b 22. 七言偈頌（24 句）4 首→P17c；29a；33a；156b 23. 七言偈頌（28 句）5 首→P2a；15c；58c；144a；183c～184a 24. 七言偈頌（32 句）8 首→P4a～b；13b～c；17a～b；32c～33a；83c～84a；121c；131a～b；173c 25. 七言偈頌（34 句）→P15a 26. 七言偈頌（36 句）→P40c～41a 27. 七言偈頌（38 句）3 首→P5b～c；140a～b；146a 28. 七言偈頌（40 句）3 首→P27b～c；95c～96a；136a 29. 七言偈頌（44 句）2 首→P55a～b；66b～c 30. 七言偈頌（50 句）→P183a～b 31. 七言偈頌（52 句）→P140b～c 32. 七言偈頌（74 句）→P50c～51a 33. 七言偈頌（76 句）→P49c～50a 34. 七言偈頌（80 句）→P108c～109a 35. 七言偈頌（82 句）→P94c～95b 36. 七言偈頌（88 句）→P47a～c 37. 七言偈頌（96 句）→P48b～c 38. 七言偈頌（100 句）→P52a～b 39. 七言偈頌（102 句）→P141c～142a 40. 七言偈頌（120 句）→P24c～25b

譯　者	經　名	出　處	附　　註
曇無讖（北涼）			41. 七言偈頌（124 句）→P25c～26b 42. 七言偈頌（128 句）→P64c～65b 43. 七言偈頌（136 句）2 首→P38b～39a；90a～91a 44. 七言偈頌（148 句）→P56c～57c 45. 七言偈頌（160 句）→P41c～42c 46. 七言偈頌（208 句）→P75b～76b
	金光明經（四卷）	大正藏第 16 冊經集部 663 號	1. 《祐錄》卷二、《房錄》卷九、《開元錄》卷四皆錄此經爲曇無讖所譯。則經中偈頌應可作爲劉宋元嘉十年以前資料看待。 2. 全經凡偈頌皆四言（其中第五品〈空品〉皆以四言偈頌呈現，而無長行）： ◆（8 句）→P354c ◆（12 句）2 首→P355a ◆（32 句）→P336a～b ◆（34 句）→P344a～b ◆（68 句）→P357a～b ◆（80 句）→P356c～357a ◆（88 句）→P351c～352a ◆（98 句）→P344b～c ◆（108 句）→P335b～c ◆（114 句）→P357b～358a ◆（180 句）→P340a～c ◆（258 句）→P348b～349a ◆（328 句）→P347a～348a ◆（392 句）→P355b～356c ◆（416 句）→P349b～350c ◆（648 句）→P336b～339a ◆（250 句）→P339a～340a
釋道龔（北涼）	寶梁經（二卷）	大正藏第 11 冊寶積部 310-44 號	1. 《祐錄》卷二、《房錄》卷九、《開元錄》卷四皆錄此經爲釋道龔所譯。則經中偈頌應可作爲義熙十三年（道龔的生卒年不詳：《祐錄》卷二、《房錄》卷九皆只記載道龔於晉安帝世，於張掖爲河西王沮渠蒙遜譯經，其譯經之年月並未詳述。然晉安帝世爲隆安一年至義熙十三年（A.D.397～417），故茲將其譯經下限橫跨至東晉義熙 13 年）以前資料看待。 2. 四言偈頌（12 句）→P641b

譯　者	經　名	出　處	附　　　註
法眾（北涼）	大方等陀羅尼經（四卷）	大正藏第21冊密教部1339號	1.《祐錄》卷二、《房錄》卷九、《開元錄》卷四皆錄此經爲曇無讖所譯。則經中偈頌應可作爲義熙十三年（法眾的生卒年不詳；《祐錄》卷二、《房錄》卷九皆只記載法眾於晉安帝世，於張掖爲河西王沮渠蒙遜譯經，故依前述，推其譯經下限爲義熙十三年）以前資料看待。 2. 四言偈頌（4 句）→P642b 3. 七言偈頌（4 句）5 首→P642b；648b～649a 4. 七言偈頌（20 句）→P642a～b
佛陀扇多（北魏）	銀色女經（一卷）	大正藏第3冊本緣部179號	1.《房錄》卷九、《開元錄》卷六皆錄此經爲佛陀扇多所譯。則經中偈頌應可作爲興和二年以前（《房錄》卷九、《開元錄》卷六皆記載佛陀扇多於梁武帝世，從正光六年至元象二年於洛陽及鄴都譯經；"正光"爲北魏之年號，"元象"爲東魏之年號。然正光年間只有五年，接續年號爲"孝昌"，故正光六年應係指孝昌一年；元象年號亦只一年，接續年號爲"興和"，故元象二年應係指興和一年。另，《開元錄》中該經名下注云：「元象二年（興和一年）於鄴都譯」，雖未詳載月份，然此經譯出之下限，最遲亦應在興和二年以前）資料看待。 2. 五言偈頌（8 句）2 首→P450a；451a
	十法經（一卷）	大正藏第11冊寶積部 310-9號	1.《房錄》卷九、《開元錄》卷六皆錄此經爲佛陀扇多所譯。則經中偈頌應可作爲興和二年以前資料看待。 2. 本經凡偈頌皆五言： ◆（8 句）8 首→P151c～152a；152c～153b；154c；157a ◆（12 句）2 首→P151b；154b
	無畏德菩薩經（一卷）	大正藏第11冊寶積部 310-32號	1.《房錄》卷九、《開元錄》卷六皆錄此經爲佛陀扇多所譯。則經中偈頌應可作爲興和二年以前資料看待。 2. 五言偈頌（160 句）→P551a～552a
	轉有經（一卷）	大正藏第14冊經集部576號	1.《房錄》卷九、《開元錄》卷六皆錄此經爲佛陀扇多所譯。則經中偈頌應可作爲興和二年以前資料看待。 2. 五言偈頌（24 句）→P949c

譯　者	經　名	出　處	附　　　註
佛陀扇多（北魏）	如來師子吼經（一卷）	大正藏第17冊經集部835號	1.《房錄》卷九、《開元錄》卷六皆錄此經爲佛陀扇多所譯。則經中偈頌應可作爲興和二年以前資料看待。 2. 五言偈頌（8句）→P889a
	阿難陀目佉尼呵離陀鄰尼經（一卷）	大正藏第19冊密教部1015號	1.《房錄》卷九、《開元錄》卷六皆錄此經爲佛陀扇多所譯。則經中偈頌應可作爲興和二年以前資料看待。 2. 本經凡偈頌皆六言： ◆（4句）→P694a～b ◆（8句）→P694a ◆（16句）2首→P693c～694a ◆（24句）→P694c ◆（84句）→P693a～c
慧覺等譯（北魏）	賢愚經（十三卷）	大正藏第4冊本緣部202號	1.《祐錄》卷二、《房錄》卷九、《開元錄》卷六皆錄此經爲慧覺（亦云曇學、曇覺）共威德譯，並皆云此經於劉宋元嘉二十二年，在北魏高昌郡譯出。則經中偈頌應可作爲元嘉二十三年以前資料看待。 2. 四言偈頌（4句）→P350a 3. 四言偈頌（32句）→P426b～c 4. 五言偈頌（4句）3首→P349b；350b；351c 5. 五言偈頌（8句）2首→P351a～c
吉迦夜（北魏） 曇曜（北魏）	雜寶藏經（十卷）	大正藏第4冊本緣部203號	1.《祐錄》卷二、《房錄》卷九、《開元錄》卷六皆錄此經爲吉迦夜共曇曜譯。然《祐錄》卷二中，雖記載吉迦夜共曇曜翻譯三本佛典，然僧祐又注云：「此三經並未至京都」。僧祐卒於梁天監十七年（A.D.518），則知此《雜寶藏經》，於梁天監十七年時，可能尚未由北方傳至南方。至於僧祐之後，此經於梁、陳二朝是否已傳入，則無法確定之。茲列其經中偈頌於下，以供參考。 2. 五言偈頌（4句）11首→P456b；464a；472b～473a；474c～475a；498c～499a 3. 五言偈頌（5句）→P474c 4. 五言偈頌（6句）8首→P448c；465b；471c～472a；473a～b；498a 5. 五言偈頌（8句）7首→P448c；472b～c；473b；475a；492a 6. 五言偈頌（9句）3首→P471c～472a；474c～475a 7. 五言偈頌（10句）→P476b

譯者	經名	出處	附註
吉迦夜（北魏） 曇曜（北魏）			8. 五言偈頌（12 句）2 首→P472b～c 9. 五言偈頌（13 句）→P497b 10. 五言偈頌（14 句）2 首→P471c～472a 11. 五言偈頌（24 句）→P477c～478a 12. 五言偈頌（328 句）→P461c～463c 13. 七言偈頌（3 句）→P487c 14. 七言偈頌（4 句）→P465a 15. 七言偈頌（7 句）→P487c 16. 三、四、七言交雜的偈頌形式（14 句）→P478b
曇曜（北魏）	大吉義神咒經（四卷）	大正藏第 21 冊密教部 1335 號	1. 《祐錄》卷二及《房錄》卷九皆未載曇曜譯此經。《開元錄》卷六則記載曇曜譯此經，智昇並云：「以和平三年（A.D.462，按：相當於劉宋大明六年）壬寅故，於北臺石窟集諸德僧，對天竺沙門譯《吉義》等經三部」，若依此，則經中偈頌或可作爲南齊以前資料看待。 2. 五言偈頌（4 句）2 首→P572a；573c 3. 五言偈頌（6 句）→P574b 4. 五言偈頌（10 句）→P577b 5. 五言偈頌（11 句）→P573b 6. 五言偈頌（24 句）→P577c 7. 七言偈頌（6 句）4 首→P574a；574c；575b；578a 8. 七言偈頌（4 句）→P573a 9. 七言偈頌（8 句）2 首→P575c；576c 10. 七言偈頌（10 句）→P576b 11. 七言偈頌（12 句）→P576a 12. 七言偈頌（16 句）→P572b
吉迦夜（北魏）	稱揚諸佛功德經（三卷）	大正藏第 14 冊經集部 434 號	1. 《房錄》卷九、《開元錄》卷六皆記載吉迦夜譯此經。《祐錄》卷二吉迦夜譯經目錄中，未載此經；然其卷四〈新集續撰失譯雜經錄〉中，梁代僧祐將此經列爲失譯經，由此知僧祐雖見此經，但亦未確定此經是否爲吉迦夜所譯。綜上，雖無法確認此經確爲吉迦夜譯，但較可推測的是僧祐時已見此經，則經中偈頌或可作爲梁代天監十七年以前資料看待（按：雖無法確定此經確爲北魏吉迦夜所譯，但若考量《房錄》與《開元錄》之記載——吉迦夜於北魏孝文帝延興二年（A. D. 472）譯經——再參酌僧祐卒年（A.D.518），則僧祐見此失譯經必不晚於天監十七年（A. D. 518））。

譯　者	經　名	出　處	附　　註
吉迦夜（北魏）			2. 五言偈頌（24句）→P105a 3. 七言偈頌（10句）→P104a 4. 七言偈頌（8句）2首→P103b 5. 七言偈頌（16句）→P103a 6. 七言偈頌(20句)2首→P100c～101a；103c 7. 七言偈頌（24句）2首→P103a～b；104a 8. 七言偈頌（44句）→P101c～102a 9. 七言偈頌（50句）→P100b～c 10. 七言偈頌（60句）→P104b～c
菩提流支（北魏）	金剛般若波羅蜜經（一卷）	大正藏第8冊般若部236號	1. 《房錄》卷九、《內典錄》卷四及《開元錄》卷六皆記載菩提流支譯此經，且云於北魏永平二年譯（A.D.509，按：相當於梁天監八年），則經中偈頌應可作爲梁代天監九年以前資料看待。 2. 五言偈頌（4句）→P757a 3. 五言偈頌（8句）2首→P756b；761b
	大薩遮尼乾子所說經（十卷）	大正藏第9冊272號	1. 《房錄》卷九、《內典錄》卷四及《開元錄》卷六皆記載菩提流支譯此經，且云於北魏正光元年譯（A.D.520，按：相當於梁普通元年），則經中偈頌應可作爲梁代普通二年以前資料看待。 2. 五言偈頌（4句）→P344a 3. 五言偈頌(8句)16首→P340a～342a；347c～348a；359b 4. 五言偈頌（12句）→P347b 5. 五言偈頌（16句）3首→P342c；343c～344a；345c～346a 6. 五言偈頌（20句）→P348b～c 7. 五言偈頌（24句）2首→P319c；358b 8. 五言偈頌（28句）→P339b～c 9. 五言偈頌（32句）→P319b 10. 五言偈頌（36句）2首→P354c～355a；357b 11. 五言偈頌（40句）→P321a 12. 五言偈頌（44句）2首→P322c～323a；338c 13. 五言偈頌（56句）2首→P322a～b；324a～b 14. 五言偈頌（60句）2首→P329a～b；356b～c

譯　者	經　名	出　處	附　　註
菩提流支（北魏）			15. 五言偈頌（64 句）→P320b～c 16. 五言偈頌（68 句）2 首→P321b～c；323b～c 17. 五言偈頌（76 句）→P318c～319a 18. 五言偈頌（80 句）→P324c～325a 19. 五言偈頌（88 句）→P343a～b 20. 五言偈頌（100 句）→P346c～347a 21. 五言偈頌（124 句）→P327a～c 22. 五言偈頌（136 句）→P345a～c 23. 五言偈頌（152 句）→P363c～364b
	文殊師利巡行經（一卷）	大正藏第 14 冊經集部 470 號	1. 《房錄》卷九、《內典錄》卷四及《開元錄》卷六皆記載菩提流支譯此經，諸錄於該名下未載譯經年月；然其傳記有云菩提流支由北魏永平二年至東魏天平二年（相當於梁大同元年）間從事譯經，則經中偈頌應可作爲梁代大同二年以前資料看待。 2. 五言偈頌（42 句）→P511c
	差摩婆帝授記經	大正藏第 14 冊經集部 573 號	1. 《房錄》卷九、《內典錄》卷四及《開元錄》卷六皆記載菩提流支譯此經，且云於北魏正光年譯（A.D.520－524，按：相當於梁普通元年至五年），則經中偈頌應可作爲梁代普通六年以前資料看待。 2. 五言偈頌（4 句）→P946b 3. 五言偈頌（24 句）→P946a～b 4. 五言偈頌（32 句）→P946b 5. 五言偈頌（48 句）→P945c～946a
	大方等修多羅王經（一卷）	大正藏第 14 冊經集部 575 號	1. 《房錄》卷九、《內典錄》卷四及《開元錄》卷六皆記載菩提流支譯此經，諸錄於該名下未載譯經年月；然其傳記有云菩提流支由北魏永平二年至東魏天平二年（相當於梁大同元年）間從事譯經，則經中偈頌應可作爲梁代大同二年以前資料看待。 2. 五言偈頌（28 句）→P949a
	勝思惟梵天所問經（六卷）	大正藏第 15 冊經集部 587 號	1. 《房錄》卷九、《內典錄》卷四及《開元錄》卷六皆記載菩提流支譯此經，且云北魏神龜元年於洛陽譯（A.D.518，按：相當於梁天監十七年），則經中偈頌應可作爲梁代天監十八年以前資料看待。 2. 五言偈頌（4 句）4 首→P95a～b 3. 五言偈頌（24 句）→P96a 4. 五言偈頌（32 句）→P95c

譯　者	經　名	出　處	附　　註
菩提流支 （北魏）			5. 五言偈頌（40 句）→P67c 6. 五言偈頌（44 句）→P95b 7. 五言偈頌（80 句）→P64a～c 8. 五言偈頌（140 句）→P68a～c 9. 五言偈頌（332 句）→P85c～87b 10. 七言偈頌（42 句）→P90a～b 11. 七言偈頌（164 句）→P92b～93a
	入楞伽經（十卷）	大正藏第16冊經集部 671 號	1. 《房錄》卷九、《內典錄》卷四及《開元錄》卷六皆記載菩提流支譯此經，且云於北魏延昌二年譯（A.D.513，按：相當於梁天監十二年），則經中偈頌應可作爲梁代天監十三年以前資料看待。 2. 本經凡偈頌皆五言（其中第十八品之二，皆以五言偈頌呈現）： ◆（4 句）9 首→P523c；527c～528a；528c；529c；536b；541a～c；547a ◆（6 句）2 首→P534a；535c ◆（8 句）11 首→P529b；534c；535b；536a；540c～541a；541c；544c；545b；558a；559a～b ◆（12 句）5 首→P536c；537c；538c；546c；556b ◆（16 句）3 首→P515a；527a；544a ◆（18 句）3 首→P533a；557a；560a～b ◆（20 句）5 首→P523c；525a；542c；554b～c；561a ◆（22 句）2 首→P530c；531b ◆（24 句）→P542b ◆（26 句）→P544b ◆（28 句）2 首→P548c～549a；550c ◆（32 句）3 首→P523a～b；540a～b；555c ◆（40 句）→P549c～550a ◆（42 句）→P546a～b ◆（48 句）2 首→P523c～524a；532b～c ◆（56 句）→P543b～c ◆（84 句）→P539b～c ◆（98 句）→P564a～c ◆（138 句）→P552c～553b ◆（240 句）→P515a～516c ◆（354 句）→P519b～521b ◆（1804 句）→P576a～586b ◆（1858 句）→P565b～576a

譯　者	經　名	出　處	附　　註
菩提流支（北魏）	深密解脫經（五卷）	大正藏第16冊經集部675號	1. 《房錄》卷九、《內典錄》卷四及《開元錄》卷六皆記載菩提流支譯此經，且云北魏延昌三年於洛陽譯（A.D.514，按：相當於梁天監十三年），則經中偈頌應可作爲梁代天監十四年以前資料看待。 2. 本經凡偈頌皆五言： ◆（4 句）3 首→P667a；669a～b ◆（8 句）3 首→P666c；668a；670b ◆（12 句）2 首→P684c～685a；687a～b ◆（20 句）2 首→P673a；679c～680a
	法集經（六卷）	大正藏第17冊經集部761號	1. 《房錄》卷九、《內典錄》卷四及《開元錄》卷六皆記載菩提流支譯此經，且云北魏延昌四年於洛陽譯（A.D.515，按：相當於梁天監十四年），則經中偈頌應可作爲梁代天監十五年以前資料看待。 2. 五言偈頌（36 句）→P646c 3. 五言偈頌（80 句）→P627a～c 4. 五言偈頌（142 句）→P632b～633a 5. 七言偈頌（40 句）→P646a～b
	謗佛經（一卷）	大正藏第17冊經集部831號	1. 《房錄》卷九、《內典錄》卷四及《開元錄》卷六皆記載菩提流支譯此經，諸錄於該名下未載譯經年月；然其傳記有云菩提流支由北魏永平二年至東魏天平二年（相當於梁大同元年）間從事譯經，則經中偈頌應可作爲梁代大同二年以前資料看待。 2. 本經凡偈頌皆五言： ◆（20 句）→P877c ◆（24 句）→P877a～b ◆（40 句）→P876b～c
月婆首那（北魏）	摩訶迦葉經（二卷）	大正藏第11冊寶積部310－23號	1. 《房錄》卷九、《內典錄》卷四及《開元錄》卷六皆記載月婆首那譯此經。《開元錄》卷六云東魏興和三年（A.D.541，按：相當於梁大同七年）於洛陽譯此經，則經中偈頌應可作爲梁代大同八年以前資料看待。 2. 本經凡偈頌皆五言： ◆（8 句）→P505a ◆（12 句）→P505a ◆（16 句）→P510c ◆（28 句）→P513b ◆（75 句）→P509b～c ◆（80 句）→P510a～b

譯　者	經　名	出　處	附　　註
月婆首那 （北魏）	僧伽吒經（四卷）	大正藏第13冊 大集部423號	1. 《房錄》卷九、《內典錄》卷四及《開元錄》卷六皆記載菩提流支譯此經，且云於東魏元象元年譯（A.D.538，按：相當於梁大同四年），則經中偈頌應可作爲梁代大同五年以前資料看待。 2. 本經凡偈頌皆五言： ◆（6 句）→P961c ◆（10 句）→P961c ◆（12 句）→P970b ◆（16 句）→P961c ◆（32 句）→P974a～b ◆（36 句）→P961a～b ◆（46 句）→P964a ◆（191 句）→P973a～974a
毘目智仙 （北魏） 般若流支 （北魏）	聖善住意天子所問經（三卷）	大正藏第12冊 341號	1. 《房錄》卷九、《內典錄》卷四及《開元錄》卷六皆記載般若流支於東魏興和三年譯此經，然據現行本經文前之〈聖善住意天子所問經翻譯之記〉所云，則應更正爲興和二年（A.D.540，按：相當於梁大同六年）毘目智仙與般若流支共譯。故經中偈頌應可作爲梁代大同七年以前資料看待。 2. 本經凡偈頌皆五言： ◆（40 句）→P132a～b ◆（80 句）→P117c～118a ◆（88 句）→P119c～120a ◆（96 句）→P121c～122a
曇摩流支 （北魏）	如來莊嚴智慧光明入一切佛境界經（二卷）	大正藏第12冊 357號	1. 《房錄》卷九、《內典錄》卷四及《開元錄》卷六皆記載曇摩流支譯此經，且云於北魏景明二年譯（A.D.501，按：相當於南齊中興元年），則經中偈頌應可作爲南齊中興二年以前資料看待。 2. 本經凡偈頌皆五言： ◆（8 句）2 首→P240a；242b ◆（20 句）→P240a ◆（36 句）→P249c～250a ◆（40 句）→P247c～248a
法場（北魏）	辯意長者子經（一卷）	大正藏第14冊 經集部544號	1. 《房錄》卷九、《內典錄》卷四及《開元錄》卷六皆記載法場譯此經。《房錄》云此經於梁武帝天監年中譯；《開元錄》則云：「以（北魏）宣武帝時於洛陽譯《辯意經》一部」，然智昇又於此文字之下注云：「安公失譯復載其名，准此東晉之時，《辯意》已行於世，如何至魏宣武始云法場出

譯　者	經　名	出　處	附　　註
法場（北魏）			也？」此乃是指《祐錄》卷三〈新集安公失譯經錄〉中，東晉道安已將此經列爲失譯經，則知道安時，已見此經。綜上，雖無法確定《辯意長者經》是否爲東晉時之失譯經；抑或爲北魏法場所譯，然經中偈頌或可作爲東晉太元十年以前（僧祐卒年）或梁天監年間之資料看待。 2. 五言偈頌（12 句）2 首→P838c～839b 3. 五言偈頌（16 句）3 首→P838b～c；840a 4. 五言偈頌（20 句）2 首→P838a～b；839a 5. 五言偈頌（24 句）3 首→P837c～838a 6. 六言偈頌（12 句）→P838b
瞿曇般若流支（北魏）	毘耶娑問經（二卷）	大正藏第 12 冊 354 號	1. 《開元錄》卷六始記載瞿曇般若流支譯此經，並云譯於東魏興和四年（A.D.542，按：相當於梁大同八年）；而現行本經文前之〈毘耶娑問經翻譯之記〉，亦明言瞿曇般若流支於興和四年譯此經。故經中偈頌應可作爲梁大同九年以前之資料看待。 2.本經凡偈頌皆五言： ◆（4 句）→P224a ◆（6 句）→P228b ◆（10 句）→P229c ◆（32 句）→P227c
	正法念處經（七十卷）	大正藏第 17 冊經集部 721 號	1. 《房錄》卷九、《內典錄》卷四及《開元錄》卷六皆記載瞿曇般若流支譯此經，且云於東魏興和元年譯，然現行本經文前之〈正法念處經敘〉則云：「乃譯明茲典，名《正法念處》，起自興和，歲陽玄默，終于武定淵獻之季，條流積廣，合七十卷」，據此，則此經應於東魏武定元年（A.D.543，按：相當於梁大同九年）方譯畢。故經中偈頌應可作爲梁代大同十年以前之資料看待。 2. 四言偈頌（4 句）→P128a 3. 四言偈頌（28 句）→P163c 4. 四言偈頌（50 句）→P178c 5. 四言偈頌（52 句）→P344c～345a 6. 四言偈頌（64 句）→P160a～b 7. 四言偈頌（82 句）→P175c～176a 8. 四言偈頌（86 句）→P165c～166a

譯　者	經　名	出　處	附　　註
瞿曇般若流支（北魏）			9. 四言偈頌（74 句）→P184c 10. 五言偈頌（4 句）26 首→P3b；29b；41a；77b；123b；166c；217c～218c；293b；348a；363a；410a 11. 五言偈頌（8 句）9 首→P18c；209c；218c；297b；309c；348a；378c～379a 12. 五言偈頌（12 句）12 首→P81a～b；108c；147b；149b；191a；222a；224b～c；231b；236c；295b；302c；347c 13. 五言偈頌（14 句）→P5b 14. 五言偈頌（16 句）13 首→P81a～c；146b；181b；197b～c；228a～b；252a；295a～b；296c；302a～b；344a；350c；361a 15. 五言偈頌（20 句）15 首→P2a；69a；82c；145c；253b；255a～b；266c；272c；276a；281b～c；285a～b；297c；314a；357b；361c 16. 五言偈頌（22 句）2 首→P105a～b；370a 17. 五言偈頌（24 句）9 首→P181a～b；286c；312a；340c；349c～350a；363b～c；368c～369a；372b～373a 18. 五言偈頌（28 句）11 首→P30c～31a；51a～b；65b；199c～200a；202b～c；229c；294b～c；295c～296a；313b～314a；337a 19. 五言偈頌（30 句）2 首→P189a～b；200b 20. 五言偈頌（31 句）→P113b～c 21. 五言偈頌（32 句）24 首→P13b～c；32c～33a；79b～c；80b～c；81c～82a；84b～c；140b；188c；196b～c；235a；236b～c；259a～b；269b；280b～c；301b～c；307c～308a；310c；338b；351c；352b；369c；371a；371a 22. 五言偈頌（36 句）15 首→P36b～c；66c；95a；135a～b；141a～b；173c～174a；176c～177a；234a；254b；314c～315a；339b～c；358c～359a；359c；365a～b；371c～372a 23. 五言偈頌（38 句）2 首→P139c～140a；204a 24. 五言偈頌（40 句）11 首→P67b～c；79a；173a～b；179b～c；185c～186a；187a；293c～294a；309b；315b～c；355b；378a 25. 五言偈頌（42 句）→P208a～b

譯　者	經　名	出　處	附　　註
瞿曇般若流支（北魏）			26. 五言偈頌（44 句）11 首→P41a～b；79c～80a；149a～b；151a；193a～b；274c；288c～289a；304a～b；328b～c；330c～331a；362c～363a 27. 五言偈頌（48 句）11 首→P51c；136c～137a；208c～209a；238b～c；241c～242a；247c～248a；259c～260a；347b；360b～c；364b～c；368a～b 28. 五言偈頌（49 句）→P147a 29. 五言偈頌（52 句）12 首→P53a～b；63a～64a；131b～132b；187c～188a；216c～217a；222a～b；248c～249a；282b～c；333b；364a～b 30. 五言偈頌（56 句）5 首→P189c～190a；256c～257a；300b～c；312b～c；366a～b 31. 五言偈頌（58 句）3 首→P76a～b；358a～b；367a～b 32. 五言偈頌（60 句）5 首→P39b～c；132c～133a；138a～b；182c～183a；186b～c 33. 五言偈頌（64 句）4 首→P160c～161a；205b～c；329b～c；332a～b 34. 五言偈頌（66 句）→P257c～258a 35. 五言偈頌（68 句）3 首→P5c～6a；230c～231a；336b～c 36. 五言偈頌（72 句）3 首→P174b～175a；223b～224a；225c～226a 37. 五言偈頌（76 句）6 首→P29c～30a；46b～c；235c～236a；244a～b；334c～335a；346c～347a 38. 五言偈頌（78 句）→P19b～20a 39. 五言偈頌（80 句）5 首→P11b～c；26c～27a；250a～b；256a～b；261c～262a 40. 五言偈頌（82 句）→P130a～b 41. 五言偈頌（84 句）→P227c～228a 42. 五言偈頌（86 句）→P134b～c 43. 五言偈頌（88 句）2 首→P89c～90b；292c～293a 44. 五言偈頌（90 句）→P112b～113a 45. 五言偈頌（92 句）→P260c～261a 46. 五言偈頌（94 句）2 首→P156b～c；233a～c 47. 五言偈頌（96 句）→P169b～c

譯 者	經 名	出 處	附 註
瞿曇般若流支（北魏）			48. 五言偈頌（100句）4首→P21b～22a；226b～227a；251a～b；305c～306b 49. 五言偈頌（102句）→P376c～377b 50. 五言偈頌（104句）2首→P44c～45a；126a～c 51. 五言偈頌（112句）→P353c～354b 52. 五言偈頌（124句）2首→P15c～16b；206c～207b 53. 五言偈頌（130句）→P355c～356b 54. 五言偈頌（132句）→P343a～c 55. 五言偈頌（136句）→P76b～77b 56. 五言偈頌（140句）2首→P271a～c；326c～327b 57. 五言偈頌（160句）→P212c～213c 58. 五言偈頌（172句）→P245b～246b 59. 五言偈頌（192句）→P171c～172c 60. 七言偈頌（4句）2首→P159a 61. 七言偈頌（8句）→P100c 62. 七言偈頌（12句）2首→P100c；157a 63. 七言偈頌（18句）→P114b 64.七言偈頌（24句）→P102a～b 65. 七言偈頌（34句）→P100a～b 66. 七言偈頌（40句）→P179c～180a 67. 七言偈頌（36句）→P99b 68. 七言偈頌（56句）→P98b～c 69. 七言偈頌（72句）→P101b～c 40. 七言偈頌（84句）→P91b～c
	一切法高王經（一卷）	大正藏第17冊經集部823號	1. 《房錄》、《內典錄》皆未記載瞿曇般若流支譯此經。然《開元錄》卷六則記載瞿曇般若流支譯此經，且云：「興和四年六月二十三日，在䆃太尉定昌寺譯」。據此，則此經應於東魏興和四年（A.D.542，按：相當於梁大同八年）方譯畢。故經中偈頌或可作爲梁代大同九年以前之資料看待。 2. 本經凡偈頌皆五言： ◆（4句）8首→P852b～853a；853c；858c ◆（8句）→P852b ◆（12句）2首→P853b；858b～c ◆（32句）→P857c～858a ◆（76句）→P856a～c

譯　者	經　名	出　處	附　　註
瞿曇般若流支（北魏）	第一義法勝經（一卷）	大正藏第17冊經集部833號	1. 《房錄》、《內典錄》皆未記載瞿曇般若流支譯此經。然《開元錄》卷六則記載瞿曇般若流支譯此經，且云：「興和四年九月一日，於尚書令儀同高公第譯」。據此，則此經應於東魏興和四年（A.D.542，按：相當於梁大同八年）方譯畢。故經中偈頌或可作爲梁代大同九年以前之資料看待。 2. 本經凡偈頌皆五言： ◆（20 句）→P880a ◆（32 句）→P882c
	得無垢女經（一卷）	大正藏第12冊339號	1. 《房錄》卷九、《內典錄》卷四及《開元錄》卷六皆記載瞿曇般若流支譯此經，且云於東魏興和三年譯（A.D.541，按：相當於梁大同七年），則經中偈頌應可作爲梁代大同八年以前資料看待。 2. 本經凡偈頌皆五言： ◆（4 句）→P101c ◆（8 句）9 首→P103b～105b ◆（10 句）4 首→P99a；104a；104c～105a ◆（12 句）4 首→P103c～105a；105c ◆（14 句）→P105b ◆（16 句）3 首→P99a；100a；103c ◆（18 句）→P107a ◆（28 句）→P98c～99a ◆（40 句）→P106a～b ◆（44 句）→P100a～b ◆（50 句）→P99a～b ◆（52 句）→P106c～107a ◆（124 句）→P102c～103b
	無垢優婆夷問經（一卷）	大正藏第14冊經集部578號	1. 《房錄》卷九、《內典錄》卷四及《開元錄》卷六皆記載瞿曇般若流支譯此經，且云於東魏興和四年譯（A.D.542，按：相當於梁大同八年），則經中偈頌應可作爲梁代大同九年以前資料看待。 2. 本經凡偈頌皆五言： ◆（4 句）→P951b ◆（8 句）2 首→P951b

譯　者	經　名	出　處	附　　註
瞿曇般若流支（東魏）	金色王經（一卷）	大正藏第 3 冊本緣部 162 號	1. 《房錄》卷九、《內典錄》卷四及《開元錄》卷六皆記載瞿曇般若流支譯此經，且云於東魏興和四年譯（A.D.542，按：相當於梁大同八年），則經中偈頌應可作爲梁代大同九年以前資料看待。 2. 本經凡偈頌皆五言： ◆（4 句）→P389c ◆（8 句）→P389c ◆（12 句）→P390c
那連提耶舍（北齊）	菩薩見實三昧經（十六卷）	大正藏第 11 冊寶積部 310-16 號	1. 《房錄》卷九、《內典錄》卷四及《開元錄》卷六皆記載那連提耶舍譯此經，且云於北齊天統四年譯（A.D.568，按：相當於陳光大二年），則經中偈頌應可作爲陳代太建一年（A.D.569）以前資料看待。 2. 五言偈頌（4 句）451 首→P360a；394a～410a 3. 五言偈頌（8 句）4 首→P406a；407c；434b 4. 五言偈頌（12 句）→P434b～c 5. 五言偈頌（16 句）→P364b 6. 五言偈頌（20 句）→P361a 7. 五言偈頌（24 句）5 首→P376c；433b～c；434c；435b；435c 8. 五言偈頌（32 句）2 首→P427c～428a；435c～436a 9. 五言偈頌（48 句）→P429a～b 10. 五言偈頌（52 句）→P435a～b 11. 五言偈頌（60 句）→P433c～434a 12. 五言偈頌（64 句）→P376c～377a 13. 五言偈頌（68 句）→P431a～b 14. 五言偈頌（72 句）→P356b～c 15. 五言偈頌（80 句）→P376a～376c 16. 五言偈頌（82 句）→P355b～c 17. 五言偈頌（88 句）→P354c～355b 18. 五言偈頌（196 句）→P351c～352c 19. 七言偈頌（4 句）16 首→P352b；354a～b 20. 七言偈頌（14 句）→P357c 21. 七言偈頌（16 句）10 首→P357c；359c；360b；360c～361b

譯　者	經　名	出　處	附　　註
那連提耶舍（北齊）			22. 七言偈頌（20 句）2 首→P360c；374b～c 23. 七言偈頌（24 句）14 首→P361c；364c；365a；368b；369b；370c；371c；375b～c；378a；379a～b；380c；381b；382c～383a；413c 24. 七言偈頌（32 句）→P369a～b 25. 七言偈頌（36 句）→P378a～b 26. 七言偈頌（40 句）3 首→P368a～b；369b～c；377c～378a 27. 七言偈頌（44 句）→P382b～c 28. 七言偈頌（48 句）7 首→P361c～362a；366b～c；375a～b；384b～c；386b～c；389a；392c～393a 29. 七言偈頌（52 句）4 首→P357a～b；370b；380c～381a；383a 30. 七言偈頌（56 句）3 首→P362b～c；379b～c；413c～414a 31. 七言偈頌（58 句）→P378c～379a 32. 七言偈頌（60 句）7 首→P365a～b；368b～c；370c～371c；374c～375a；375c～376a；413b～c 33. 七言偈頌（62 句）→P383c～384a 34. 七言偈頌（64 句）→P389a～c 35. 七言偈頌（68 句）→P384a～b 36. 七言偈頌（64 句）→P372b～c 37. 七言偈頌（70 句）→P380a～c 38. 七言偈頌（72 句）→P371c～372a 39. 七言偈頌（80 句）3 首→P358a～b；366a～b；386c～387b 40. 七言偈頌（84 句）→P381b～382a 41. 七言偈頌（90 句）→P384c～385a 42. 七言偈頌（92 句）→P386a～b 43. 七言偈頌（96 句）→P352b～354a 44. 七言偈頌（120 句）2 首→P366c～367b；392a～c 45. 七言偈頌（166 句）→P393a～394a 46. 七言偈頌（200 句）→P387c～388c 47. 七言偈頌（248 句）→P372c～374b

譯 者	經 名	出 處	附 註
那連提耶舍（北齊）	大悲經（五卷）	大正藏第12冊380號	1. 《房錄》卷九、《內典錄》卷四及《開元錄》卷六皆記載那連提耶舍譯此經，且云於北齊天保九年譯（A.D.558，按：相當於陳永定二年），則經中偈頌應可作爲陳代永定三年以前資料看待。 2. 四言偈頌（4 句）→P951c 3. 五言偈頌（8 句）2 首→P970b～c 4. 五言偈頌（12 句）→P972c 5. 七言偈頌（32 句）→P962c 6. 七言偈頌（60 句）→P958b～c 7. 先五言（20 句）再接七言（60 句）的偈頌形式→P961c～962a
那連提耶舍（北齊）	大方等大集月藏經（五卷）	大正藏第13冊大集部 397-15號	1. 《房錄》卷九、《內典錄》卷四及《開元錄》卷六皆記載那連提耶舍譯此經，且云於北齊天統二年譯（A.D.566，按：相當於陳天康一年），則經中偈頌應可作爲陳代光大一年（A.D.567）以前資料看待。 2. 五言偈頌（4 句）2 首→P308b；344b 3. 五言偈頌（8 句）3 首→P308c；344b；353b～c 4. 五言偈頌（10 句）→P344b～c 5. 五言偈頌（12 句）2 首→P323b；344b 6. 五言偈頌（14 句）→P344c 7. 五言偈頌（20 句）3 首→P307a～b；307c；353a 8. 五言偈頌（24 句）4 首→P307c；342b～c；353b；356c～357a 9. 五言偈頌（28 句）2 首→P311a；349a～b 10. 五言偈頌（32 句）→P373b～c 11. 五言偈頌（40 句）6 首→P310a～311a；311b；350a；374c 12. 五言偈頌（44 句）→P351c～352a 13. 五言偈頌（48 句）2 首→P307b；344a 14. 五言偈頌（52 句）→P348a～b 15. 五言偈頌（60 句）→P321c～322a 16. 五言偈頌（68 句）→P358a～b 17. 五言偈頌（80 句）→P319b～c 18. 五言偈頌（116 句）→P323c～324b 19. 五言偈頌（120 句）2 首→P313a～c；345c～346b

譯　者	經　名	出　處	附　　註
那連提耶舍（北齊）			20. 五言偈頌（144 句）→P340b～341a 21. 五言偈頌（152 句）→P370a～371a 22. 五言偈頌（154 句）→P298b～299b 23. 五言偈頌（156 句）→P361c～362b 24. 五言偈頌（292 句）→P375b～377a 25. 五言偈頌（548 句）→P377a～380b 26. 七言偈頌（4 句）6 首→P304b；305a；319b；320b 27. 七言偈頌（8 句）9 首→P304a；304b；306c；308a；375a 28. 七言偈頌（16 句）→P320a 29. 七言偈頌（20 句）→P375b 30. 七言偈頌（22 句）→P305b～c 31. 七言偈頌（24 句）2 首→P306b；306c～307a 32. 七言偈頌（32 句）4 首→P303c；304a；305b；305c～306a 33. 七言偈頌（38 句）→P300c～301a 34. 七言偈頌（40 句）2 首→P319a～b；375a 35. 七言偈頌（44 句）→P306b～c 36. 七言偈頌（48 句）→P320c～321a 37. 七言偈頌（158 句）→P302b～303b 38. 先七言（42 句）再接五言（40 句）的偈頌形式→P318a～c
	大方等大集經（須彌藏分）（二卷）	大正藏第 13 冊大集部 397-16 號	1. 《房錄》卷九、《內典錄》卷四及《開元錄》卷六皆記載那連提耶舍譯此經；則此經可確定爲那連提耶舍所譯。然譯經年代，僅有《開元錄》卷六記載此經譯於北齊天保九年（A.D.558，按：相當於陳永定二年）；則其年代若依《開元錄》卷六所載，則經中偈頌似應可作爲陳代永定三年以前資料看待。 2. 四言偈頌（8 句）→P385a 3. 四言偈頌（80 句）→P385a～b 4. 五言偈頌（4 句）→P393b 5. 五言偈頌（32 句）→P393b～c 6. 五言偈頌（40 句）→P393c 7. 七言偈頌（24 句）→P386c

譯　者	經　名	出　處	附　　　註
那連提耶舍（北齊）	月燈三昧經（十卷）	大正藏第15冊經集部639號	1. 《房錄》卷九、《內典錄》卷四及《開元錄》卷六皆記載那連提耶舍譯此經，且云於北齊天保八年譯（A.D.557，按：相當於梁太平二年，即梁代末年），則經中偈頌應可作為陳代永定二年（A.D.558）以前資料看待。 2. 五言偈頌（12 句）→P619c 3. 五言偈頌（24 句）4 首→P584a～b；586c～587a；614b 4. 五言偈頌（28 句）2 首→P585b～c；586c 5. 五言偈頌（32 句）2 首→P584a；585a 6. 五言偈頌（36 句）2 首→P585a～b；585c～586a 7. 五言偈頌（40 句）3 首→P584c；586a～b 8. 五言偈頌（56 句）→P581a～b 9. 五言偈頌（60 句）→P577a～b 10. 五言偈頌（120 句）→P590b～591a 11. 五言偈頌（136 句）→P564a～565a 12. 五言偈頌（176 句）→P598c～599c 13. 五言偈頌（240 句）→P557c～559a 14. 五言偈頌（268 句）→P581c～583a 15. 五言偈頌（336 句）→P559c～561b 16. 七言偈頌（20 句）→P549b 17. 七言偈頌（24 句）→P603a 18. 七言偈頌（28 句）→P613b～c 19. 七言偈頌（38 句）→P549～b 20. 七言偈頌（44 句）2 首→P554a～b；590a～b 21. 七言偈頌（48 句）→P561c～562a 22. 七言偈頌（52 句）→P602c～603a 23. 七言偈頌（60 句）2 首→P583b～c；614c～615a 24. 七言偈頌（64 句）2 首→P552a～b；554c～555a 25. 七言偈頌（76 句）→P603c～604a

譯　者	經　名	出　處	附　　註
那連提耶舍（北齊）			26. 七言偈頌（80 句）3 首→P552b；563b～564a；615c～616a 27. 七言偈頌（84 句）→P574b～575a 28. 七言偈頌（99 句）→P555b～c 29. 七言偈頌（100 句）→P553a～c 30. 七言偈頌（116 句）→P551a～c 31. 七言偈頌（164 句）→P575a～576a 32. 七言偈頌（168 句）→P608b～609b 33. 七言偈頌（152 句）→P556a～c 34. 七言偈頌（180 句）→P612a～613b 35. 七言偈頌（184 句）→P567a～568b 36. 七言偈頌（196 句）→P607a～608b 37. 七言偈頌（216 句）→P604b～605c 38. 七言偈頌（220 句）→P573a～574a 39. 七言偈頌（226 句）→P600c～602a 40. 七言偈頌（240 句）→P605c～607a 41. 七言偈頌（388 句）→P565a～567b 42. 七言偈頌（416 句）→P609b～611c 43. 七言偈頌（460 句）→P587b～590a 44. 七言偈頌（675 句）→P569a～572c 45. 先五言（80 句）再接七言（144 句）的偈頌形式→P562a～563b 46. 先七言（40 句）再接五言（60 句）的偈頌形式→P576b～577a 47. 先五言（652 句）再接七言（184 句）再接五言（296 句）再接七言（24 句）的偈頌形式→P591a～597c
	施燈功德經（一卷）	大正藏第16冊經集部 702 號	1. 《房錄》卷九、《內典錄》卷四及《開元錄》卷六皆記載那連提耶舍譯此經，且云於北齊天保九年譯（A.D.558，按：相當於陳永定二年），則經中偈頌應可作為陳代永定三年以前資料看待。 2. 五言偈頌（4 句）→P807b 3. 七言偈頌（12 句）→P806b～c 4. 七言偈頌（16 句）→P807a 5. 七言偈頌（24 句）→P805c 6. 七言偈頌（40 句）→P805b～c 7. 七言偈頌（96 句）→P806a～b 8. 七言偈頌（128 句）→P807c～808b

譯者	經名	出處	附註
萬天懿（北齊）	尊勝菩薩所問一切諸法入無量法門陀羅尼經（一卷）	大正藏第21冊密教部1343號	1.《房錄》卷九、《內典錄》卷四及《開元錄》卷六皆記載萬天懿譯此經，則此經可確定爲萬天懿所譯。然譯經年代，僅有《開元錄》卷六提及，其云：「懿以武成帝湛，河清年中，於鄴都自譯。」然北齊河清年共三年（A.D.562—564），其時間相當於陳代天嘉三年至五年（A.D.562—564），故若依《開元錄》所載，則經中偈頌應可作爲陳代天嘉六年以前資料看待。 2. 本經凡偈頌皆五言： ◆（6句）→P849c ◆（44句）→P849b～c
闍那耶舍（北周）	大乘同性經（二卷）	大正藏第16冊經集部673號	1.《房錄》卷十一、《內典錄》卷五及《開元錄》卷七皆記載闍那耶舍譯此經，且云於北周天和五年譯（A.D.570，按：相當於陳太建二年），則經中偈頌應可作爲陳代太建三年以前資料看待。 2. 五言偈頌（8句）→P643c 3. 五言偈頌（12句）→P649c 4. 五言偈頌（22句）→P641a～b 5. 五言偈頌（24句）→P652c 6. 五言偈頌（52句）→P647a～b 7. 七言偈頌（4句）2首→P643a；645a 8. 七言偈頌（8句）2首→P641b；644a 9. 七言偈頌（12句）→P645a～b 10. 七言偈頌（16句）→P647c 11. 七言偈頌（18句）→P641b～c 12. 七言偈頌（28句）→P649a 13. 七言偈頌（68句）→P641c～642a
求那跋陀羅（劉宋）	鸚鵡經（一卷）	大正藏第1冊阿含部79號	1.《祐錄》卷二未載此經。而《房錄》卷十、《內典錄》卷四及《開元錄》卷五中，皆錄此經爲求那跋陀羅譯。然卷四〈新集續撰失譯雜經錄〉中，梁代僧祐將《鸚鵡經》列爲失譯經。故雖無法完全確定此經爲求那跋陀羅所譯，但較能推測的是，僧祐時已見此經，則經中偈頌或可作爲梁代以前資料看待。 2. 五言偈頌（4句）→P889a

譯　者	經　名	出　處	附　　註
求那跋陀羅（劉宋）	雜阿含經（五十卷）	大正藏第2冊阿含部99號	1.《祐錄》卷二、《房錄》卷十、《內典錄》卷四及《開元錄》卷五中，皆錄此經爲求那跋陀羅譯。《祐錄》卷二記載此經譯於劉宋元嘉中，而詳細年代則未示，但亦可確定其譯經下限必在孝建元年以前，因元嘉末年在孝建元年前結束。則經中偈頌應可作爲劉宋孝建元年（A.D.454）以前資料看待。 2. 四言偈頌（6句）2首→P5b；355a 3. 五言偈頌（2句）5首→P16c；27b；293a；364c 4. 五言偈頌（4句）380首→P1c；3a；6a；8b；12a；13c；15b；17a；18a；19a；22b；24a；27a；28a；37b；59a；67a；72b；90a～b；95b；108c；133a～b；149b；150b；153b～c；154a～c；155a～c；156a～c；157a；159c；160a～c；161a～b；161c；164c；165c；166a～c；167a～c；168a；168c；169b～c；170a～b；179c；221a～b；236a～b；251a；262b～c；263a～c；264a～c；265a～c；266a～b；279b；282a；284b～c；285a；286b～c；287b；288a～b；290a；292a；292c；293c；294a～c；295a；296c；306c；307b～c；309c；317c；318a～b；319a～c；321b～c；322c；323a～c；325b；326a～c；327a～c；328a；328b～c；334c；336b；338c；339a～b；348b～c；350c；351a～b；352a；352c；353a～b；354a；354b～c；355a；355c；356a～c；357a～c；358a～c；359c；360b～c；361a～b；363b；364b～c；365a；365c；366a～c；367a；368b；369a～b；370c；371a～c；372a～c；373a～b 5. 五言偈頌（6句）158首→P16c；59a；73c；153c；154b～c；156b；158a；159b～c；160b～c；161c；162a；166c；167a～b；168a；170b；170c；180a；188a；199a；211c；212a；221c；253b；255c；258c；262c；264c；266a；276a；277b；278b；279b；280c～281a；282a；284b～c；285a；285c；286c；287a～b；287c～288a；288b～c；289a；290a；292c；293a～b；294b；295a～b；296a～b；297a～b；307b～c；308c；309c；310b；311c；317c；318b；320c；321b～c；323a～b；323c～324a；324a；327a；327c～328a；329a；331a；336c；337a；348c～349c；350a～c；351a；352c～353a；355b；356a～c；

譯　者	經　名	出　處	附　　註
求那跋陀羅（劉宋）			357c；359a～c；360a；361a～b；364c；366b；367b～c；368b～c；369a～c；370a；372c；373b～c 6. 五言偈頌（7句）→P355b 7. 五言偈頌（8句）142首→P19a；25c～26a；27a；29b；54c；108a；118a～b；127b；144b～c；153c～154a；154c；155a～c；158a～b；158c；159a～b；159b；160a；160c；161a；164a；165a～c；166a；166b～c；167c；168a；168c；169a；169b～c；169c；170a；198c；201b；204c；223b；223c；254b；256a；262b～c；263c～264a；265a；274c；276c；277b；280b；283a；284c；285a；286b～c；287a～b；288a；288c；289c；290a；292a；293c；294c；307c；309b～c；309c～310a；310a～310b；319b；321c；322a；323b～c；324a～c；325b；329b；332a；341a；348c；350c；351a；351c；354a；355b～c；357a；359c；360a～b；361b～362a；363a～c；364a；365a～c；366c；367a；368c～369a；369c；370a；371a；372b 8. 五言偈頌（9句）→P161b～c 9. 五言偈頌（10句）50首→P25a；37b；119b；143a；143b；156b；157a；161a；180a～b；215a；221a；224a；277c；278a；280c；285b；286a；287c；290b～c；293a；295c；307b；308c；310b；319c；325c；329c；338b；349c～350a；350a；353c；354a；354b；355c～356a；356c～357a；357c～358a；360b；362c；368b～c；369b；370c；371a 10. 五言偈頌（12句）53首→P29b；57a；59b；121a；153b；155a；156a；157c～158a；158c；160a；161c～162a；164b～c；165a；166a；168b；180c；181a；201a；257a；277a；278b～c；281a；291b；292a；296c；306a；306c～307a；317c；320a；320c；325b～c；326c；329c～330a；333b～334a；335c；337c～338a；338b；339c；342c；351c；353c～354a；359b；360c；363b；365a～c；371c 11. 五言偈頌（13句）→P351a 12. 五言偈頌（14句）28首→P24a；28a；157b；159c；173a；174c；179a；182a；185a；211c；220c；242b；286a～b；289b；293a；308a～b；309b；317c；320a；326b；327a；328a；364a～b；365b；366c；370a；372b～c

譯　者	經　名	出　處	附　　　註
求那跋陀羅（劉宋）			13. 五言偈頌（15 句）→P23c 14. 五言偈頌（16 句）25 首→P120b；159b；164b；164b～c；168b～c；180b；180c～181a；181a～b；212b～c；243c～244a；251a；276b；285b～c；287b；306b；329b；331a～b；331c；332a；340a；350b；369a～b；371a 15. 五言偈頌（18 句）20 首→P27a～b；61a；115a；115b～c；119c；157a；174b；282c；283b；291c；324a；326a；327b～c；332b；350b～c；360a；362a；370b；371c 16. 五言偈頌（20 句）7 首→P63a～b；106a；120b～c；189c～190a；269a；336a；337b 17. 五言偈頌（22 句）17 首→P26b～c；28b；119b～c；120c；269a；278c～279a；279b；281a；305c；308a；309b；328b；329a；331b；332b～c；362b～c；364a 18. 五言偈頌（24 句）9 首→P23a；180b～c；210a；283c～284a；293b；293c～294a；328c；354b；367a～b 19. 五言偈頌（26 句）7 首→P63c；88b；88c；179b；287b～c；331a；331c～332a 20. 五言偈頌（27 句）→P178c 21. 五言偈頌（28 句）5 首→P22c～23a；69a～b；178b～c；179a～b；332c 22. 五言偈頌（30 句）10 首→P101c；153a～b；321b；322b～c；322c～323a；324b～c；330c；338a；362c～363a；367c～368a 23. 五言偈頌（32 句）2 首→P169a～b；354c～355a 24. 五言偈頌（34 句）2 首→P26a～b；292c 25. 五言偈頌（36 句）2 首→P253b～c；368a～b 26. 五言偈頌（38 句）4 首→P27c；255a；304b；320a～b 27. 五言偈頌（40 句）5 首→P61a～b；76b～c；318b～c；318c～319a；341a～b 28. 五言偈頌（42 句）→P353a～b 29. 五言偈頌（44 句）2 首→P320c～321a；357b～c 30. 五言偈頌（46 句）→P195c～196a

譯者	經名	出處	附註
求那跋陀羅（劉宋）			31. 五言偈頌（52 句）3 首→P90a～b；305a～b；333a 32. 五言偈頌（54 句）→P334a～b 33. 五言偈頌（56 句）→P335a～b 34. 五言偈頌（62 句）→P281a～b 35. 五言偈頌（78 句）→P352a～c 36. 五言偈頌（86 句）→P259a～c 37. 五言偈頌（112 句）→P28c～29a
	央掘魔羅經（四卷）	大正藏第 2 冊阿含部 120 號	1. 《祐錄》卷二、《房錄》卷十、《內典錄》卷四及《開元錄》卷五中，皆錄此經爲求那跋陀羅譯。然譯經年代各錄未詳。則經中偈頌至少可以作爲泰始四年以前之資料看待（A.D.468，因求那跋陀羅卒於是年，則其譯經下限應在是年以前）。 2. 四言偈頌（4 句）→P543a 3. 四言偈頌（6 句）2 首→P540a 4. 五言偈頌（2 句）2 首→P529b；530a 5. 五言偈頌（4 句）27 首→P522c；523b；523c；524a；524b；524c；525a；526c；527a；527a～b；529b；529b；530a；529c 6. 五言偈頌（6 句）10 首→P523b；523c；524a；524b；524c；525a；526c；527b；543c 7. 五言偈頌（8 句）4 首→P527c；528b；529c；530b 8. 五言偈頌（10 句）8 首→P520c～521a；523b；524a；524b；524c；528a；528b～c 9. 五言偈頌（12 句）3 首→P520c；523c；531a～b 10. 五言偈頌（14 句）2 首→P523a；523c 11. 五言偈頌（16 句）3 首→P531a；531b；543b 12. 五言偈頌（18 句）3 首→P524c～525a；527b；529b 13. 五言偈頌（20 句）3 首→P522c；522c～523a；530a～b 14. 五言偈頌（22 句）3 首→P523c～524a；527c～528a；531a 15. 五言偈頌（24 句）2 首→P523a～b；523b 16. 五言偈頌（26 句）4 首→P526c；530a；543c～544a 17. 五言偈頌（28 句）→P544a～b 18. 五言偈頌（30 句）→P527a

譯　者	經　名	出　處	附　　註
求那跋陀羅（劉宋）			19. 五言偈頌（38 句）→P521a 20. 五言偈頌（56 句）2 首→P527b～c；529c～530a 21. 五言偈頌（68 句）2 首→P528c～529b；532c～533a 22. 五言偈頌（76 句）→P528a～b 23. 五言偈頌（84 句）→P530b～c 24. 五言偈頌（156 句）→P531b～532b 25. 五言偈頌（162 句）→P512c 26. 五言偈頌（1112 句）→P513c～520a 27. 七言偈頌（8 句）→P520c 28. 七言偈頌（10 句）→P520b 29. 七言偈頌（20 句）→P520c 30. 七言偈頌（26 句）→P522a
	四人出現世間經（一卷）	大正藏第 2 冊阿含部 127 號	1.《祐錄》卷二未載此經。《房錄》卷十、《內典錄》卷四及《開元錄》卷五中，則皆錄此經為求那跋陀羅譯；然譯經年代各錄未詳；若依此，則經中偈頌或可作為泰始四年以前之資料看待（A.D.468，因求那跋陀羅卒於是年，則其譯經下限應在是年以前）。 2. 五言偈頌（60 句）→P835b～c
	過去現在因果經（四卷）	大正藏第 3 冊本緣部 189 號	1.《祐錄》卷二、《房錄》卷十、《內典錄》卷四及《開元錄》卷五中，皆錄此經為求那跋陀羅譯。《祐錄》卷二記載此經譯於劉宋元嘉中，而詳細年代則未示，但亦可確定其譯經下限必在孝建元年以前，因元嘉末年在孝建元年前結束。則經中偈頌應可作為劉宋孝建元年（A.D.454）以前資料看待。 2. 四言偈頌（4 句）→P623c 3. 五言偈頌（4 句）3 首→P644a；652b；652c 4. 五言偈頌（8 句）→P622c 5. 五言偈頌（10 句）→P643c 6. 五言偈頌（12 句）7 首→P624b；642c；P647b；647c；648a；648b 7. 五言偈頌（14 句）2 首→P645b；651c～652a 8. 五言偈頌（16 句）→P624a 9. 五言偈頌（20 句）2 首→P623c；643c 10. 五言偈頌（38 句）→P650c～651a

譯　者	經　名	出　處	附　　註
求那跋陀羅（劉宋）	大法鼓經（二卷）	大正藏第9冊270號	1. 《祐錄》卷二、《房錄》卷十、及《開元錄》卷五皆記載求那跋陀羅於東安寺譯此經，然未云譯經年月。因求那跋陀羅卒於劉宋泰始四年（A.D.468），則經中偈頌應可作爲劉宋泰始五年以前資料看待。 2. 四言偈頌（14句）→P300a～b 3. 五言偈頌（4句）3首→P292a；292c 4. 五言偈頌（8句）→P292c 5. 五言偈頌（12句）→P292b～c
	菩薩行方便境界神通變化經（三卷）	大正藏第9冊271號	1. 《祐錄》卷二未載求那跋陀羅譯此經。《房錄》卷十、《內典錄》卷四及《開元錄》卷五皆記載求那跋陀羅譯此經，然未云譯經年月，若依此，則經中偈頌或可作爲泰始四年以前之資料看待（A.D.468，因求那跋陀羅卒於是年，則其譯經下限應在是年以前）。 2. 四言偈頌（4句）3首→P308a～b 3. 四言偈頌（52句）→P310a～b 4. 四言偈頌（60句）→P310c～311a 5. 五言偈頌（20句）2首→P301c～302a；303b 6. 五言偈頌（28句）→P311b～c 7. 五言偈頌（30句）→P304a～b 8. 五言偈頌（32句）→P311a～b 9. 五言偈頌（40句）2首→P301b～c；303c～304a 10. 五言偈頌（48句）→P304b～c 11. 七言偈頌（4句）→P308c 12. 七言偈頌（10句）→P302c 13. 七言偈頌（12句）→P302a 14. 七言偈頌（16句）→P303c 15. 七言偈頌（20句）→P310b 16. 七言偈頌（24句）→P303a 17. 七言偈頌（32句）2首→P302b～c；307a 18. 七言偈頌（48句）→P309a～b 19. 七言偈頌（96句）→P306a～c 20. 先五言（82句）再接七言（4句），再接五言（40句）的偈頌形式→P314c～315b

譯者	經名	出處	附註
求那跋陀羅（劉宋）	勝鬘師子吼一乘大方便方廣經（一卷）	大正藏第12冊353號	1. 《祐錄》卷二、《房錄》卷十、及《開元錄》卷五皆記載求那跋陀羅譯此經，且慧觀所作譯經序有云此經譯於劉宋元嘉十三年（A.D.436）。則經中偈頌應可視爲劉宋元嘉十四年以前資料看待。 2. 五言偈頌（48句）→P217a～b
	摩訶迦葉度貧母經（一卷）	大正藏第14冊經集部497號	1. 《祐錄》卷二未載求那跋陀羅譯此經。《房錄》卷十、《內典錄》卷四及《開元錄》卷五皆記載求那跋陀羅譯此經，然未云譯經年月，若依此，則經中偈頌或可作爲泰始四年以前之資料看待（A.D.468，因求那跋陀羅卒於是年，則其譯經下限應在是年以前）。 2. 四言偈頌（16句）→P762c 3. 五言偈頌（8句）3首→P761c～762a；762a；762b 4. 五言偈頌（12句）→P761c 5. 五言偈頌（16句）2首→P762a；762b
	楞伽阿跋多羅寶經（四卷）	大正藏第16冊經集部670號	1. 《祐錄》卷二、《房錄》卷十、及《開元錄》卷五皆記載求那跋陀羅於道場寺譯此經。而除《祐錄》外，其餘三錄皆載是經譯於元嘉廿年，則經中偈頌應可作爲劉宋元嘉廿一年以前資料看待。 2. 四言偈頌（4句）2首→P487c；489b 3. 四言偈頌（6句）→P488b 4. 五言偈頌（4句）10首→P484b；484c；493a；494a～b；498b～c；503a～b 5. 五言偈頌（6句）2首→P484c；488a 6. 五言偈頌（8句）10首→P489a；490c；493b；493c；498a～b；499a；501b；510a；511b 7. 五言偈頌（10句）2首→P501c；512a 8. 五言偈頌（12句）6首→P480b；484c；494c；495b；496b；503a 9. 五言偈頌（14句）→P513b 10. 五言偈頌（16句）3首→P487b；500c；510c 11. 五言偈頌（18句）→P492a～b 12. 五言偈頌（20句）4首→P485c；499c；509a；513b 13. 五言偈頌（22句）→P490b 14. 五言偈頌（24句）2首→P499b；504b

譯者	經名	出處	附註
求那跋陀羅（劉宋）			15. 五言偈頌（26 句）→P480a～b 16. 五言偈頌（28 句）3 首→P501a；506a；509c 17. 五言偈頌（32 句）→P497b～c 18. 五言偈頌（34 句）→P484b 19. 五言偈頌（36 句）→P512c～513a 20. 五言偈頌（40 句）→P505a～b 21. 五言偈頌（42 句）3 首→P484c～485a；491c～492a；502b～c 22. 五言偈頌（58 句）→P500a～b 23. 五言偈頌（80 句）→P496c～497a 24. 五言偈頌（82 句）→P514a～ 25. 五言偈頌（137 句）→P507b～508b 26. 五言偈頌（363 句）→P480c～482b
	相續解脫地波羅蜜了義經（一卷）	大正藏第16冊經集部 678 號	1. 《祐錄》卷二、《房錄》卷十、及《開元錄》卷五皆記載求那跋陀羅於東安寺譯此經；然皆未云譯經年月，但經中偈頌應可作為泰始四年以前之資料看待（A.D.468，因求那跋陀羅卒於是年，則其譯經下限應在是年以前）。 2. 五言偈頌（12 句）→P718a
	相續解脫如來所作隨順處了義經（一卷）	大正藏第16冊經集部 679 號	1. 《祐錄》卷二、《房錄》卷十、及《開元錄》卷五皆未記載求那跋陀羅譯此經。則此經無法確定是否確屬求那跋陀羅所譯。 2. 五言偈頌（16 句）→P719c
	罪福報應經（一卷）	大正藏第17冊經集部 747 號	1. 《房錄》卷十、《內典錄》卷四及《開元錄》卷五皆記載求那跋陀羅譯此經；且《開元錄》中云：「一名《輪轉五道罪福報應經》」。《祐錄》卷二未載此經爲求那跋陀羅譯；然卷四〈新集續撰失譯雜經錄〉中，梁代僧祐將《五道輪轉罪福報應經》列爲失譯經。故雖無法完全確定此經爲求那跋陀羅所譯，但較能推測的是，僧祐時已見此經，則經中偈頌或可作爲梁代以前資料看待。 2. 五言偈頌（8 句）→P563b
	輪轉五道罪福報應經經（一卷）別本	大正藏第17冊經集部 747 號	1. 此經應係上經之別抄本。 2. 先五言（8 句）再七言（16 句）的偈頌形式→P564b～c

譯　者	經　名	出　處	附　　註
求那跋陀羅（劉宋）	阿難陀目佉尼呵離陀經（一卷）	大正藏第19冊密教部1013號	1.《房錄》卷十、《內典錄》卷四及《開元錄》卷五皆記載求那跋陀羅譯此經。《祐錄》卷二未載此經爲求那跋陀羅譯；然卷四〈新集續撰失譯雜經錄〉中，梁代僧祐將《阿難陀目佉尼呵離陀經》列爲失譯經。故雖無法完全確定此經爲求那跋陀羅所譯，但較能推測的是，僧祐時已見此經，則經中偈頌或可作爲梁代以前資料看待。 2. 本經凡偈頌皆六言： ◆（4 句）→P687a ◆（8 句）→P687a ◆（16 句）2 首→P686c～687a ◆（24 句）→P687c ◆（84 句）→P686a～c
慧簡（劉宋）	長者子六過出家經（一卷）	大正藏第 2 冊阿含部 134 號	1.《房錄》卷十、《內典錄》卷四及《開元錄》卷五皆記載慧簡譯此經。《祐錄》卷二未載此經爲慧簡譯；然卷四〈新集續撰失譯雜經錄〉中，梁代僧祐將《長者子六過出家經》列爲失譯經。故雖無法完全確定此經爲慧簡所譯，但較能推測的是，僧祐時已見此經，則經中偈頌或可作爲梁代以前資料看待。 2. 本經凡偈頌皆五言： ◆（4 句）3 首→P857b；857c
	貧窮老公經（一卷）	大正藏第 17 冊經集部 797 號	1.《房錄》卷十、《內典錄》卷四及《開元錄》卷五皆記載慧簡譯此經。《祐錄》卷二未載此經爲慧簡譯；然卷四〈新集續撰失譯雜經錄〉中，梁代僧祐將《貧窮老公經》列爲失譯經。故雖無法完全確定此經爲慧簡所譯，但較能推測的是，僧祐時已見此經，則經中偈頌或可作爲梁代以前資料看待。 2. 本經凡偈頌皆五言： ◆（16 句）→P743b
	貧窮老公經（一卷）別本	大正藏第 17 冊經集部 797 號	1. 此經應係上經別抄本。 2. 本經凡偈頌皆五言： ◆（16 句）→P744b～c
寶雲（劉宋）	佛本行經（七卷）	大正藏第 4 冊本緣部 193 號	1.《祐錄》卷二中寶雲譯經目並未登錄此經。《大正》中此現行本爲七卷本，署名寶雲譯，此乃據《開元錄》而定；而《祐錄》卷四僧祐〈新集續撰失譯雜經錄〉中，列有「佛本行經五卷」，則知僧祐時已將《佛本行經》列爲失譯人名，故此經未能確定必屬寶雲所譯。

譯　者	經　名	出　處	附　　註
寶雲（劉宋）			2. 本經皆以偈頌呈現，而無長行： • 因緣品：五言偈頌（168 句）→P54c～55c • 稱歎如來品：先五言（144 句）再接七言（8 句），再接五言（16 句），再接七言（8 句），再接五言（48 句），再接七言（16 句），再接五言（4 句）的偈頌形式→P55c～57a • 降胎品：先五言（68 句）再接七言（8 句），再接五言（16 句），再接七言（8 句），再接五言（54 句），再接七言（8 句），再接五言（8 句），再接七言（8 句），再接五言（50 句）的偈頌形式→P57a～58b • 如來生品：四言偈頌（282 句）→P58b～59b • 梵志占相品：四言偈頌（216 句）→P59b～60b • 阿夷決疑品：五言偈頌（242 句）→P60b～61c • 入譽論品：先四言（142 句）再接五言（112 句），再接四言（16 句）的偈頌形式→P61c～63a • 與眾婇女遊居品：四言偈頌（242 句）→P63a～64a • 現憂懼品：五言偈頌（348 句）→P64a～66a • 閻浮提樹蔭品：五言偈頌（248 句）→P66a～67b • 出家品：先五言（48 句）再接七言（32 句），再接五言（8 句），再接四言（256 句）的偈頌形式→P67a～69a • 車匿品：先五言（8 句）再接七言（8 句），再接四言（88 句），再接五言（148 句）的偈頌形式→P69a～70b • 瓶沙王問事品：先四言（16 句）再接五言（360 句）的偈頌形式→P70b～72b • 爲瓶沙王說法品：先五言（32 句）再接四言（432 句）的偈頌形式→P72b～74b • 不然阿蘭品：四言偈頌（424 句）→P74b～76a • 降魔品：先五言（120 句）再接七言（404 句）的偈頌形式→P76a～79a • 度五比丘品：四言偈頌（140 句）→P79a～c

譯　者	經　名	出　處	附　　註
寶雲（劉宋）			• 度寶稱品：五言偈頌（400 句）→P79c～82a • 廣度品：五言偈頌（328 句）→P82a～83c • 現大神變品：四言偈頌（794 句）→P83c～87a • 轉法輪品：先五言（32 句）再接四言（292 句）的偈頌形式→P87a～88b • 昇忉利天爲母說法品：五言偈頌（120 句）→P88b～89a • 憶先品：五言偈頌（188 句）→P89a～90a • 遊維耶離品：五言偈頌（304 句）→P90a～91c • 歎定光佛品：先五言（16 句）再接四言（112 句），再接五言（96 句），再接四言（176 句）的偈頌形式→P91c～93c • 降象品：先四言（20 句）再接五言（344 句）的偈頌形式→P93c～95c • 魔勸捨壽品：先四言（8 句）再接五言（472 句）的偈頌形式→P95c～98b • 調達入獄品：先五言（576 句）再接四言（8 句），再接五言（188 句）的偈頌形式→P98b～103a • 現乳哺品：五言偈頌（584 句）→P103a～106b • 大滅品：五言偈頌（504 句）→P106b～109b • 嘆無爲品：五言偈頌（480 句）→P109b～112a • 八王分舍利品：五言偈頌（558 句）→P112a～115b
智嚴（劉宋） 寶雲（劉宋）	無盡意菩薩經（六卷）	大正藏第 13 冊大集部 397-12 號	1. 此經應爲曇無讖所譯，請參見附錄表 7《大方等大集經》附註中說明。 2. 五言偈頌（72 句）→P184c～185b
曇摩蜜多（劉宋）	觀普賢菩薩行法經（一卷）	大正藏第 9 冊 277 號	1. 《祐錄》卷二、《房錄》卷十、《內典錄》卷四及《開元錄》卷五中，皆錄此經爲曇摩蜜多譯。《開元錄》卷五記載曇摩蜜多「從元嘉元年甲子至十八年辛巳，譯虛空藏神咒等經一十二部」，而曇摩蜜多於劉宋元嘉十九年卒（A.D.442），則經中偈頌應可作爲劉宋元嘉十九年以前資料看待。 2. 五言偈頌（56 句）→P393a～b

譯者	經名	出處	附註
曇摩蜜多 （劉宋）	虛空藏菩薩神咒經（一卷）	大正藏第13冊 大集部407號	1.《祐錄》卷二未載曇摩蜜多譯此經。《房錄》卷十、《內典錄》卷四及《開元錄》卷五皆記載曇摩蜜多譯此經，然譯經年月不詳，若依此，則經中偈頌應可作爲劉宋元嘉十九年（A.D.442）以前資料看待（因曇摩蜜多於劉宋元嘉十九年卒）。 2. 四言偈頌（4句）2首→P666c 3. 五言偈頌（4句）3首→P667b 4. 五言偈頌（8句）2首→P663c 5. 五言偈頌（16句）→P662c 6. 五言偈頌（26句）→P662b 7. 七言偈頌（8句）→P667a
	轉女身經（一卷）	大正藏第14冊 經集部564號	1.《祐錄》卷二未載曇摩蜜多譯此經。《房錄》卷十、《內典錄》卷四及《開元錄》卷五皆記載曇摩蜜多譯此經，然譯經年月不詳，若依此，則經中偈頌應可作爲劉宋元嘉十九年（A.D.442）以前資料看待（因曇摩蜜多於劉宋元嘉十九年卒）。 2. 五言偈頌（48句）→P920b～c
	象腋經（一卷）	大正藏第17冊 經集部814號	1.《祐錄》卷二未載曇摩蜜多譯此經。《房錄》卷十、《內典錄》卷四及《開元錄》卷五皆記載曇摩蜜多譯此經，然譯經年月不詳，若依此，則經中偈頌應可作爲劉宋元嘉十九年（A.D.442）以前資料看待（因曇摩蜜多於劉宋元嘉十九年卒）。 2. 五言偈頌（211句）→P785b～786b 3. 七言偈頌（80句）→P781c～782b
	諸法勇王經（一卷）	大正藏第17冊 經集部822號	1.《祐錄》卷二未載曇摩蜜多譯此經。《房錄》卷十、《內典錄》卷四及《開元錄》卷五皆記載曇摩蜜多譯此經，然譯經年月不詳，若依此，則經中偈頌應可作爲劉宋元嘉十九年（A.D.442）以前資料看待（因曇摩蜜多於劉宋元嘉十九年卒）。 2. 本經凡偈頌皆五言： ◆（4句）5首→P846b；846c ◆（8句）4首→P846a；846b；847b ～c ◆（16句）→P851c ◆（36句）→P851a～b ◆（94句）→P849b～850a

譯　者	經　名	出　處	附　　註
功德直（劉宋）	菩薩念佛三昧經（五卷）	大正藏第13冊大集部414號	1. 《祐錄》卷二、《房錄》卷十、《內典錄》卷四及《開元錄》卷五中，皆錄此經爲功德直譯。《祐錄》卷二云此經：「宋大明六年譯出」，則此經應可作爲劉宋大明七年以前資料看待。 2. 四言偈頌（14 句）→P793c 3. 四言偈頌（30 句）→P794a 4. 四言偈頌（58 句）→P800b～c 5. 四言偈頌（80 句）→P794b～c 6. 四言偈頌（120 句）→P794c～795a 7. 五言偈頌（4 句）→P813b 8. 五言偈頌（36 句）→P819a 9. 五言偈頌（38 句）→P819b～c 10. 五言偈頌（40 句）→P807a 11. 五言偈頌（44 句）→P804b 12. 五言偈頌（46 句）→P802a～b 13. 五言偈頌（48 句）3 首→P803b～c；807b～c；818c～819a 14. 五言偈頌（56 句）→P806a～b 15. 五言偈頌（64 句）→P801a～b 16. 五言偈頌（66 句）→P809a～b 17. 五言偈頌（72 句）→P802c～803a 18. 五言偈頌（84 句）→P817c～818b 19. 五言偈頌（98 句）→P808a～c 20. 五言偈頌（102 句）→P815a～c 21. 五言偈頌（112 句）→P805a～c 22. 五言偈頌（118 句）→P810b～811a 23. 五言偈頌（128 句）2 首→P812c～813b；814a～c 24. 五言偈頌（144 句）→P796a～797a 25. 五言偈頌（146 句）2 首→P811b～812b；816b～817a 26. 五言偈頌（358 句）→P797c799c
功德直（劉宋） 玄暢（劉宋）	無量門破魔陀羅尼經（一卷）	大正藏第19冊密教部1014號	1. 《祐錄》卷二、《房錄》卷十、《內典錄》卷四及《開元錄》卷五中，皆錄此經爲功德直譯。《祐錄》卷二云此經：「宋大明六年譯出」，則此經應可作爲劉宋大明七年以前資料看待。 2. 本經凡偈頌皆五言： ◆（6 句）→P690c

譯　者	經　名	出　處	附　　註
功德直（劉宋） 玄暢（劉宋）			◆（12 句）→P690b～c ◆（18 句）→P690a ◆（24 句）→P690a～b ◆（60 句）→P691a～b ◆（98 句）→P689b～690a
沮渠京聲（劉宋）	淨飯王般涅槃經（一卷）	大正藏第14冊經集部512號	1.《祐錄》卷二未載沮渠京聲譯此經。《房錄》卷十、《內典錄》卷四及《開元錄》卷五皆記載沮渠京聲譯此經，然譯經年月不詳，若依此，則經中偈頌應可作爲劉宋大明八年（A.D.464）以前資料看待（因沮渠京聲於劉宋大明八年卒）。 2. 五言偈頌（16 句）→P782a～b
	治禪病祕要法（二卷）	大正藏第15冊經集部620號	1.《祐錄》卷二、《房錄》卷十、《內典錄》卷四及《開元錄》卷五中，皆錄此經爲沮渠京聲譯，且皆云此經爲：「宋孝建二年於竹園寺出」。則此經應可作爲劉宋孝建三年以前資料看待。 2. 五言偈頌（16 句）2 首→P336b～c；340c 3. 五言偈頌（20 句）→P341a 4. 五言偈頌（24 句）→P337c
	進學經（一卷）	大正藏第17冊經集部798號	1.《房錄》卷十、《內典錄》卷四及《開元錄》卷五皆記載沮渠京聲譯此經。《祐錄》卷二未載沮渠京聲譯此經；然《祐錄》卷三〈新集安公失譯經錄〉中，東晉道安將此經列爲失譯經，則知道安時，已見此經。故經中偈頌或可作爲東晉太元十年以前（《祐錄》卷十五〈道安傳〉作道安卒年爲秦建元二十一年（A.D.385），慧皎《高僧傳》卷五〈道安傳〉亦作道安卒年爲東晉太元十年（A.D.385））資料看待。 2. 四言偈頌（8 句）→P744b
智吉祥（北宋）	巨力長者所問大乘經（三卷）	大正藏第14冊經集部543號	◆此經於大正藏中，列爲劉宋智吉祥所譯，此乃刊刻錯誤。智吉祥爲北宋譯經僧，且確有譯此經，今正之。
先公（劉宋）	月燈三昧經（一卷）	大正藏第15冊經集部620號	1.《祐錄》卷二未載此經。而《房錄》卷十、《內典錄》卷四及《開元錄》卷五中，皆錄此經爲先公譯。然卷四〈新集續撰失譯雜經錄〉中，梁代僧祐將《月燈三昧經》列爲失譯經。故雖無法完全確定此經爲先公所譯，但較能推測的是，僧祐時已見此經，則經中偈頌或可作爲梁代以前資料看待。

譯　者	經　名	出　處	附　　註
先公（劉宋）			2. 先六言（12 句）再七言（12 句）的偈頌形式，4 首→P620b；620c；621c；623a 3. 先六言（12 句）再七言（16 句）的偈頌形式→P622c 4. 先六言（16 句）再七言（12 句）的偈頌形式→P620a～b 5. 先六言（16 句）再七言（16 句）的偈頌形式，3 首→P621a～b；621c～622a；622b～c 6. 先六言（20 句）再七言（16 句）的偈頌形式→P621b 7. 先六言（24 句）再七言（16 句）的偈頌形式，2 首→P620c～621a；622a～b
僧伽跋摩（劉宋）	分別業報略經（一卷）	大正藏第 17 冊經集部 723 號	1. 《祐錄》卷二、《房錄》卷十、《內典錄》卷四及《開元錄》卷五中，皆錄此經爲僧伽跋摩譯。然各錄皆未載譯經年代，則以其於宋元嘉十年至鄴都，其後二、三年皆於此譯經來推論（見《祐錄．僧伽跋摩傳》），則經中偈頌應可作爲劉宋元嘉十三年以前資料看待。 2. 五言偈頌（710 句）→P446b～450c
畺良耶舍（劉宋）	觀藥王藥上二菩薩經（一卷）	大正藏第 20 冊密教部 1161 號	1. 《祐錄》卷二未載此經。而《房錄》卷十、《內典錄》卷四及《開元錄》卷五中，皆錄此經爲畺良耶舍譯。然卷四〈新集續撰失譯雜經錄〉中，梁代僧祐將《觀藥王藥上二菩薩經》列爲失譯經。故雖無法完全確定此經爲畺良耶舍所譯，但較能推測的是，僧祐時已見此經，則經中偈頌或可作爲梁代以前資料看待。 2. 五言偈頌（8 句）3 首→P662b；665c；666a
求那毘地（南齊）	百喻經（四卷）	大正藏第 4 冊本緣部 209 號	1. 《祐錄》卷二、《房錄》卷十一及《開元錄》卷六中，皆錄此經爲求那毘地譯，且《祐錄》云此經於：「齊永明十年九月十日譯出。」則經中偈頌應可作爲南齊永明十一年（A.D.492）以前資料看待。 2. 本經凡偈頌皆五言： ◆（7 句）→P552a ◆（8 句）→P556c ◆（15 句）→P551c ◆（24 句）→P557c

譯　者	經　名	出　處	附　　　註
曇摩伽陀耶舍（南齊）	無量義經（一卷）	大正藏第 9 冊 276 號	1. 《祐錄》卷二、《房錄》卷十一及《開元錄》卷六中，皆錄此經為曇摩伽陀耶舍譯，且云此經於齊高帝建元三年（A.D.481）於廣州譯，則經中偈頌應可作為南齊建元四年以前資料看待。 2. 七言偈頌（102 句）→P384c～385b
釋曇景（南齊）	摩訶摩耶經（二卷）	大正藏第 12 冊 383 號	1. 《祐錄》卷二未載此經。而《房錄》卷十一、《內典錄》卷四及《開元錄》卷六中，皆錄此經為釋曇景譯。然卷四〈新集續撰失譯雜經錄〉中，梁代僧祐將《摩訶摩耶經》列為失譯經。故雖無法完全確定此經為釋曇景所譯，但較能推測的是，僧祐時已見此經，則經中偈頌或可作為梁代以前資料看待。 2. 五言偈頌（4 句）4 首→P1007c；1008c；1011c；1012a 3. 五言偈頌（8 句）2 首→P1008c；1014b 4. 五言偈頌（10 句）5 首→P1006b；1008a～b；1010c；1013b 5. 五言偈頌（14 句）2 首→P1009c～1010a；1014a 6. 五言偈頌（16 句）3 首→P1006a；1012b～c；1013a 7. 五言偈頌（18 句）→P1005a～b 8. 五言偈頌（22 句）→P1012c 9. 五言偈頌（24 句）→P1009b 10. 五言偈頌（26 句）→P1005b～c 11. 五言偈頌（100 句）→P1006b～1007a 12. 七言偈頌（8 句）→P1014b～c 13. 七言偈頌（10 句）→P1012b 14. 七言偈頌（14 句）→P1014c
	未曾有因緣經（二卷）	大正藏第 17 冊經集部 754 號	1. 《祐錄》卷二未載此經。而《房錄》卷十一、《內典錄》卷四及《開元錄》卷六中，皆錄此經為釋曇景譯。然卷四〈新集續撰失譯雜經錄〉中，梁代僧祐將《未曾有因緣經》列為失譯經。故雖無法完全確定此經為釋曇景所譯，但較能推測的是，僧祐時已見此經，則經中偈頌或可作為梁代以前資料看待。 1. 四言偈頌（14 句）→P583a 2. 四言偈頌（24 句）→P577b 3. 五言偈頌（4 句）→P586c 4. 五言偈頌（36 句）→P586c～5587a 5. 七言偈頌（31 句）→P577a 6. 七言偈頌（32 句）→P576c～577a

譯　者	經　名	出　處	附　　註
僧伽婆羅等人譯（梁）	度一切諸佛境界智嚴經（一卷）	大正藏第12冊358號	1.《房錄》卷十一、《內典錄》卷四及《開元錄》卷六中，皆錄此經為僧伽婆羅譯。而各錄皆載僧伽婆羅於梁天監五年於揚都譯經，故經中偈頌應可視為梁天監六年以前資料看待。 2. 四言偈頌（12 句）2 首→P251a 3. 五言偈頌（24 句）→P250c 4. 五言偈頌（38 句）→P253b～c
僧伽婆羅（梁）	大乘十法經（一卷）	大正藏第11冊寶積部314號	1.《房錄》卷十一、《內典錄》卷四及《開元錄》卷六中，皆錄此經為僧伽婆羅譯。而各錄皆載僧伽婆羅於梁普通元年譯，故經中偈頌應可視為梁普通二年以前資料看待。 2. 本經凡偈頌皆五言： ◆（4 句）→P769b ◆（6 句）→P767b ◆（8 句）6 首→P765a；765c；766a；765b；769a ◆（12 句）2 首→P764b；767a
	八吉祥經（一卷）	大正藏第14冊經集部430號	1.《房錄》卷十一、《內典錄》卷四及《開元錄》卷六中，皆錄此經為僧伽婆羅譯。而各錄皆載僧伽婆羅於梁天監五年於揚都譯經，故經中偈頌應可視為梁天監六年以前資料看待。 2. 五言偈頌（42 句）→P75c
	文殊師利問經（二卷）	大正藏第14冊經集部468號	1.《房錄》卷十一、《內典錄》卷四及《開元錄》卷六中，皆錄此經為僧伽婆羅譯。而各錄皆載僧伽婆羅於梁天監十七年譯，故經中偈頌應可視為梁天監十八年以前資料看待。 2. 四言偈頌（4 句）2 首→P495a 3. 四言偈頌（10 句）→P505b 4. 五言偈頌（4 句）11 首→P493a；493c；494b；495a；495c；496a～c；502b；502c；503c 5. 五言偈頌（6 句）→P504a～b 6. 五言偈頌（8 句）7 首→P493b；494a；497a；501b；503a～b；504a；508a～b 7. 五言偈頌（10 句）4 首→P494c；495a～b；497c 8. 五言偈頌（12 句）2 首→P494a；494b 9. 五言偈頌（16 句）2 首→P494b；502a 10. 五言偈頌（24 句）→P509a 11. 七言偈頌（6 句）→P506c

譯　者	經　名	出　處	附　　註
僧伽婆羅（梁）	舍利弗陀羅尼經（一卷）	大正藏第19冊密教部1016號	1.《房錄》卷十一、《內典錄》卷四及《開元錄》卷六中，皆錄此經為僧伽婆羅譯。而各錄皆載僧伽婆羅於梁天監五年於揚都譯經，故經中偈頌應可視為梁天監六年以前資料看待。 2. 四言偈頌（10句）→P696c 3. 五言偈頌（4句）→P697a 4. 五言偈頌（8句）→P697a 5. 五言偈頌（18句）→P696c～697a 6. 五言偈頌（66句）→P697b～698a 7. 五言偈頌（80句）→P696a～c
曼陀羅仙（梁） 僧伽婆羅（梁）	大乘寶雲經（七卷）	大正藏第16冊經集部659號	1.《房錄》卷十一、《內典錄》卷四及《開元錄》卷六中，皆錄此經為曼陀羅仙共僧伽婆羅譯。而各錄未詳譯經年月，然《開元錄》卷六載此經為：「曼陀羅仙……以武帝天監二年癸未屆於梁都，敕僧伽婆羅令共翻譯。」故經中偈頌應可視為梁天監三年以前資料看待。 2. 五言偈頌（40句）→P243b～c 3. 五言偈頌（66句）→P281c～282a 4. 七言偈頌（40句）→P243a～b
月婆首那（梁）	大乘頂王經（一卷）	大正藏第14冊經集部478號	1.《房錄》卷十一、《內典錄》卷四皆載月婆首那譯此經；且二錄皆載月婆首那於梁武帝大同年間譯是經。雖未言明是經於大同何年所譯，然經中偈頌應可作為梁代中大同元年前（因大同末年接續中大同元年）之資料看待。 2. 五言偈頌（4句）7首→P597c；598a；603b 3. 五言偈頌（8句）2首→P598a；603b～c 4. 五言偈頌（12句）→P598b 5. 五言偈頌（16句）3首→P598c～599a；599a～b；601a 6. 五言偈頌（20句）→P598a～b 7. 五言偈頌（28句）2首→P598b；598c 8. 五言偈頌（32句）→P599a 9. 五言偈頌（80句）2首→P597b～c；605a～b 10. 五言偈頌（101句）→P602c～603a 11. 五言偈頌（106句）→P599b～600a 12. 五言偈頌（152句）→P600a～601a 13. 五言偈頌（200句）→P601b～602b 14. 五言偈頌（218句）→P603c～604c 15. 七言偈頌（20句）→P603b

譯　者	經　名	出　處	附　　註
月婆首那（陳）	勝天王般若波羅蜜經（七卷）	大正藏第 8 冊般若部 231 號	1. 《房錄》卷九、《內典錄》卷五及《開元錄》卷七中，皆錄此經爲月婆首那譯。而各錄皆載月婆首那於梁太清二年譯，故經中偈頌應可視爲梁太清三年以前資料看待。 2. 四言偈頌（28 句）→P723c 3. 五言偈頌（4 句）4 首→P725a～b 4. 七言偈頌（16 句）→P724b 5. 七言偈頌（42 句）→P724a 6. 七言偈頌（48 句）→P724a～b
眞諦（梁）	無上依經（二卷）	大正藏第16冊經集部 669 號	1. 《房錄》卷十一未載眞諦譯此經。而《內典錄》卷五及《開元錄》卷六皆載眞諦譯此經；《內典錄》云此經於陳永定二年譯。故經中偈頌或可作爲陳代永定三年之資料看待。 2. 本經凡偈頌皆七言： ◆（8 句）→P471a ◆（126 句）→P476c～477b
眞諦（陳）	解節經（一卷）	大正藏第16冊經集部 677 號	1. 《房錄》卷九、《內典錄》卷五及《開元錄》卷七中，皆錄此經爲眞諦譯；而各錄皆未詳是經譯經年代。然《續高僧傳．眞諦傳》中記載眞諦於陳太建元年逝，故經中偈頌應可作爲陳代太建元年以前資料看待。 2. 本經凡偈頌皆五言： ◆（4 句）→P712c ◆（8 句）2 首→P712b；713c

圖一：《大正藏》三言偈頌示例——以東漢支讖所譯《般舟三昧經》為例（見《大正》13・898b～c）

菩薩比丘比丘尼優婆塞優婆夷。及諸天龍阿須輪諸夜叉迦樓羅甄陀羅摩睺勒等。無央數衆。一切都在大會坐。是時颰陀和菩薩。從坐起整衣服。長跪叉手白佛。願欲有所問。聽者今當問。佛言善哉。恣汝所問。今當爲汝說之。颰陀和問佛言。菩薩當行何等法得智慧。如巨海攬萬流。云何行。博達衆智所聞悉解而不疑。云何行。自識宿命所從來生。云何行。得長壽。云何行。常在大姓家生。父母兄弟宗親知識無不愛敬。云何行。得端正顏好美艷。云何得高才與衆絕異。智慧通達無所不包。云何行。功立相滿自致成佛威神無量。成佛境界莊嚴國土。云何行。降魔怨。云何行。而得自在所願不違。云何行。得入總持門。云何行。得神足遍至諸佛土。云何行。得勇猛如師子無所畏。一切魔不能動。云何行。得佛聖性。諸經法悉受持。皆了知而不忘。云何行。得自足離諛諂。不著三處。云何行。得無罣礙持薩云若教不失佛意。云何行。得人信。云何行。得八種聲入萬億音。云何行。得具足相好。云何行。得徹聽。云何行。得道眼觀未然。云何行。得十力正眞慧。云何行。心一等念十方諸佛悉現在前。云何行。知四事之本無。云何行。便於此間見十方無數佛土。其中人民天龍鬼神及蜎動之類。善惡歸趣皆了知。所問如是。當云何行。願佛說之釋一切疑。佛告颰陀和。善哉。汝所問多所過度。不可復計。汝所以能作是問者。汝乃前世過去佛時。所作功德。供養諸佛。樂於經法。守禁戒行清淨所致。常行乞食不就請。多成就諸菩薩合會。敎語令棄衆惡。視一切悉平等所致。常有大慈大悲所致。汝功德不可復計。佛告颰陀和。有三昧名十方諸佛悉在前立。能行是法。汝之所問悉可得也。颰陀和白佛。願爲說之。今佛說者。多所過度安隱十方。爲諸菩薩現大明相。佛告颰陀和。有三昧名定意。菩薩常當守習持。不得復隨餘法。功德中最第一

行品第二

佛告颰陀和。菩薩欲疾得是定者。常立大信。如法行之則可得也。勿有疑想如毛髮許。是定意法。名爲菩薩超衆行

立一念　信是法　隨所聞
念其方　宜一念　斷諸想
立定信　勿狐疑　精進行
勿懈怠　勿起想　有與無
勿念進　勿念退　勿念前
勿念後　勿念左　勿念右
勿念無　勿念有　勿念遠
勿念近　勿念痛　勿念痒
勿念飢　勿念渴　勿念寒
勿念熱　勿念苦　勿念樂
勿念生　勿念老　勿念病
勿念死　勿念身　勿念命
勿念壽　勿念貧　勿念富
勿念貴　勿念賤　勿念色
勿念欲　勿念小　勿念大
勿念長　勿念短　勿念好
勿念醜　勿念惡　勿念善
勿念瞋　勿念喜　勿念坐
勿念起　勿念行　勿念止
勿念經　勿念法　勿念是
勿念非　勿念捨　勿念取
勿念想　勿念識　勿念斷
勿念著　勿念空　勿念實
勿念輕　勿念重　勿念難
勿念易　勿念深　勿念淺
勿念廣　勿念狹　勿念父
勿念母　勿念妻　勿念子
勿念親　勿念疎　勿念憎
勿念愛　勿念得　勿念失
勿念成　勿念敗　勿念清
勿念濁　斷諸念　一期念
意勿亂　常精進　勿懈怠
勿歲計　勿日倦　立一念
勿中忽　除睡眠　精其意
常獨處　勿聚會　避惡人
近善友　親明師　視如佛
執其志　常柔弱　觀平等
於一切　避鄉里　遠親族
棄愛欲　履清淨　行無爲
斷諸欲　捨亂意　習定行
學文慧　必如禪　除三穢
去六入　絕婬色　離衆受
勿貪財　多畜積　食知足
勿貪味　衆生命　愼勿食
衣如法　勿綺飾　勿調戲
勿憍慢　勿自大　勿貢高

圖二：《大正藏》四言偈頌示例——以吳支謙所譯《義足經》為例（見《大正》4・175b～c）

至*便喜笑而去
佛語諸比丘。不*但是返解是梵志憂。過去久遠。是閻浮利地有五王。其一王名曰桀貪。治國不正。大臣人民。悉患王所爲。便共集議言。我曹家家出兵。皆拔❶白到王前。共謂王寧自知所爲不正施行貪害萬姓。不急出國去。不者必相害傷。王聞大恐怖戰慄。衣毛悉堅。以車騎而出國去。窮厄織草蓆。賣以自給。大臣人民。取王弟拜作王。便正治不枉萬姓。故王桀貪聞弟❷興將爲王。即內歡喜計言。我可從弟有所乞。可以自活。便上書具自陳說。便從王乞一鄉。可以自給。王即與之。愍傷其厄。得一鄉便正治。復乞兩鄉。四五至十鄉。二十三十四十五十至百鄉。二百至五百鄉。便復乞半國。王即與之。便正治。如是久遠。桀貪生念。便興半國兵。攻弟國。即勝。便自得故國。復生念。我今何不悉興一國兵。攻二國三國四國。便往攻悉得勝。復正治四國。復生念。今我何不興四國兵。攻第五國。便往攻即復得勝。是時陸地盡。四海內皆屬王。便改號自立爲大勝王。天帝釋便試之。寧知厭足不。便化作小童梵志。姓駒夷。欲得見王。被髮❸拄金杖。持金瓶。住宮門。守門者白王言。外有梵志。姓駒夷欲見王。王言大善。便請前坐。相勞問畢。却謂王言。我屬從海邊來。見一大國豐樂。人民熾盛。多有珍寶。可往攻之。王審足復欲得是國。王言。我大欲得。天王謂言。可益裝船興兵相待。却後七日。當將王往適。言天王便化去。到其日便大興兵益裝船。不見梵志來。是時王愁憂不樂。拍髀如言。怨哉我今以亡是大國。如得駒夷不堅獲。如期反不見。是時一國人民。迴坐向王。王啼亦啼。王憂亦憂。王處憂未嘗止聞識經偈。便生意而說言

增念隨欲　已有復願　日盛爲喜
從得自在

王便爲衆人。說欲偈意。有能解是偈義者。上金錢一千。時坐中有少年。名曰鬱多。鬱多即白王言。我能解是義。相假七日乃來對。到七日白母言。我今欲到王所解王憂。母謂子。子且勿行。帝王難事如❹燃火。其教如利刀。難可親近。子言。母勿愁憂。我力自能❺淹王偈義。❻當得重謝。可以極自娛樂。便到王所言。我今來對其義。即說偈言

增念隨欲　已有復願　已放不制
如渴飲湯　悉以世地　滿馬金銀
悉得不厭　有黠正行　如角距生
日長取增　人生亦爾　不覺欲增
飢渴無盡　日日復有　金山拄天
狀若須彌　悉得❼不厭　有黠正行
欲致痛冥　未嘗聞之　願聞遠欲
厭者以黠　厭欲爲尊　欲漏難離
黠人覺苦　不隨愛欲　如作車輪
能使致堅　稍稍去欲　意稍得安
欲得道定　悉捨所欲

王言知意。悉治世地盡。四海內無不至屬。是亦可爲厭。乃復遠欲貪海外國。大勝王即謂鬱多言

童子若善　以尊依世　說欲甚痛
慧計乃爾　汝說八偈　偈上千錢
願上大德　說義甚哀

鬱多以偈報言

不用是寶　取可自給　最後說偈
意遠欲樂　家母大王　身羸老年
念欲報母　與金錢千　令得自供

大勝王。便上金錢一千。使得供養老母。佛語諸比丘。是時大勝者。即種稻梵志是也。時童子鬱多者。則我身是也。我是時亦解釋是梵志痛憂。我今亦一切斷是梵志痛憂。已終不復著苦。佛以是本因。演是卷義。令我後學聞是說。欲作偈句爲後世作明。令我經法久住。義足經

❽增念隨欲　已有復願　日增爲喜
從得自在　有貪世欲　坐貪癡人
既亡欲願　毒箭著身　是欲當遠
如附蛇頭　違世所樂　當定行禪
田種珍寶　牛馬養者　坐女繫欲
癡行犯身　倒羸爲強　坐服甚怨
次冥受❾痛　船破海中　❿故說攝意
遠欲勿犯　精進求度　載船至岸

佛說是義足經。比丘歡喜

⓫優塡王⓬經第二

聞如是。佛在舍衛國祇樹給孤獨園。時有一比丘。在⓭句參國⓮石間土室中。長⓯髮鬚爪。被壞衣。時⓰優塡王。欲出遊觀。到我迹

一九八　義足經卷上

一七五

❶白＝自【明】 ❷興＝與【三】 ❸拄＝柱【三】 ❹燃＝然【三】 ❺淹＝證【元】【明】 ❻當＋(復)【三】 ❼不＝無【三】 ❽增念…至岸～Sn. 766-771 (Kāma-sutta.) ❾痛＝病【三】 ❿故說攝意以下四句散文 ⓫Cf Sn. Aṭṭhaka-vagga, 2. Guhaṭṭhaka-sutta, & Comt. ⓬〔經〕－【三】* ⓭句參～Kosambī. ⓮石間＝石澗【三】* ⓯髮鬚＝鬚髮【元】【明】 ⓰～Udena.

圖三：《大正藏》五言偈頌示例——以劉宋求那跋陀羅所譯《勝鬘師子吼一乘大方便方廣經》為例（見《大正》12・217a～b）

No.353 〔No.310(48)〕

勝鬘師子吼一乘大方便方廣經

❶宋中印度三藏求那跋陀羅譯

❷如來眞實義功德章第一

如是我聞。一時佛住舍衞國祇樹給孤獨園。時波斯匿王及末利夫人。信法未久共相謂言。勝鬘夫人是我之女。聰慧利根通敏易悟。若見佛者必速解法心得無疑。宜時遣信發其道意。夫人白言。今正是時。王及夫人與勝鬘❸書略讚如來無量功德。即遣內人名旃提羅。使人奉書至阿踰闍國入其宮內敬授勝鬘。勝鬘得書歡喜頂受。讀誦受持生希有心。向旃提羅而說偈言

我聞佛音聲　世所未曾有
所言眞實者　應當修供養
仰惟佛世尊　普為世間出
亦應垂哀愍　必令我得見
即生此念時　佛於空中現
普放淨光明　顯示無比身
勝鬘及眷屬　頭面接足禮
咸以清淨心　歎佛實功德
如來妙色身　世間無與等
無比不思議　是故今敬禮
如來色無盡　智慧亦復然
一切法常住　是故我歸依
降伏心過惡　及與身四種
已到難伏地　是故禮法王
知一切爾焰　智慧身自在
攝持一切法　是故今敬禮
敬禮過稱量　敬禮無譬類
敬禮無邊法　敬禮難思議
哀愍覆護我　令法種增長
此世及後生　願佛常攝受
我久安立汝　前世已開覺
今復攝受汝　未來生亦然
我已作功德　現在及餘世
如是衆善本　唯願見攝受

爾時勝鬘及諸眷屬。頭面禮佛。佛於衆中即為❹受記。汝歎如來眞實功德。以此善根當於無量阿僧祇劫。天人之中為自在王。一切生處常得見我現前讚歎如今無異。當復供養無量阿僧祇佛過二萬阿僧祇劫。當得作佛號普光如來應正遍知。彼佛國土。無諸惡趣老病衰惱不適意苦。亦無不善惡業道名。彼國衆生色力壽命五欲衆具皆悉快樂。勝於他化自在諸天。彼諸衆生純一大乘。諸有修習善根衆生皆集於彼。勝鬘夫人得受記時。無量衆生諸天及人願生彼國。世尊悉記皆當往生

*十受章第二

爾時勝鬘聞受記已。恭敬而立受十大受。世尊。我從今日乃至菩提。於所受戒不起犯心。世尊。我從今日❺乃至菩提。於諸尊長不起慢心。世尊。我從今日乃至菩提。於諸衆生不起恚心。世尊。我從今日乃至菩提。於他身色及外衆具不起❻疾心。世尊。我從今日乃至菩提。於內外法不起慳心。世尊。我從今日乃至菩提。不自為己受畜財物。凡有所受悉為成熟貧苦衆生。世尊。我從今日乃至菩提。不自為己行四攝法。為一切衆生故。以不愛染心無厭足心無❼罣礙心攝受衆生。世尊。我從今日乃至菩提。若見孤獨幽繫疾病種種厄難困苦衆生。終不暫捨。必欲安隱。以義饒益令脫衆苦。然後乃捨。世尊。我從今日乃至菩提。若見捕養衆惡律儀及諸犯戒。終不棄捨。我得力時。於彼彼處見此衆生。應折伏者而折伏之。應攝受者而攝受之。何以故。以折伏攝受故令法久住。法久住者。天人充滿惡道減少。❽能於如來所轉法輪。而得隨轉。見是利故❾救攝不捨。世尊。我從今日乃至菩提。攝受正法終不忘失。何以故。忘失法者則忘大乘。忘大乘者則忘波羅蜜。忘波羅蜜者則不欲大乘。若菩薩不決定大乘者。則不能得攝❿受正法欲。隨所樂入。永不堪任越凡夫地。我見如是無量大過。又見未來攝受正法。菩薩摩訶薩無量福利故受此大受。法主世尊現為我證。⓫唯佛世尊現前證知。而諸衆生善根微薄。或起疑網以十大受極難度故。彼或長夜非義饒益不得安樂。為安彼故。今於佛前說誠實誓。我受此十大受如說行者。以此誓故於大衆中當雨天花出天妙音。說是語時於虛空中雨衆天花出妙聲言。如是如是如汝所說眞實無異。彼

❶宋中印度＝宋天竺(宋)(宮)，劉宋天竺(元)(明)，〔宋中印度…譯〕譯號一(知)　❷〔如來眞實義功德章第一〕章題一(三)(宮)(知)*　❸書＝畫(知)　❹受＝授(三)(宮)(知)　❺乃至十(乃至)(知)　❻疾＝嫉(三)(宮)　❼〔罣〕一(宮)(知)　❽〔能〕一(宮)(知)　❾救＝故(明)(宮)　❿〔受〕一(宮)(知)　⓫唯＝惟(宮)(三)*，雖(知)

三五三　勝鬘師子吼一乘大方便方廣經

二一七

圖四：《大正藏》六言偈頌示例——以西晉竺法護所譯《文殊師利現寶藏經》為例（見《大正》14．465a～b）

厭無放逸禪無所欲不退轉。五精進者。謂多求博聞。於彼施無放逸。常寂靜然奉聖賢智慧。六精進者。謂*習四恩之行以善權慧教授放逸。七精進者。謂身意行。其身意不亂心爲空寂。八精進者。謂爲一切故。於諸行等慈意。於法義精進而無放逸慈。於諸法無所著。九精進者。謂爲他人(1)及衆生皆發道意無放逸觀諸世間。譬(2)如焰幻不捨道(3)也。十精進者。謂所造行如救頭然。入於誠諦無放逸。滅於盡證(4)慧無起施。十一精進者。謂具足諸相好。積累善本入無放逸。觀於法身無所起。十二精進者。謂嚴其佛國而無放逸。淨於衆生之土。十三精進者。謂嚴淨具足三十七道品之法已脫諸滅冥。喜樂如來菩薩善權方便。是皆從精進而致之。是謂善權智慧。菩薩受是則致(5)擁護不退轉。得立無上正眞道。說是語時。闍耶末菩薩。得不起法忍。欣然而踊住於虛空。去地四丈九尺。三千大千世界地。則爲六反震動。其大光明普遍佛國。於虛空中而雨天華。箜篌樂器不鼓自鳴

爾時佛便笑。諸佛世尊笑法。無央數不可計。百千光色從佛口出。青黃赤白黑。遍諸無量佛國。還遶佛三匝。於頂上忽然不現。於是賢者阿難(6)整衣服從坐起。右膝著地。長跪叉手。以偈嗟歎而問佛(7)曰

智慧力吉祥明　導師光七尺華
微妙相三十二　諸種好爲具足
如師子在衆中　行步威猛勢至
今佛者何緣笑　願尊將爲解說
所說法(8)趺如電　音殊妙師子吼
鶵隨鳴振寶響　其聲勝於梵天
(9)佛語普遍衆人　其聲皆暢三千
於一切常如應　聞柔軟無不了
(10)語弟子以緣覺　彼智慧無善明
終不與菩惠等　衆菩薩亦難及
今誰當得慧力　願導師說開度
若天龍世(11)間人　阿須倫皆發意
以脫於一切受　心中聞無所著
無量行無罣礙　(12)踰不等無數億
不可限無計數　以平等爲度世
今願(13)問空正慧　以何故而喜笑
青(14)赤黃白之色　種種光甚(15)照曜
共妙(16)暉從口出　照無數恒沙土
遍無量百佛國　諸種大等無身
一切寂無所見　佛善利無恐懼
其光明欲出時　諸弟子莫能及
得未曾見而照　佛亦說緣覺事
今願解大乘行　一切智慧最上
其光炎從頂入　今所至無垢穢
善哉快過諸天　及世人所奉事
願審諦而說義　佛一言無有異
斷(17)六會諸狐疑　今正覺何緣笑
聞佛語歡喜悅　無數人悉踊躍

佛告賢者阿難。汝爲見闍耶末族姓子。踊在虛空去地四丈九尺。住於空中已得法忍。叉手如立稽首禮我。百千諸天來共供養。阿難言。唯然已見世尊。佛告阿難。是闍耶末族姓子。已奉事七十二億佛。修善積德。常作轉輪聖王。悉奉事諸佛世尊。佛般泥曰已後。皆於七十二億佛所。(18)建清淨梵行。皆護佛正法。佛言。阿難。是闍耶末族姓子。後當見奉事五恒沙等如來。供(19)承教述清淨行。當教授無央數菩薩。然後積累覺意之法。無數劫已。(20)得作佛號曰慧王如來無所著等正覺在世教授具足慧行天人師無上士道法御天上天下尊佛天中天。其世界名曰喜見。劫號一寶嚴淨。佛告阿難。其喜見世界。譬如他化自在第六天上所有。喜見佛國人民所居處供養亦如是。是諸人民。無有六境界之法來至。其前。一切人民相見。皆歡喜悉喜樂。見慧王如來皆忻悅。以是故彼世界名曰喜見。彼時如來教授一劫爲作佛事。其正覺壽亦一劫。是故其劫號曰一寶嚴淨。彼世尊但以純菩薩爲衆。九十二億菩薩。皆不退轉。諸菩薩逮無所罣礙慧。(21)起光德本。其慧王如來欲般(22)泥洹。有菩薩名曰師子過而行。當(23)受彼決我般泥曰已後。是師子過而行菩薩當得佛。亦號師子過而行如來在世間教授。彼如來般泥曰已後。其法住十小劫。其如來舍利幷合俱起一塔。廣長二千四百里。高三千二百里。皆以七寶作塔。衆人悉各各共供養塔。於是闍耶末族姓子。從虛空來下。前稽首佛足。住世尊前。說法界無所壞。以偈而讚佛曰

我種及法界　人(24)土亦俱等
是界爲慧壃　以此授吾決

(1)及＋(逮)【三】【宮】　(2)如焰＝若如【三】【宮】　(3)也＝心【三】【宮】　(4)慧＝惠【三】【宮】　(5)擁護＝善權擭【元】【明】　(6)整＝正【宋】【元】【宮】　(7)〔曰〕－【三】【宮】　(8)趺＝駛【三】【宮】　(9)佛＝所【三】【宮】　(10)語＝諸【三】【宮】　(11)間人＝人間【宋】【宮】　(12)踰＝喻【三】【宮】　(13)問＝聞【三】【宮】　(14)赤黃＝黃赤【明】　(15)照曜＝焜曜【宋】【元】【宮】，焜耀【明】　(16)暉＝輝【元】【明】　(17)六＝大【宮】　(18)建＝見【明】　(19)承＝蒸【三】【宮】　(20)(當)＋得【三】【宮】　(21)起＝超【元】【明】　(22)泥洹＝泥曰【三】【宮】　(23)受＝授【三】【宮】　(24)土＝士【宮】

圖六一　文殊師利現寶藏經卷下　四六五

圖五：《大正藏》七言偈頌示例——以姚秦鳩摩羅什所譯《思益梵天所問經》為例（見《大正》15．56c）

五八六　思益梵天所問經卷第四

道者有隨法行。世尊。行正行者無有邪法。所以者何。諸法平等無差別故。爾時思益梵天謂不退轉天子。汝於此中隨法行不。答言。若世尊所說法中有二①相者。我當行隨法行。今以無二相是隨法行。於中行者及所行法俱不可得。梵天。我以不二法行隨法行。離諸分別故如諸法如行。是名隨法行。思益言。汝未曾見此②佛土耶。天子言。此佛土亦未曾見我。思益言。此佛土不能思惟分別見與不見。天子言。我亦不思惟分別曾於佛土見與不見。思益言。何人未見能見。③答言。一切凡夫未見聖法位。若能入者是爲先所未見而見。是法位相非眼所見。非耳鼻舌身意識所知。但應隨如相。見如眼如乃至意如法位如亦如是。若能如是見者是名正見。④◎

◎⑤授不退轉天子記品第十五⑥丹師子吼品第十九

⑦爾時釋提桓因白佛言。世尊。譬如賈客主入於寶洲。其人所見皆是寶物。如是成就不可思議功德者。有所樂說皆是法寶。所樂說者皆⑧是實際。所樂說者。於諸法中無所貪著不著彼我。所樂說者。皆是眞實⑨無有顚倒。所樂說者。過去際空。未來際不可得。現在際不起見。所樂說者。不信解者得信解。信解者得解脫。所樂說者。破增上慢。無增上慢者自說所作已辦。所樂說者。魔不得⑩便。所聽法者超度魔事。所樂說者。未生善法令生。已生善法令得增長。所樂說者。已生諸煩惱令斷。未生諸煩惱令不生。所樂說者。未大莊嚴⑪者令大莊嚴。已大莊嚴者令不退轉。所樂說者。不斷滅諸法而護佛法。世尊。以是樂說。能降伏一切外道。所以者何。一切野干不能於師子王前自現其身。⑫況聞其吼。世尊。一切外道諸論議師。不能堪忍無上師子之吼。亦復如是。⑬八幅爾時佛告下丹爲梵行牢强精進品第二十

爾時不退轉天子謂釋提桓因。憍尸迦。所言師子吼。師子吼者爲何謂⑭耶。答言。若行者說法無所貪著。是名師子吼。若行者貪著所見而有所說。是野干鳴。不名師子吼。起諸⑮邪見故。天子。汝當復說所以爲師子吼者。天子言。憍尸迦。有所說法乃至如來尚不貪著。何況餘法。是名師子吼。又憍尸迦。如說修行名師子吼。決定說法名師子吼。說法無畏名師子吼。又憍尸迦。若行者爲不生不滅不出故說法名師子吼。若爲無垢無淨無合無散故說法名師子吼。又憍尸迦。師子吼名決定說一切法無我無衆生。師子吼名決定說諸法空。師子吼名守護法故而有所說。師子吼名作是願言我當作佛滅一切衆生苦惱。師子吼名於清淨所須物中少欲知足。師子吼名常能不捨阿蘭若住處。師子吼名行施唱導。師子吼名不捨持戒。師子吼名等心怨親。師子吼名常行精進不捨本願。師子吼名能除煩惱。師子吼名以⑯智慧善知所行。說是師子吼法時。三千大千世界六種震動。百千伎樂不鼓自鳴。其大光明普照天地。百千諸天踊躍歡喜言。我等聞不退轉天子說師子吼法。於閻浮提再見轉法輪。時佛微笑。諸佛常法若微笑時。若干百千種。青黃赤白紅紫等光。從口中出普照無量無邊世界。上過梵世蔽日月光。還繞身三匝從頂相入。於是思益梵天向佛合掌。以偈讚曰

度一切慧最勝尊　悉知三世衆生行
智慧功德及解脫　唯願演說笑因緣
佛慧無量無障礙　聲聞緣覺所不及
知衆生心隨⑰意說　願最上尊說笑緣
佛光可樂淨無穢　普照天人蔽日月
須彌鐵圍及⑱衆山　願無比尊說笑緣
大聖寂然離瞋恨　天人瞻仰無厭足
一切皆蒙得快樂　願爲分別⑲笑因緣
通達諸法空無我　水沫雲⑳露夢所見
水中月影虛空相　願以妙音說笑緣
離分別㉑想諸邪見　了空無相及無作
常樂禪定㉒寂然法　願說放此淨光緣
不著文字言音聲　說不依法及衆生
彼各自謂爲我說　願神通智說笑緣
佛爲醫王滅衆病　那羅延力救世者
趣㉓舍燈明究竟道　天人供養說笑緣㉔

爾時佛告思益梵天。汝見是不退轉天子不。唯然已見。梵天。此不退轉天子從今已後。過三百二十萬阿僧祇劫。當得作佛號須彌燈王如來應供正遍知明行足善逝世間解無上士調御丈夫天人師佛世尊。世界名㉕妙化。劫名梵歎。其佛國土以閻浮檀金琉璃爲地。純以菩薩爲僧。無諸魔怨。所須之物應念卽至。佛壽無量不可計㉖數。於是思益梵天。謂不退轉天子。如來今已授仁者記。天子言。梵天。如與如法性㉗受記。與我*受記亦復如是。

①相＋（行）【聖】　②佛＋（國）【三】【宮】　③答＝天子【三】【宮】　◎　④卷第三終【三】【宮】　◎　④　⑦不分品【聖】　◎　⑤卷第四首，授不退轉天子記品第十五＝師子吼品第十九【三】【聖】　⑥〔丹師…十九〕－【三】【宮】　⑧是＝示【三】　⑨無有＝無所【宮】　⑩便＝侵【聖】　⑪〔者〕－【三】【宮】　⑫（何）＋況【三】【宮】【聖】　⑬〔八幅…二十〕－【三】【宮】【聖】　⑭耶＝也【三】【宮】　⑮邪見＝所見【宮】　⑯〔智〕－【三】【宮】　⑰意＝應【三】【宮】【聖】　⑱衆山＝衆生【聖】　⑲笑因緣＝說笑緣【三】【宮】　⑳露＝霧【聖】　㉑想＝相【聖】　㉒寂然＝寂滅【聖】　㉓舍燈＝捨光【三】【宮】　㉔梵行牢强精進品第二十＋（品題次行）【三】【宮】　㉕妙化＝妙華【三】【宮】　㉖數＝歲【三】【宮】【聖】　㉗受＝授【明】*

圖六：《大正藏》八言偈頌示例——以西晉法炬共法立所譯《法句譬喻經》為例（見《大正》4・597a～b）

爲道。佛言善哉。鬚髮尋落即成沙門。內思
①止觀四諦正道。精進日②登得羅漢道

*法句譬喻經奉持品第二十七

昔有長老婆羅門。名薩遮尼③揵。才明多智國
中第一。有五百弟子。貢高自大不顧天下。以
鐵④鍱腹。人問其故答曰恐智溢出故*也。
聞佛出世道化明⑤達。心懷⑥妬嫉寤寐不安。
語諸弟子。吾聞瞿曇沙門自稱爲佛。今當往
問深妙之事。令其心悴不知所陳。即與弟子
往到祇洹列住門外。遙見世尊威光赫奕如
日初出。五情⑦騰⑧踊喜懼交錯。於是徑前爲
佛作禮。佛命就座坐訖尼*揵問佛言。何謂爲
道。何謂爲智。何謂爲長老。何謂爲端正。何謂
爲沙門。何謂爲比丘。何謂爲⑨仁明。何謂爲
⑩有道何謂爲奉⑪戒。若能解答願爲弟子。於
是世尊觀其所應以偈答言

常⑫慜好學　正心以行
⑬唯懷寶慧　是謂爲道
所謂智者　不必辯言
無恐無懼　守善爲智
所謂⑭老者　不以年耆
形熟髮白　惷愚而已
謂懷諦法　⑮順調慈仁
明達清⑯潔　是爲長老
所謂端正　非色如華
貪嫉虛飾　言行有違
謂能捨惡　根⑰原*已斷
慧而無恚　是謂端正
所謂沙門　不必除髮
妄語貪取　有欲如凡
謂能止惡　恢廓弘道
息心滅意　是⑱謂沙門
所謂比丘　非⑲持乞食
邪行望彼　⑳求名而已
謂捨罪㉑業　淨修梵行
慧能破惡　是爲比丘
所謂仁明　非口㉒所言
用心不㉓精　外順而已
謂心無爲　內行清虛
此彼寂滅　是爲仁明
所謂有道　非救一物
普濟天下　無害無道
奉持法者　不以多言
雖素少聞　身依法行
守道不㉔忘　是爲奉法

薩遮尼*揵及五百弟子。聞佛此偈歡喜開解。
棄捐貢高皆作沙門。尼㉕乾一人發菩薩心。
㉖五百弟子皆得㉗阿羅漢道

*法句譬喻經道行品第二十八

昔有婆羅門。㉘年少出家學㉙道。至年六十不
能得道。婆羅門法六十不得道。然後歸家娶
婦爲居。生得一男端正可愛。至年七歲書學聰
了。才辯出口有踰人之操。卒得重病一宿命
終。梵志憐惜不能自勝。伏其屍上氣絕復蘇。
親族諫喻㉚强奪㉛殯殮埋著城外。梵志自念。
我今啼㉜哭計無所益。不如往至閻羅王所乞
索兒命。於是梵志沐浴齋戒。齎持華香發舍
而去。所在問人閻羅王所治處爲在何許。展
轉前行㉝行數千里。至深山中見諸得道梵志。
復問如前。諸梵志問曰。卿問閻羅王所治處
欲求何等。答㉞言我有一子。㉟辯慧過人。近日
卒亡。悲窮懊惱不能自解。欲至閻羅王所乞
㊱索兒命還將㊲歸家養以備老。諸梵志等愍
其愚癡。即告之曰。閻羅王所治處。非㊳是生
人㊴可得到也。當㊵視卿方宜。從此西行四百
餘里有大川其中有城。此是諸天神案行世
間停宿之城。閻羅王常以月㊶八日案行必過
此城。卿持齋戒往必見之。梵志歡喜奉教而
去。到其川中見好城郭。宮殿屋㊷宇如忉利
天梵志詣門燒香翹脚呪願求見閻羅王。㊸王
敕㊹門㊺人問之。梵志啓言。晚生一男欲以
備老。養育七歲近日命終。唯願大王垂恩布
施還我兒命。閻羅王㊻言大善。卿兒今在東園
中戲自往將去。梵志即往見兒與諸小兒共
戲。即前抱之向之啼泣曰。我晝夜念汝食寐
不甘。汝寧念父母辛苦以不。小兒驚喚逆呵
之曰。癡騃老㊼翁不達道理。寄住須臾名㊽之
爲子。勿妄多言不如早去。今我此間自有父
母。邂逅㊾之間唐自㊿抱乎。梵志悵然悲泣而
去。即自念言。我聞瞿曇沙門知人魂神變化
之道。當往問之。於是梵志即還(51)求至佛所。
時佛在舍衛祇洹爲大衆說法。梵志見佛稽
首作禮。具以本末向佛陳之。實是我兒不肯

(51)〔求至〕－【三】【宮】

①止＝正【宮】 ②登＝證【三】 ③揵＝犍【宮】* ④〔鍱〕－【宮】 ⑤達＝遠【三】【宮】 ⑥妬嫉＝嫉妬【宮】 ⑦騰＝驚【三】 ⑧踊＝踴【宮】 ⑨仁＝人【宮】 ⑩〔有道何謂爲〕－【三】 ⑪戒＝法【宮】 ⑫慜＝敏【宮】 ⑬唯懷＝應行【宮】 ⑭老者＝長老【宮】 ⑮順＝損【宮】 ⑯潔＝淨【宮】 ⑰原＝源【元】【明】 ⑱謂＝爲【宮】 ⑲持＝特【宋】，時【元】【明】 ⑳求＝稱【宮】 ㉑業＝福【宮】 ㉒所＝不【三】 ㉓精＝淨【三】 ㉔忘＝妄【宋】 ㉕乾＝揵【宮】 ㉖五＋（晉有）【宋】 ㉗〔阿〕－【三】 ㉘年少＝少年【宮】 ㉙〔道〕－【三】【宮】 ㉚强奪＝奪尸【宮】 ㉛殯殮＝擯斂【宮】 ㉜哭＝泣【三】 ㉝〔行〕－【三】 ㉞言＝曰【宮】 ㉟辯慧＝慧辯【三】 ㊱索＝求【宮】 ㊲歸＝還【宮】 ㊳〔是〕－【三】 ㊴（所）＋可【宮】 ㊵視＝示【三】【宮】 ㊶八＝四【宮】 ㊷宇＝宅【宮】 ㊸（閻羅）＋王【三】 ㊹門人＝見【三】 ㊺人問＝見【宮】 ㊻言＋（所求）【三】【宮】 ㊼翁＝公【三】*【宮】* ㊽之＝人【三】【宮】 ㊾之間＝閒之【宮】 ㊿抱乎＝飽手【宮】

二一一　法句譬喻經卷第三　五九七

圖七：《大正藏》九言偈頌示例——以東漢竺大力共康孟詳所譯《修行本起經》為例（見《大正》3 · 468b～c）

一八四　修行本起經卷下　　四六八

(1)騫特送我出　得道不忘汝

於是*被馬訖。(2)騫特自念言。今當足(3)路地。馬時感動中外人。四神接擧足。令脚不著地。馬時復欲鳴使聲遠近聞。天(4)神散馬聲。皆令入虛空。太子卽上馬。出行詣城門。諸天龍神釋梵四天。皆樂導從。蓋於虛空。時城門神人現稽首言。迦維羅衛國。天下最爲中。豐樂人民安。何故捨之去。太子以偈答言

生死爲久長　精神經五道
使我本願成　當開泥洹門

於是城門自然便開。出門飛去。天曉行四百八十里。到阿奴摩國（*漢言常滿）太子下馬。解身寶衣瓔珞寶冠。盡與闡特。告言。汝便牽馬歸。上謝大王及國群臣。闡特言。今當隨從供給所須。不可獨還放馬令去。山中多有毒蟲虎狼師子。誰當供養飲食水漿床臥之具。當何從得。要當隨從與幷身命。(5)騫特長跪。淚出舐足。見水不飲。得草不食。鳴啼流涕徘徊不去。太子復說偈言

身强得病摧　氣盛老至衰
死亡生別離　云何樂世間

於是闡特。悲泣禮足。牽馬辭還。未至國城。四十里外。白馬悲鳴。其聲徹國中。國中皆云。太子來還。擧國人民。(6)絡繹出迎。但見(7)闡特牽馬空還。裘夷見此。自投殿下。(8)前抱馬(9)頸淚下交橫。王見裘夷泣。五內皆摧傷。自抑告言曰。吾子學自然。國中(10)臣民。見王及裘夷哽(11)咽悲泣。莫不爲摧傷。裘夷日夜思。王便召群臣。吾有一太子。捨我而入山。卿曹(12)今差次令數滿五(13)人。共追侍太子。愼勿中來還。太子得離俗。踊躍欣喜。安徐步行入城。國人覩太子。歡喜無有厭。太子離恩愛。遠諸苦惱根。思欲剃頭髮。倉卒無有具。帝釋持刀來。天神受髮去。遂復前行。國中人民。隨而觀之。於是出國。小復前行。到摩竭國。從右門入左門出。國中人民。男女大小。見太子者。或言天人。或言帝釋梵(14)王天神龍王。歡喜踊躍。不知何神。太子知其所念。便下道坐樹下。人民圍繞。歡喜觀視。時國王(15)瓶沙。卽問臣吏。國中何以寂默。了無音聲。對曰。朝有道士。經國過去。光相威儀。非世所有。國人大小。追出而觀。于今未還。於是王與群臣。出詣道士。遙見太子光相殊妙。便問太子。是何神乎。太子答言。吾非神也。若非神者。從何國來。何所姓族。太子報言。吾出香山之東雪山之北。國名迦維。父名白淨。母名摩耶。*瓶沙問言。將(16)非悉達乎。答言。是也。驚起禮足。太子生多奇異形相炳著。當君四天下爲轉輪聖王。四海顒顒冀神寶至。何棄天位。自投山藪。必有異見。願聞其志。太子答言。以吾所見。天地人物。出生有死劇痛有(17)三。老病死苦。不可得離。身爲苦器。憂畏無量。若在尊寵。則有憍逸。貪求快意。天下被患。此吾所厭故欲入山。諸耆長曰。夫老病死。自世之常。何獨預憂。乃棄美號。隱遁潛居。以勞其形。不亦難耶。於是太子。卽說頌言

如令人在胎不爲不淨
如令在淨不爲不淨汚
如令苦不爲多無有數
假令如是誰不樂世(18)者
如令人老形不若(19)干變
如令善行者不爲惡行
如令愛別離不爲苦痛
假令如是誰不樂世*者
如令病瘦無復有大畏
如令後世無有諸惡對
如令墮地獄無有苦痛
假令如是誰不樂世*者
如令年少形不變壞者
如令所不可不以著心
如令死至時無有衆畏
假令如是誰不樂世*者
如令愚癡不以爲厚冥
如令瞋恚不爲强怨家
如令五樂心不爲染(20)惡
假令如是誰不樂世者
如令不與諸癡人共居
如令衆癡法自遠離人
如令諸癡人無有思想
假令如是誰不樂世者
如令諸惡種不若干輩
如令諸惡盡滅自離人
如令諸惡念無有思想
假令如是誰不樂世者
如令世間惡爲最尊上
如令惡行已滅不復生

(1)騫＝搴〔三〕　(2)騫＝搴〔元〕〔明〕　(3)路＝蹋〔元〕〔三〕　(4)神＝便〔三〕　(5)騫＝搴〔明〕　(6)絡繹＝駱驛〔宋〕〔元〕　(7)闡特＝車匿〔三〕　(8)〔前〕－〔三〕　(9)頸＝歔欷〔三〕　(10)臣＝人〔宮〕　(11)咽＝噎〔三〕　(12)今＝相〔三〕　(13)人＋（人）〔宋〕　(14)〔王〕－〔三〕　(15)瓶＝萍〔三〕　(16)非＝無〔三〕　(17)三＝四〔三〕　(18)者＝間〔三〕　(19)干＝于〔宮〕　(20)惡＝汙〔元〕〔明〕

圖八：《大正藏》雜言偈頌示例——以東晉法顯所譯《大般泥洹經》為例（見《大正》12．859a～b）

此世。當觀世間皆悉無常。一切[1]衆行性亦如
是。爾時世尊卽爲純陀。而說偈言

正使久在世　終歸會當滅
雖生長壽天　命亦要之盡
事成皆當敗　有者悉[2]磨滅
壯爲老所壞　强者病所困
人生皆有死　無常安可久
無色無强力　亦無有壽命
妻子及象馬　錢財悉復然
世間諸親戚　眷屬皆別離
三界大恐怖　乃至惡道苦
斯等悉歸滅　安可不厭患
有有生老相　所謂慚恥法
計常所侵欺　而謂爲長存
清涼殊勝法　遠離於恐怖
亦得離生老　病死之大患
亂心愚癡垢　此等謂皆度
無量無有餘　妙勝之寂滅
其義實無常　亦非蔭護法
但是衆苦聚　虛僞非堅固
無堪無所忍　亦非可常保
斯等如蠶虫　結網而自纏
輪迴三界中　無一可樂處
唯有生老苦　病死之大患
知義者能見　壽命日夜流
[3]衰滅欺誑法　恐怖無[4]暫歎
疾病憂悲惱　諸非義盈滿
欲火[5]輪熾然　衆難競來集
智者永不住　受斯大苦痛
曉了五欲患　是非功德利
離欲無所貪　明了見眞實
是爲解脫觀　捨除諸生[6]者
呵責害結怨　究竟棄諸有
從此疾離一切數　猶如薪盡盛火滅
妙色湛然常安隱　不爲衰老所[7]滅磨
無量[8]疾苦不逼迫　壽命長存無終極
無邊苦海悉已度　不隨時節劫數遷
快哉如來超三界　生死輪迴不復惑
汝莫觀我永滅度　猶如須彌峙大海
純陀我今當泥洹　平等正法永安樂
諸明智者聞斯義　諦了分明不憂感
莫以生死危脆身　微淺智慧測量佛
我身眞實處安隱　唯是天尊能諦了

爾時純陀白佛言。善哉善哉。世尊。我等凡劣得知如來泥洹不可思議。世尊。我今便得與彼大人諸菩薩衆及諸羅漢等無有異。如文殊師利童子及[9]阿羅漢。此等衆中若有最初受戒。卽受戒[10]曰得在僧數。我今凡劣亦復如是。蒙佛威神得同斯等大賢衆數。唯然世尊。願使如來長存於世不願泥洹[11]如燋敗種。文殊師利語純陀言。莫作是願。所以者何。當作是觀。有爲行法性自如是。如是觀者容慧具足。欲求正法當作是[12]覺。純陀答曰。文殊師利。夫如來者是人中尊爲天中天。[13]名爲應供豈是行耶。若是行者爲生滅法。譬如水泡速起速滅。往來流轉猶如車輪。若使如來是行數者。終不得出人天之上。非天中天亦非應供。復次文殊師利。汝豈不聞有天長壽。而今如來不滿百歲。云何生死之法。稱人天、上爲天中天名曰應供。文殊師利。譬如有人作聚落主。隨其功勳漸漸遷轉得爲高[14]位。衆人所敬財力自在。受福旣盡還爲貧賤人不齒錄。若使如來是行數者。亦復如是。非人中上非天中天。亦非應供轉爲下劣。所以者何。起滅法故。是故文殊師利。莫作是觀。如來應供等正覺是行數也。復次文殊師利。爲知而說爲不知而說。如何妄想而謂如來是行數耶。若如來是行數者。不名三界自在法王。所以[15]者何。譬如有王勇猛多力一人當千。時人號名千力士王。以能降伏千力士故。如來應供等正覺。亦復如是。降伏煩惱魔陰魔死魔自在天魔。如是諸魔力士[16]憍慢悉伏。是故如來應供等正覺。得爲三界自在法王。若使如來是死法者。無實功德如千力士王也。是故文殊師利。汝莫於如來起行數妄想。復次文殊師利。譬如巨富長者唯生一子。相師占子有短壽相。父母聞之心大愁[17]慼。我等薄相居門不吉。生短壽子不復愛重。所以者何。夫天人婆羅門中有短壽者。斯等同輩自不愛敬以短壽故。如是文殊師利。若當如來同世人壽者。亦如世人不爲父母之所愛敬。如來應供等正覺是行數者。亦復不爲人天阿修羅之所愛敬。現見轉變故。所以者何。同一切法退敗知見。而爲衆生說解脫敎。如是義者何名正覺。是故文殊師利。[18]莫於如來起行數妄想也。復次文殊師利如貧女人無有居止加復疾病。遊行乞匃止他客舍寄生一

[1]衆＝衆生(宋)(宮)　[2]磨＝摩(聖)　[3]衰＝畏(聖)　[4]暫歎＝漸悕(聖)　[5]輪＝轉(宋)　[6]者＝老(元)(明)　[7]滅磨＝磨滅(宋)(宮)，摩滅(聖)　[8]疾＝病(宋)(宮)
[9]阿＝諸(宋)(宮)(聖)　[10]曰＝日(宋)(宮)　[11]如＝卽(明)　[12]覺＝學(明)(宮)(聖)　[13]〔名〕－(聖)　[14]位＝住(聖)　[15]者何…正 四百三十九字 聖本破損闕　[16]憍慢＝高慢(宋)(宮)　[17]慼＝悕(宋)(宮)　[18]（汝）＋莫(宋)(宮)

三七六　大般泥洹經卷第一　八五九

參考文獻

※　所引文獻，分爲“文獻史料”、“近人論著及集刊”與“工具書”三大類。各類之中，按出版年代順序排列。有關出版項目之記載，一律省略“圖書股份有限公司”與“出版社”等名稱。

壹、文獻史料

一、藏經文獻

＊以下所引佛典皆以（台北：新文豐出版社，1983 年版本）爲主

（後漢）安世高譯：

《尸迦羅越六方禮經》，大正藏第 1 冊 16 號。

《五陰譬喻經》，大正藏第 2 冊 105 號。

《婆羅門避死經》，大正藏第 2 冊 131 號。

《阿那邠邸化七子經》，大正藏第 2 冊 140 號。

《阿難問事佛吉凶經》，大正藏第 14 冊 492 號。

《長者子懊惱三處經》，大正藏第 14 冊 525 號。

《柰女祇域因緣經》，大正藏第 14 冊 553 號。

《自誓三昧經》，大正藏第 15 冊 622 號。

《溫室洗浴眾僧經》，大正藏第 16 冊 701 號。

《分別善惡所起經》，大正藏第 17 冊經集部 729 號。

（後漢）支讖譯：

《雜譬喻經》，大正藏第 4 冊 204 號。

《無量清淨平等覺經》，大正藏第 12 冊 361 號。

《般舟三昧經》，大正藏第 13 冊 418 號。

（後漢）支曜譯：

《阿那律八念經》，大正藏第 1 冊 46 號。

《成具光明定意經》，大正藏第 15 冊 630 號。

（後漢）康孟詳譯，《舍利弗摩訶目連遊四衢經》，大正藏第 2 冊 137 號。

（後漢）竺大力共康孟詳譯，《修行本起經》，大正藏第 3 冊 184 號。

（後漢）曇果共康孟詳譯，《中本起經》，大正藏第 4 冊 196 號。

（後漢）康孟詳譯，《興起行經》，大正藏第 4 冊 197 號。

（曹魏）白延譯，《須賴經》，大正藏第 12 冊 328 號。

（曹魏）康僧鎧譯，《無量壽經》，大正藏第 12 冊 360 號。

（吳）支謙譯：

《佛開解梵志阿颰經》，大正藏第 1 冊 20 號。

《弊魔試目連經》，大正藏第 1 冊 67 號。

《梵摩渝經》，大正藏第 1 冊 76 號。

《須摩提女經》，大正藏第 2 冊 128 號。

《菩薩本緣經》，大正藏第 3 冊 153 號。

《月明菩薩經》，大正藏第 3 冊 169 號。

《太子瑞應本起經》，大正藏第 3 冊 185 號。

《義足經》，大正藏第 4 冊 198 號。

《撰集百緣經》，大正藏第 4 冊 200 號。

《菩薩本業經》，大正藏第 10 冊 281 號。

《八吉祥神咒經》，大正藏第 14 冊 427 號。

《維摩詰經》，大正藏第 14 冊 474 號。

《須摩提長者經》，大正藏第 14 冊 530 號。

《私呵昧經》，大正藏第 14 冊 532 號。

《菩薩生地經》，大正藏第 14 冊 533 號。

《八師經》，大正藏第 14 冊 581 號。

《黑氏梵志經》，大正藏第 14 冊 583 號。

《慧印三昧經》，大正藏第 15 冊 632 號。

《無量門微密持經》，大正藏第 19 冊 1011 號。

（吳）竺律炎共支謙譯，《摩登伽經》，大正藏第 21 冊 1300 號。

（吳）維祇難等人譯，《法句經》，大正藏第 4 冊 210 號。

（吳）康僧會譯：

《六度集經》，大正藏第 3 冊 152 號。
《舊雜譬喻經》，大正藏第 4 冊 206 號。
（西晉）白法祖譯：
《佛般泥洹經》，大正藏第 1 冊 5 號。
《菩薩修行經》，大正藏第 12 冊 330 號。
（西晉）支法度譯：
《善生子經》，大正藏第 1 冊 17 號。
《逝童子經》，大正藏第 14 冊 527 號。
（西晉）法立共法炬譯：
《大樓炭經》，大正藏第 1 冊 23 號。
《法句譬喻經》，大正藏第 4 冊 211 號。
《諸德福田經》，大正藏第 16 冊 683 號。
（西晉）法炬譯：
《頂生王故事經》，大正藏第 1 冊 39 號。
《頻毘娑羅王詣佛供養經》，大正藏第 2 冊 133 號。
《伏婬經》，大正藏第 1 冊 65 號。
《鴦崛髻經》，大正藏第 2 冊 119 號。
《波斯匿王太后崩塵土坌身經》，大正藏第 2 冊 122 號。
《前世三轉經》，大正藏第 3 冊 178 號。
《優填王經》，大正藏第 12 冊 332 號。
《比丘避女惡名欲自殺經》，大正藏第 14 冊 503 號。
（西晉）竺法護譯：
《受新歲經》，大正藏第 1 冊 61 號。
《尊上經》，大正藏第 1 冊 77 號。
《鴦掘摩經》，大正藏第 2 冊 118 號。
《力士移山經》，大正藏第 2 冊 135 號。
《生經》，大正藏第 3 冊 154 號。
《德光太子經》，大正藏第 3 冊 170 號。
《鹿母經》，大正藏第 3 冊 182 號。
《普曜經》，大正藏第 3 冊 186 號。
《佛五百弟子自說本起經》，大正藏第 4 冊 199 號。

《正法華經》，大正藏第 9 冊 263 號。

《阿惟越致遮經》，大正藏第 9 冊 266 號。

《漸備一切智德經》，大正藏第 10 冊 285 號。

《如來興顯經》，大正藏第 10 冊 291 號。

《度世品經》，大正藏第 10 冊 292 號。

《密跡金剛力士經》，大正藏第 11 冊 310—3 號。

《寶髻菩薩所問經》，大正藏第 11 冊 310—47 號。

《文殊師利佛土嚴淨經》，大正藏第 11 冊 318 號。

《幻士仁賢經》，大正藏第 12 冊 324 號。

（西晉）竺法護譯：

《須摩提菩薩經》，大正藏第 12 冊 334 號。

《阿闍貰王女阿術達菩薩經》，大正藏第 12 冊 337 號。

《離垢施女經》，大正藏第 12 冊 338 號。

《如幻三昧經》，大正藏第 12 冊 342 號。

《慧善菩薩問大善權經》，大正藏第 12 冊 345 號。

《彌勒菩薩所問本願經》，大正藏第 12 冊 349 號。

《方等般泥洹經》，大正藏第 12 冊 378 號。

《等集眾德三昧經》，大正藏第 12 冊 381 號。

《大哀經》，大正藏第 13 冊 398 號。

《寶女所問經》，大正藏第 13 冊 399 號。

《無言童子經》，大正藏第 13 冊 401 號。

《阿差末菩薩經》，大正藏第 13 冊 403 號。

《賢劫經》，大正藏第 14 冊 425 號。

《八陽神咒經》，大正藏第 14 冊 428 號。

《寶網經》，大正藏第 14 冊 433 號。

《滅十方冥經》，大正藏第 14 冊 435 號。

《彌勒下生經》，大正藏第 14 冊 453 號。

《文殊師利現寶藏經》，大正藏第 14 冊 461 號。

《大方等頂王經》，大正藏第 14 冊 477 號。

《持人菩薩》，大正藏第 14 冊 481 號。

《琉璃王經》，大正藏第 14 冊 513 號。

《龍施菩薩本起經》，大正藏第 14 冊 558 號。

《順權方便》，大正藏第 14 冊 565 號。
《心明經》，大正藏第 14 冊 569 號。
《持心梵天所問經》，大正藏第 15 冊 585 號。
《須眞天子經》，大正藏第 15 冊 588 號。
《海龍王經》，大正藏第 15 冊 598 號。
《修行道地經》，大正藏第 15 冊 606 號。
《如來獨證自誓三昧經》，大正藏第 15 冊 623 號。
《文殊支利普超三昧經》，大正藏第 15 冊 627 號。
《弘道廣顯三昧經》，大正藏第 15 冊 635 號。
《無極寶三昧經》，大正藏第 15 冊 636 號。
《乳光佛經》，大正藏第 17 冊 809 號。
（西晉）竺法護譯：
《諸佛要集經》，大正藏第 17 冊 810 號。
《決定總持經》，大正藏第 17 冊 811 號。
《無希望經》，大正藏第 17 冊 813 號。
《佛昇忉利天爲母說法經》，大正藏第 17 冊 815 號。
《大淨法門經》，大正藏第 17 冊 817 號。
《舍頭諫太子二十八宿經》，大正藏第 21 冊 1301 號。
（西晉）聶承遠譯：
《越難經》，大正藏第 14 冊 537 號。
《超日明三昧經》，大正藏第 15 冊 638 號。
（西晉）聶道眞譯，《無垢施菩薩分別應辯經》，大正藏第 11 冊 310—33 號。
（西晉）安法欽譯，《道神足無極變化經》，大正藏第 17 冊 816 號。
（東晉）法顯譯：
《大般涅槃經》，大正藏第 1 冊 7 號。
《大般泥洹經》，大正藏第 12 冊 376 號。
（東晉）竺曇無蘭譯：
《寂志果經》，大正藏第 1 冊 22 號。
《新歲經》，大正藏第 1 冊 62 號。
《水沫所漂經》，大正藏第 2 冊 106 號。
《戒德香經》，大正藏第 2 冊 116 號。

《迦葉赴佛般涅槃經》，大正藏第 12 冊 393 號。

《五苦章句經》，大正藏第 17 冊 741 號。

《自愛經》，大正藏第 17 冊 742 號。

（東晉）瞿曇僧伽提婆譯：

《增一阿含經》，大正藏第 2 冊 125 號。

《中阿含經》，大正藏第 1 冊 26 號。

（東晉）佛陀跋陀羅譯：

《大方廣佛華嚴經》，大正藏第 9 冊 278 號。

（東晉）佛陀跋陀羅譯：

《文殊師利發願經》，大正藏第 10 冊 296 號。

《達摩多羅禪經》，大正藏第 15 冊 618 號。

《觀佛三昧海經》，大正藏第 15 冊 643 號。

《大方等如來藏經》，大正藏第 16 冊 666 號。

《出生無量門持經》，大正藏第 19 冊 1012 號。

（東晉）祇多蜜譯，《寶如來三昧經》，大正藏第 15 冊 637 號。

（東晉）竺難提譯，《請觀世音菩薩消伏毒害陀羅尼咒經》，大正藏第 20 冊 1043 號。

（東晉）帛尸梨蜜多羅譯，《灌頂經》，大正藏第 21 冊 1331 號。

（前涼）支施崙譯，《須賴經》，大正藏第 12 冊 329 號。

（符秦）僧伽跋澄譯，《僧伽羅刹所集經》，大正藏第 4 冊 194 號。

（姚秦）鳩摩羅什譯：

《放牛經》，大正藏第 2 冊 123 號。

《大莊嚴論經》，大正藏第 4 冊 201 號。

《金剛般若波羅蜜經》，大正藏第 8 冊 235 號。

《仁王般若波羅蜜經》，大正藏第 8 冊 246 號。

《妙法蓮華經》，大正藏第 9 冊 262 號。

《十住經》，大正藏第 10 冊 286 號。

《菩薩藏經》，大正藏第 11 冊 310—17 號。

《須摩提菩薩經》，大正藏第 12 冊 335 號。

《集一切福德三昧經》，大正藏第 12 冊 382 號。

《千佛因緣經》，大正藏第 14 冊 426 號。

《彌勒大成佛經》，大正藏第 14 冊 456 號。

《維摩詰所說經》，大正藏第 14 冊 475 號。
《持世經》，大正藏第 14 冊 482 號。
《不思議光菩薩所說經》，大正藏第 14 冊 484 號。
《思益梵天所問經》，大正藏第 15 冊 586 號。
《禪祕要法經》，大正藏第 15 冊 613 號。
《坐禪三昧經》，大正藏第 15 冊 614 號。
《禪法要解》，大正藏第 15 冊 616 號。
《諸法無行經》，大正藏第 15 冊 650 號。
《佛藏經》，大正藏第 15 冊 653 號。
《華手經》，大正藏第 16 冊 657 號。
《燈指因緣經》，大正藏第 16 冊 703 號。
（姚秦）竺佛念譯：
《出曜經》，大正藏第 4 冊 212 號。
《最勝問菩薩十住除垢斷結經》，大正藏第 10 冊 309 號。
《菩薩從兜術天降神母胎說廣普經》，大正藏第 12 冊 384 號。
《中陰經》，大正藏第 12 冊 385 號。
《菩薩瓔珞經》，大正藏第 16 冊 656 號。
（姚秦）佛陀耶舍共竺佛念譯，《長阿含經》，大正藏第 1 冊 1 號。
（姚秦）佛陀耶舍譯，《虛空藏菩薩經》，大正藏第 13 冊 405 號。
（姚秦）曇摩耶舍譯，《樂瓔珞莊嚴方便品經》，大正藏第 14 冊 566 號。
（西秦）聖堅譯：
《羅摩伽經》，大正藏第 10 冊 294 號。
《除恐災患經》，大正藏第 17 冊 744 號。
《演道俗業經》，大正藏第 17 冊 820 號。
（北涼）曇無讖譯：
《悲華經》，大正藏第 3 冊 157 號。
《佛所行讚》，大正藏第 4 冊 192 號。
《大方廣三戒經》，大正藏第 11 冊 311 號。
《大般涅槃經》，大正藏第 12 冊 374 號。
《大方等無想經》，大正藏第 12 冊 387 號。
《大方等大集經》（第 1 品至第 12 品，共 30 卷），大正藏第 13 冊 397 號。
《金光明經》，大正藏第 16 冊 663 號。

（北涼）釋道龔譯，《寶梁經》，大正藏第 11 冊 310—44 號。
（北涼）法眾譯，《大方等陀羅尼經》，大正藏第 21 冊 1339 號。
（北魏）佛陀扇多譯：

《銀色女經》，大正藏第 3 冊 179 號。
《十法經》，大正藏第 11 冊 310—9 號。
《無畏德菩薩經》，大正藏第 11 冊 310—32 號。
《轉有經》，大正藏第 14 冊 576 號。
《如來師子吼經》，大正藏第 17 冊 835 號。
《阿難陀目佉尼呵離陀鄰尼經》，大正藏第 19 冊 1015 號。

（北魏）慧覺等譯，《賢愚經》，大正藏第 4 冊 202 號。
（北魏）吉迦夜共曇曜譯，《雜寶藏經》，大正藏第 4 冊 203 號。
（北魏）曇曜譯，《大吉義神咒經》，大正藏第 21 冊 1335 號。
（北魏）吉迦夜譯，《稱揚諸佛功德經》，大正藏第 14 冊 434 號。
（北魏）菩提流支譯：

《金剛般若波羅蜜經》，大正藏第 8 冊 236 號。
《大薩遮尼乾子所説經》，大正藏第 9 冊 272 號。
《文殊師利巡行經》，大正藏第 14 冊 470 號。
《差摩婆帝授記經》，大正藏第 14 冊 573 號。
《大方等修多羅王經》，大正藏第 14 冊 575 號。
《勝思惟梵天所問經》，大正藏第 15 冊 587 號。
《入楞伽經》，大正藏第 16 冊 671 號。
《深密解脱經》，大正藏第 16 冊 675 號。
《法集經》，大正藏第 17 冊 761 號。
《謗佛經》，大正藏第 17 冊 831 號。

（北魏）月婆首那譯，《摩訶迦葉經》，大正藏第 11 冊 310—23 號。

《僧伽吒經》，大正藏第 13 冊 423 號。

（北魏）毘目智仙共般若流支譯，《聖善住意天子所問經》，大正藏第 12 冊 341 號。
（北魏）曇摩流支譯，《如來莊嚴智慧光明入一切佛境界經》，大正藏第 12 冊 357 號。
（北魏）法場譯，《辯意長者子經》，大正藏第 14 冊 544 號。
（北魏）瞿曇般若流支譯：

《毘耶娑問經》，大正藏第 12 冊 354 號。

《正法念處經》，大正藏第 17 冊 721 號。
《一切法高王經》，大正藏第 17 冊 823 號。
《第一義法勝經》，大正藏第 17 冊 833 號。
《得無垢女經》，大正藏第 12 冊 339 號。
《無垢優婆夷問經》，大正藏第 14 冊 578 號。
（東魏）瞿曇般若流支譯，《金色王經》，大正藏第 3 冊 162 號。
（北齊）那連提耶舍譯：
《菩薩見實三昧經》，大正藏第 11 冊 310-16 號。
《大悲經》，大正藏第 12 冊 380 號。
《大方等大集月藏經》，大正藏第 13 冊 397-15 號。
《大方等大集經．須彌藏分》大正藏第 13 冊 397-16 號。
《月燈三昧經》，大正藏第 15 冊 639 號。
《施燈功德經》，大正藏第 16 冊 702 號。
（北齊）萬天懿譯，《尊勝菩薩所問一切諸法入無量法門陀羅尼經》，大正藏第 21 冊 1343 號。
（北周）闍那耶舍譯，《大乘同性經》，大正藏第 16 冊 673 號。
（劉宋）求那跋陀羅譯：
《鸚鵡經》，大正藏第 1 冊 79 號。
《雜阿含經》，大正藏第 2 冊 99 號。
《央掘魔羅經》，大正藏第 2 冊 120 號。
《四人出現世間經》，大正藏第 2 冊 127 號。
《過去現在因果經》，大正藏第 3 冊 189 號。
《大法鼓經》，大正藏第 9 冊 270 號。
《菩薩行方便境界神通變化經》，大正藏第 9 冊 271 號。
《勝鬘師子吼一乘大方便方廣經》，大正藏第 12 冊 353 號。
《摩訶迦葉度貧母經》，大正藏第 14 冊 497 號。
《楞伽阿跋多羅寶經》，大正藏第 16 冊 670 號。
《相續解脫地波羅蜜了義經》，大正藏第 16 冊 678 號。
《相續解脫如來所作隨順處了義經》，大正藏第 16 冊 679 號。
《罪福報應經》，大正藏第 17 冊 747 號。
（劉宋）求那跋陀羅譯：
《輪轉五道罪福報應經經》，大正藏第 17 冊 747 號。

《阿難陀目佉尼呵離陀經》，大正藏第 19 冊 1013 號。

（劉宋）慧簡譯：

《長者子六過出家經》，大正藏第 2 冊 134 號。

《貧窮老公經》，大正藏第 17 冊 797 號。

《貧窮老公經》別本，大正藏第 17 冊 797 號。

（劉宋）寶雲譯，《佛本行經》，大正藏第 4 冊 193 號。

（劉宋）智嚴共寶雲譯，《無盡意菩薩經》，大正藏第 13 冊 397-12 號。

（劉宋）曇摩蜜多譯：

《觀普賢菩薩行法經》，大正藏第 9 冊 277 號。

《虛空藏菩薩神咒經》，大正藏第 13 冊 407 號。

《轉女身經》，大正藏第 14 冊 564 號。

《象腋經》，大正藏第 17 冊 814 號。

《諸法勇王經》，大正藏第 17 冊 822 號。

（劉宋）功德直譯，《菩薩念佛三昧經》，大正藏第 13 冊 414 號。

（劉宋）功德直共玄暢譯，《無量門破魔陀羅尼經》，大正藏第 19 冊 1014 號。

（劉宋）沮渠京聲譯：

《淨飯王般涅槃經》，大正藏第 14 冊 512 號。

《治禪病祕要法》，大正藏第 15 冊 620 號。

《進學經》，大正藏第 17 冊 798 號。

（劉宋）先公譯，《月燈三昧經》，大正藏第 15 冊 620 號。

（劉宋）僧伽跋摩譯，《分別業報略經》，大正藏第 17 冊 723 號。

（劉宋）畺良耶舍譯，《觀藥王藥上二菩薩經》，大正藏第 20 冊 1161 號。

（南齊）求那毘地譯，《百喻經》，大正藏第 4 冊 209 號。

（南齊）曇摩伽陀耶舍譯，《無量義經》，大正藏第 9 冊 276 號。

（南齊）釋曇景譯：

《摩訶摩耶經》，大正藏第 12 冊 383 號。

《未曾有因緣經》，大正藏第 17 冊 754 號。

（梁）僧伽婆羅等人譯，《度一切諸佛境界智嚴經》，大正藏第 12 冊 358 號。

（梁）僧伽婆羅譯：

《大乘十法經》，大正藏第 11 冊 314 號。

《八吉祥經》，大正藏第 14 冊 430 號。

《文殊師利問經》，大正藏第 14 冊 468 號。

《舍利弗陀羅尼經》，大正藏第 19 冊 1016 號。
（梁）曼陀羅仙共僧伽婆羅譯，《大乘寶雲經》，大正藏第 16 冊 659 號。
（梁）月婆首那譯，《大乘頂王經》，大正藏第 14 冊 478 號。
（梁）眞諦譯 ，《無上依經》，大正藏第 16 冊 669 號。
（陳）月婆首那譯，《勝天王般若波羅蜜經》，大正藏第 8 冊 231 號。
（陳）眞諦譯 ，《解節經》，大正藏第 16 冊 677 號。
（後秦）鳩摩羅什譯，《大智度論》，大正藏第 25 冊 1509 號。
（唐）玄奘譯，《阿毘達磨大毘婆沙論》，大正藏第 27 冊 1545 號。
（唐）玄奘譯，《阿毘達磨順正理論》，大正藏第 29 冊 1562 號。
（唐）玄奘譯，《瑜伽師地論》，大正藏第 30 冊 1579 號。
（唐）玄奘譯，《顯揚聖教論》，大正藏第 31 冊 1602 號。
（姚秦）鳩摩羅什譯，《成實論》，大正藏第 32 冊 1646 號。
（隋）智顗說，《妙華蓮華經玄義》，大正藏第 33 冊 1716 號。
（唐）良賁述，《仁王護國般若波羅蜜多經疏》，大正藏第 33 冊 1709 號。
（隋）吉藏撰，《法華義疏》，大正藏第 34 冊 1721 號。
（唐）窺基撰，《妙法蓮華經玄贊》，大正藏第 34 冊 1723 號。
（唐）法藏述 ，《華嚴經探玄記》，大正藏第 35 冊 1733 號。
（唐）澄觀述，《新譯華嚴經七處九會頌釋章》，大正藏第 36 冊 1738 號。
（隋）吉藏撰，《百論疏》，大正藏第 42 冊 1827 號。
（隋）吉藏撰，《百論疏》，大正藏第 42 冊 1827 號。
（隋）慧遠撰，《大乘義章》，大正藏第 44 冊 1851 號。
（隋）費長房撰，《歷代三寶紀》，大正藏第 49 冊 2034 號。
（唐）道宣撰，《續高僧傳》，大正藏第 50 冊 2060 號。
（唐）玄奘譯，《大唐西域記》，大正藏第 51 冊 2087 號。
（唐）道宣撰，《廣弘明集》，大正藏第 52 冊 2103 號。
（唐）道宣撰，《大唐內典錄》，大正藏第 55 冊 2149 號。
（唐）智昇撰，《開元釋教錄》，大正藏第 55 冊 2154 號。

二、古代典籍

1. （清）孫德謙，《六朝麗指》（台北市：新興，1963）。
2. （晉）陳壽，《三國志》（台北市：鼎文，1979）。
3. （梁）沈約，《新校本宋書》（台北市：鼎文，1979）。
4. （唐）房玄齡等撰，《新校本晉書》（鼎文，1979）。

5. （唐）李延壽，《南史》（台北市：鼎文，1979）。
6. （唐）李延壽，《北史》（台北市：鼎文，1979）。
7. （漢）班固，《漢書》（台北市：台灣商務，1981）。
8. （宋）胡仔，《苕溪漁隱叢話》（台北市：木鐸，1982）。
9. （清）嚴可均編，《全上古三代秦漢三國六朝文》（台北市：世界，1982）。
10. （清）郭慶藩集釋，《莊子集釋》（台北市：國家，1982）。
11. （北涼）曇無讖譯，《佛所行讚》（覺苑出版，1984）。
12. （清）清段玉裁，《説文解字注》（台北縣：漢京文化，1985）。
13. （劉宋）范曄，《後漢書》（台北市：世界，1986）。
14. （晉）袁宏，《後漢紀》（台北市：世界，1986）。
15. （梁）僧祐，《弘明集》（台北市：新文豐，1986）。
16. （梁）蕭子顯，《南齊書》（台北市：世界，1986）。
17. （唐）姚思廉，《梁書》（台北市：世界，1986）。
18. （唐）姚思廉，《陳書》（台北市：世界，1986）。
19. （唐）魏徵等撰，《新校本隋書》（台北市：鼎文，1987）。
20. （明）張溥編，《漢魏六朝百三家集》（台北市：世界，1988）。
21. （清）嚴可均輯，《三代先秦兩漢三國六朝文》（台北市：世界，1988）。
22. （清）吳兆宜注，穆克宏點校，《玉臺新詠箋注》（台北市：明文，1988）。
23. （唐）柳宗元，《柳河東集》第二冊（台北市：台灣中華，1992）。
24. （清）沈德潛著，王純父箋注，《古詩源箋注》（台北市：華正，1992）。
25. （梁）僧祐，《出三藏記集》（北京：中華書局，1995）。
26. （清）聖祖敕編，《全唐詩》第五冊（北京：中華書局，1996）。
27. （梁）慧皎，《高僧傳》（北京：中華書局，1997）。
28. （明）徐師曾，《文體明辨序說》（台北市：大安，1998）。

貳、近人論著及集刊

一、專　書

1. 章太炎，《太炎文錄》（台北市：文津，1956）。
2. 劉師培，《中古文學史》（台北市：世界，1962）。
3. 日人塚本善隆，《支那佛教史研究．北魏篇》，清水弘文堂，1969）。
4. 梁啓超，《飲冰室文集》（台北市：中華，1972）。
5. 陳寅恪，《陳寅恪先生論文集》下冊（台北市：三人行，1974）。
6. 陳新會，《中國佛教史籍概論》（台北市：三人行，1974）。

7. 邱燮友，《中國歷代故事詩》（台北市：三民，1974）。
8. 張仁青，《魏晉南北朝文學思想史》（台北市：文史哲，1978）。
9. 張曼濤主編，《佛教與中國文化》（台北市：大乘，1978）。
10. 張仁青，《六朝唯美文學》（台北市：文史哲，1980）。
11. 楊衒之撰，張元濟校，《洛陽伽藍記校注》（台北市：明文，1980）。
12. 朱義雲，《魏晉風氣與六朝文學》（台北市：文史哲，1980）。
13. 蕭滌非，《漢魏六朝樂府文學史》（台北市：長安，1981）。
14. 朱光潛，《詩論》（台北市：德華，1981）。
15. 郭茂倩，《樂府詩集》（台北市：里仁，1981）。
16. 呂澂，《中國佛學思想概論》（台北市：天華，1982）。
17. 日人小野玄妙，《佛教經典總論》（台北市：新文豐，1983）。
18. 逯欽立，《先秦漢魏晉南北朝詩》（台北市：木鐸，1983）。
19. 劉勰著，周振甫注，《文心雕龍注釋》頁162，台北：里仁書局，1984）。
20. 王文顏，《佛典漢譯之研究》（台北市：天華，1984）。
21. 中村元，《中國佛教發展史》（台北市：天華，1984）。
22. 梁啓超，《佛學研究十八篇》（台灣：中華書局，1985）。
23. 胡適，《白話文學史》（台北市：遠流，1986）。
24. 洪順隆，《六朝詩論》（台北市：文津，1985）。
25. 鎌田茂雄，《中國佛教通史》（高雄縣：佛光，1985）。
26. 牟宗三，《才性與玄理》（台北市：台灣學生，1985）。
27. 胡適，《白話文學史》（台北市：遠流，1986）。
28. 劉熙載，《藝概．賦概》（台北市：金楓，1986）。
29. 王夢鷗，《古典文學論探索》（台北市：正中，1987）。
30. 日人岡崎敬等著，《絲路與佛教文化》（台北市：業強，1987）。
31. 劉貴傑，《竺道林思想之研究》（台北市：台灣商務，1987）。
32. 孫昌武，《唐代文學與佛教》（台北縣：谷風，1987）。
33. 王夢鷗，《文學概論》（台北市：藝文，1989）。
34. 牟宗三，《佛性與般若》（台北市：台灣學生，1989）。
35. 孫昌武，《佛教與中國文學》（台灣：東華，1989）。
36. 徐震堮，《世說新語校箋》（台北市：文史哲，1989）。
37. 王運熙、楊明，《中國文學批評通史──魏晉南北朝卷》（上海：上海古籍，1989）。
38. 劉貴傑，《竺道生思想之研究》（台北市：台灣商務，1990）。
39. 蔣維喬，《佛學綱要》（台北市：天華，1990）。

40. 郭乃彰，《印度佛教蓮花紋飾之探討》（台北市：佛光，1990）。
41. 葉慶炳，《中國文學史》（台北市：台灣學生，1990）。
42. 魯迅，《淮風月談》（台北市：風雲時代，1990）。
43. 釋永祥，《佛教文學對中國小說的影響》（高雄縣：佛光，1990）。
44. 釋東初，《中印佛教交通史》（東初出版社，1991）。
45. 劉大杰，《中國文學展史》（台北：華正，1991）。
46. 方東美，《中國大乘佛學》（台北市：黎明，1991）。
47. 印順，《空之探究》（台北：正聞，1992）。
48. 蔣述卓，《山水美與宗教》（台北縣：稻鄉，1992）。
49. 賴永海，《佛道詩禪》（台北市：佛光，1992）。
50. 黃慶萱，《修辭學》（台北市：三民書局，1992）。
51. 唐翼明，《魏晉清談》（台北市：東大出版，1992）。
52. 高觀如，《佛學講義》（新店：圓明，1992）。
53. 顏崑陽，《六朝文學觀念叢論》（台北市：正中，1993）。
54. 日人加地哲定著，劉衛星譯，《中國佛教文學》（高雄縣：佛光，1993）。
55. 李振興等注譯，《新譯顏氏家訓》（台北市：三民，1993）。
56. 香港中文大學中國語言文學系主編，《魏晉南北朝文學論集》，臺北：文史哲，1994）。
57. 郭朋，《中國佛教思想史》上卷（福建：人民出版社，1994）。
58. 中國古典文學研究會主編，《文學與佛學關係》（台北市：台灣學生，1994）。
59. 饒宗頤等，《魏晉南北朝文學論集》（台北市：文史哲，1994）。
60. 黃錦鋐註釋，《新譯莊子讀本》（台北市：三民，1994）。
61. 鐘嶸著，徐達譯，，《詩品》（台北市：地球，1994）。
62. 野上俊靜等人所著，《中國佛教史概說》（台北市：台灣商務，1995）。
63. 張松如主編，趙敏俐著，《漢代詩歌史論》（吉林教育，1995）。
64. 傅剛，《魏晉南北朝詩歌史論》（吉林：吉林教育，1995）。
65. 王國瓔，《中國山水詩研究》（台北市：聯經，1996）。
66. 林文月，《山水與古典》（台北市：三民，1996）。
67. 陸侃如、馮沅君合著，《中國詩史》（北京：山東大學，1996）。
68. 鄭毓瑜，《六朝情境美學綜論》（台北市：台灣學生，1996）。
69. 曹道衡，《中古文學史論集》（台北市：紅葉，1996）。
70. 羅宗強，《魏晉南北朝文學思想史》（北京：中華書局，1996）。
71. 劉躍進，《門閥士族與永明文學》（北京：三聯書店，1996）。

72. 孫昌武，《中國文學中的維摩與觀音》（北京：高等教育出版社，1996）。
73. 王運熙、楊明合著，《中國文學批評通史－魏晉南北朝卷》（上海：古籍，1996）。
74. 顧易生、蔣凡合著，《中國文學批評通史－先秦兩漢卷》（上海：古籍，1996）。
75. 日人水野弘元，《佛典成立史》（台北市：東大，1996）。
76. 羅根澤，《魏晉六朝文學批評史》（台北市：台灣商務，1996）。
77. 藍吉富，《佛教史料學》（台北市：東大，1997）。
78. 湯用彤，《漢魏兩晉南北朝佛教史》（北京：北京大學，1997）。
79. 祁志祥，《佛教美學》（上海：上海人民，1997）。
80. 王力堅，《由山水到宮體》（台北市：台灣商務，1997）。
81. 鄧殿臣譯，《長老偈．長老尼偈》（北京：中國社會科學，1997）。
82. 季羨林，《比較文學與民間文學》（北京：北京大學，1997）。
83. 季羨林主編，《印度文學研究集刊》第三輯（上海：上海譯文，1997）。
84. 周建江，《北朝文學史》（北京：中國社會科學，1997）。
85. 吳先寧，《北朝文化特質與文學進程》（北京：東方，1997）。
86. 王克非編著，《翻譯文化史論》（上海：外語教育，1997）。
87. 陳允吉校點，《杜牧全集》（上海：古籍，1997）。
88. 孫昌武，《禪思與詩情》（北京：中華，1997年）。
89. 梅家玲，《漢魏六朝文學新論》（台北市：里仁，1997）。
90. 王鎮遠，《兩晉南北朝詩選》（香港：中華書局，1998）。
91. 龔本棟釋義，《廣弘明集》（台北市：佛光，1998）。

二、學位論文

1. 林顯庭，《魏晉清談及其玄理研究》（東海大學中文研究所碩士論文，1974）。
2. 黃盛璟，《從，《弘明集》看魏晉南北朝儒釋道三家的訾應》（東吳大學中文研究所碩士論文，1984）。
3. 邱敏捷，《袁宏道的佛教思想》（高雄師範大學國文研究所碩士論文，1989）。
4. 丁敏，《佛教譬喻文學研究》（政治大學政治大學中文研究所博士論文，1990）。
5. 李鮮熙，《寒山其人及其詩研究》（東吳大學中文研究所博士論文，1991）。
6. 楊俊誠，《兩晉佛學之流傳與傳統文化之交流》（台灣師範大學國文研究所碩士論文，1991）。
7. 蔡榮婷，《唐代詩人與佛教關係之研究》（政治大學中文研究所博士論文，1992）。
8. 杜昭瑩，《王維禪詩研究》（輔仁大學中文研究所碩士論文，1992）。
9. 李皇誼，《維摩詰經的文學特質與中國文學》（東海大學中文研究所碩士論文，1993）。

10. 劉芳薇，《維摩詰所說經》語言風格研究》，中正大學中文研究所碩士論文，1994）。
11. 羅文玲，《南朝詩歌與佛教關係之研究》（東海大學中文研究所碩士論文，1996）。
12. 黃秀琴，《唐代詩禪相互影響論》，中央大學中文研究所碩士論文，1997）。黃偉倫，《六朝玄言詩研究》，華梵東方人文思想研究所碩士論文，1998）。

三、期刊論文

1. 湯用彤，〈謝靈運事蹟年表〉（見《國學季刊》第三卷第一號，1932）。
2. 葉日光，〈宮體詩形成之社會背景〉（見《中華學苑》第十期，1972.9）。
3. 林文月，〈宮體詩人之寫實精神〉（見《中外文學》三卷三期，1974.8）。
4. 黃永武，〈魏晉玄學對詩的影響〉（見《幼獅月刊》四十八卷第三期，1978）。
5. 劉貴傑，〈玄學思想與般若思想之交融〉（見《國立編譯館館刊》第一期，1980）。
6. 張碧波、呂世瑋著，〈中國古代文學家近佛原因初探〉（見《東北師大學報》，第三期，1988）。
7. 盧明瑜，〈六朝玄言詩小探〉（見《中國文學研究》第三輯，1989）。
8. 田哲益，〈佛教對中國文學及藝術的貢獻〉（見《中國語文》六十五卷三期，總號 387，1989.9）。
9. 田哲益，〈魏晉玄學與魏晉文學思潮的互動〉（見《中華文化復興月刊》第十二期，1990）。
10. 蒲慕州，〈神仙與高僧——魏晉南北朝宗教心態試探〉（見《漢學研究》八卷二期，總號 16，1990.12）。
11. 蔡惠明，〈佛經對漢語的影響〉（見《香港佛教》，三八五期，1992.6）。
12. 李立信，〈七言詩起源考〉（見清華大學主辦，《國科會人文計畫成果發表會論文集》，1996）。
13. 李立信，〈論賦的文體屬性〉（見南京大學主辦，《第四屆國際賦學學術研討會論文集》，1998）。

參、工具書

一、佛教辭典類

1. 丁福保編，《佛學大辭典》（台北市：天華，1984）。
2. 中國佛教協會編，《中國佛教百科全書》（上海：知識，1980－89）。
3. 佛光大辭典編修委員會編，《佛光大辭典》（高雄縣：佛光，1988）。
4. 吳汝均編，《佛教思想大辭典》（台北市：商務，1991）。
5. 藍吉富編，《中華佛教百科全書》（台北市：中華佛教百科文獻基金會，1994）。

二、其　他

1. 蕭滌非，《漢魏晉南北朝隋詩鑒賞辭典》（山西：人民，1989）。
2. 田軍、馬奕、綠冰主編，《中國古代田園山水邊塞詩賞析集成》（北京：光明日報，1991）。
3. 洪順隆主編，《中外六朝文學研究文獻目錄》（台北市：漢學研究中心，1992）。